한중관계의 새로운 모색

이 책은 한국국제교류재단의 정책연구 지원을 받아 수행된 연구 결과물입니다.

한반도연도보고
2017

New Approach for
Korea-China Relations

한중관계의 새로운 모색

이희옥 · 먼홍화 편저

다산출판사

서문

2016년은 한중관계의 발전에서 중요한 시기였다. 우리는 한국과 중국 간 전면적 협력동반자 관계가 당면한 어려움과 풍파를 직접 목격했다. 상반기에는 비교적 안정적인 흐름이 이어졌으나, 한국의 사드배치 결정 이후 양국관계의 취약성이 드러났다. 이와 동시에 한중관계의 견고성도 확인되었다. 이러한 상황은 한중관계를 검증하는 중요한 계기가 되었다.

지금은 한중관계를 되돌아보는 성찰은 물론, 위기를 기회로 전환하는 역량이 필요한 시기다. 오늘날에 이르기까지 한중관계는 북핵문제나 북중관계상 이견이 있었다. 또는 무역적자나 민간교류 분야에서 갈등이 표출된 바도 있다. 하지만 두 나라는 양국관계의 건전한 발전에 대해 여전히 신뢰를 가지고 있다.

한국의 사드배치 결정 및 이에 대한 중국의 강한 반대는 양국관계의 긴장감을 초래했다. 한국의 결정은 중국정부의 강력한 비판을 초래했고, 양국관계는 신속히 냉각됐다. 한국도 중국의 이러한 태도에 분명한 불만을 표출하였다. "한중관계의 구조적 취약성"이 여실히 드러난 것이다. 사드배치 문제는 양국의 경제무역 관계에도 상당한 영향을 미쳤다. 무역 규모가 감소하였을 뿐만 아니라 한중 FTA 협상 일부가 지연되거나 중단되었다. 인문교류 분야에서도 양국 국민들 사이에서 상호 배타적 정서가 만연했다. 학술분야건 민간교류건 상관없이 대부분의 분야에서 불안정한 흐름이 이어지면서 양국관계의 민감성이 크게 고조되었다하지만 한중관계의 긴장이 양국관계의 전면적 퇴보를 초래한 것은 아니었다. 우선, 위기에 직면하여 오히려 소통을 강화해야 한다는 정치적인 염원이 양국 모두에게 있었다. 이는 한중관계의 큰 틀이 유지될 수 있었던 근본 요인이었다. 경제적으로도 일부 어려운 상황들이 있었지만, 양국의 경제발전전략을 서로 연계하려는 의지는 여전히 강하게 나타났고 한중 FTA의 가치는 더욱 부각되었다. 또한 미국의 전략적 움직임은 한중관계의 방향을 결정짓는 핵심요소였고, 중미관계의 향방은 한중관계에 직접적인 영향을 미친다는 사실이 드러났다. 서로 힘겨루기는 하지만 파국까지는 가지 않는 중미관계임을 비춰볼 때, 한중관계의 악화도 그 수준이 제한된다는 것이다. 이 외에도 트럼프 정부의 새로운 정책에 따라 한국도 필요한 전략의 조정을 기했다. 이러한 요인들은 모두 한중관계가 안정화되는 중요한 추진력을 제공했다.

박근혜 대통령의 탄핵 이후 2016년의 혼란스러운 한중관계가 마무리되고 한중관계에 새로운 계기가 마련되었다. 2017년은 한중수교 25주년으로서, 양국이 역사를 회고하고 오늘을 평가하며 내일을 도모하는 중요한 시기이다. 동북아 안정의 중요한 버팀목이자 역내 번영의 중추적 역량으로서, 한중관계의 변화는 동북아 지역, 나아가 전 세계의 안정에 영향을 미칠 수 있다. 따라서 한중관계의 개선과 발전은 동북아의 평화와 안정에 매우 중요하다. 우리는 한중 양국이 양자관계와 지역정세에 이성적으로 대하고, 적극적이고 협력적인 조치를 통해 지역안보에 대응함으로써, 보다 성숙한 전면적이고 전략적인 협력동반자 관계로 나아가기를 기대한다.

한중관계 역사상 2016년은 심도 있게 분석하고 성찰해야 할 한 해이다. 이에 한중 양국 학자들이 모여 정치, 경제, 안보, 사회, 문화 등 다양한 분야에서 각기 다른 시각의 심도 있는 연구를 진행하였고, 그 성과를 『한반도연도보고 2017』에 담았다. 양국 학자들은 어려운 시기에도 서로를 존중하며 학문적 우애를 소중히 간직해 왔다. 이러한 소중한 플랫폼이 한중관계를 발전시키고 어려움을 극복하는 소중한 자산이 될 것이라 믿는다.

오래 기다려 준 독자들과 한국국제교류재단의 세심한 배려에 충심으로 감사의 말씀을 전한다. 본 저서의 한글과 중국어 공동 발간이 앞으로도 관련된 사고체계를 촉진하고, 한중관계의 발전에 도움이 되기를 기대한다.

2017년 5월

이희옥
성균관대학 성균중국연구소 소장

먼홍화
전(前) 중앙당교 국제전략연구소 교수
현(現) 통지대학 중국전략연구원 원장

차 례

Part 1 총론

2016년 한중관계 평가 / 이희옥 · 우완영

Ⅰ. 2016년 한중관계 개관 15
Ⅱ. 북핵문제와 한중관계의 조정 18
Ⅲ. 사드배치와 한중관계의 변화 23
Ⅳ. 한중수교 25주년의 새로운 한중관계 모색 26

중한관계와 전략대응 / 먼홍화 · 류샤오양

Ⅰ. 서론 31
Ⅱ. 불확실성 요소의 영향과 제어 33
Ⅲ. 중한관계의 불확실성 요소 38
Ⅳ. 중한관계의 확실성 요소 상세 분석 45
Ⅴ. 중한관계 확실성 요소를 공고히 하고 불확실성 요소를 제어하는 사고 52

Part 2 한반도와 동북아

미중관계와 한반도 / 서정경

Ⅰ. 서론 59

Ⅱ. 미중관계와 한반도 정세의 변화 60

Ⅲ. 결론: 한반도의 평화와 안정을 위한 한중 협력의 길 71

중미 신형대국관계 / 치우화페이 · 장옌리

Ⅰ. 서론 75

Ⅱ. 미중 신형대국관계 구축에 관한 다양한 시각 78

Ⅲ. 중러 신형국가관계가 '미중 신형대국관계' 구축에 미치는 영향 81

Ⅳ. 신형대국관계 구축은 아시아태평양지역 안정에 달려 있다 84

Ⅴ. 미중 신형대국관계에 놓인 기회와 도전 86

Ⅵ. 미중 신형대국관계를 어떻게 구축할 것인가 91

Ⅶ. 맺는 말 94

한반도 정세와 한미관계 / 조성렬

Ⅰ. 뉴노멀 시대의 도래와 동북아 정세 97

Ⅱ. 김정은 북한체제의 정비와 핵무력-대화의 이중주 99

Ⅲ. 국제사회의 대북제재 공조와 한미관계 103

Ⅳ. 트럼프 정권 출범 이후 한반도 정세와 한미관계 전망 114

동북아 안보정세 평가 / 루웨이

Ⅰ. 동북아 안보정세 121

Ⅱ. 동북아 주요 국가관계 129

Ⅲ. 결론 145

동아시아 정세와 한일관계 / 조양현

Ⅰ. 2016년의 한일관계 147
Ⅱ. 한일관계 변화의 주요 요인 149
Ⅲ. 일본 국가전략의 향배와 한일협력의 의의 159

중일관계의 성격 / 왕징빈

Ⅰ. "국민도 정부도 서로 안 친한 관계"의 심화 163
Ⅱ. 2016년 중일관계 회고 164
Ⅲ. 사례연구 : 남중국해 이슈에 대한 편파보도로 본 중일관계 168
Ⅳ. 결론 177

Part 3 한중 경제 · 사회

한중 경제협력 평가와 과제 / 양평섭

Ⅰ. 서언 183
Ⅱ. 2016년 한중 경제협력 평가 184
Ⅲ. 한중 FTA 및 경제협력 사업 평가 195
Ⅳ. 2017년 한중 경제협력 과제 204

중한 경제무역관계 / 류첸

Ⅰ. 서론 207
Ⅱ. 2016년 중한 경제무역관계의 발전과 그 특징 208
Ⅲ. 2016년 중한 경제무역 발전현황 분석 226
Ⅳ. 2017년 중한 경제무역관계의 발전과 전망 232

한중 양국의 대중문화 교류 / 임대근

Ⅰ. 머리말 239
Ⅱ. 중국에서의 한류 콘텐츠: 순조로운 출발과 한 가지 우려 240
Ⅲ. 〈태양의 후예〉: 중국 내 한류 콘텐츠의 정점에 서다 242
Ⅳ. 사드와 '한한령': 한중 대중문화 교류의 고난이도 시험이 출제되다 249
Ⅴ. 한국 내 중국 대중문화: 그래도 계속돼야 할 한중관계 257

중한 양국의 인문교류 / 뤼루이

Ⅰ. 중한 인문교류의 최근 현황 262
Ⅱ. 중한 인문교류 특징 267
Ⅲ. 중한 인문교류에 존재하는 문제 272
Ⅳ. 중한 인문교류의 미래 발전과 건의 281

부록 1 한중 수교 24년 주요 일지(1992~2016) 289
부록 2 한중 주요 통계 299
부록 3 2016년도 在한국 중국 관련 문헌 목록 307
부록 4 2016년도 在중국 한반도와 동북아 협력 관련 문헌 목록 319

PART 1

총론

2016년 한중관계 평가

중한관계와 전략대응

2016년 한중관계 평가

이희옥(성균관대) · **우완영**(성균관대)

I 2016년 한중관계 개관

2016년 한중관계는 7월 8일 한미 양국의 사드배치 결정을 계기로 크게 변화했다. 2016년 상반기는 2015년의 우호적 한중관계 발선의 영향 속에서 안정적 관계를 유지했다. 비록 북핵과 미사일 위협 그리고 남북관계가 경색되면서 이에 대한 양국의 인식차이가 나타났지만 양국은 비교적 절제된 태도를 취했고 한국은 사드 문제에 대해서도 '요청받은 적도 협의한 적도 없으며 결정한 것도 없다'는 입장을 유지했다. 이것은 북핵문제와 한반도 통일문제에 대한 중국의 협력을 얻기 위한 전략적 모호성의 일환이었다.

그러나 2016년 1월 6일 북한이 제4차 핵실험과 연이어 로켓발사를 감행하면서 한국정부는 현존하는 북핵위협에 대응하기 위해 사드배치 논의를 수면 위로 올려놓기 시작했다. 이러한 배경에는 대북한 압박에 대한 중국의 소극적 역할에 있다는 불만이 있었고 주한미군의 보호를 명분으로 사드배치를 요청하는 미국의 요청을 거부하기 어려운 요인이 있었다. 이에 따라 한국정부가 전격적으로 사드배치 논의를 수용하면서 한중관계도 긴장국면에 진입하게 되었다. 한국정부의 사드배치 논의수준이 높아질 때마다 비판과 우려성명을 발표해 왔던 중국도 예민하게 반응하면서 기존의 한중관계의 성과를 무력화시켰다.

2016년 한중관계는 다음과 같이 개괄할 수 있다. 우선 정치안보 영역이다. 한국은 한반도 통일에 대한 중국의 협력을 바탕으로 북한에 대한 적극적 제재와 압박을 요청하면서 북한 정권의 변화를 시도했다. 그러나 중국은 대북한 국제제재에 참여하면서도 표적제재(targeted sanction)에 집중했고 제재의 목표는 대화에 있다는 입장을 유지했다. 여기에 한미가 사드배치를 결정하자 한중 간 공식대화가 사실상 중단되었고, 북한문제에 대한 협력도 소강상태에 접어들게 되었다.

둘째, 한중경제관계는 2016년의 양국의 교역액이 2015년에 비해 7% 이상 감소해 한국 통계로는 2,114억 달러, 중국 통계로는 2,545억 달러로 2012년 수준으로 후퇴했다. 물론 이것은 사드배치의 영향이 아니라 세계경제의 저성장과 중국경제 등 주로 경제적 요인에 의한 것이었지만, 하반기 사드배치의 영향은 2017년 양국 간 경제무역통계에 반영될 것으로 보인다.

표 1 한중 간 경제통계

구분	한국 통계 (억 달러)				중국 통계 (억 달러)				교역 증가율(%)		무역수지 비율(%)	
	교역	대중 수출	대중 수입	무역 수지	교역	대한 수출	대한 수입	무역 수지	한국 통계	중국 통계	한국 통계	중국 통계
1992	64	27	37	−11	50	24	26	−2	43.6	54.9	−16.8	−4.3
1995	166	92	74	18	170	67	103	−36	41.9	44.9	10.6	−21.2
2000	313	185	128	57	345	113	232	−119	38.6	37.8	18.1	−34.5
2005	1,006	619	386	233	1,119	351	768	−417	26.7	24.3	23.1	−37.3
2010	1,884	1,168	716	453	2,071	688	1,383	−696	33.7	32.6	24.0	−33.6
2011	2,206	1,342	864	478	2,456	829	1,627	−798	17.1	18.6	21.6	−32.5
2012	2,151	1,343	808	535	2,564	877	1,687	−811	−2.5	4.4	24.9	−31.6
2013	2,289	1,459	831	628	2,742	912	1,831	−919	6.4	7.0	27.4	−33.5
2014	2,354	1,453	901	552	2,904	1,003	1,901	−898	2.8	5.9	23.5	−30.9
2015	2,274	1,371	903	469	2,758	1,014	1,743	−732	−3.4	−5.1	20.6	−26.4
2016	2,114	1,244	870	375	2,546	957	1,588	−631	−7.0	−7.7	17.7	−24.8

특히 한·중 교역은 교역 규모의 감소, 한국 수출의 대중국 의존도 하락, 중국 수입시장에서 한국의 점유율 하락과 한국 수입시장에서 중국의 점유율 상승, 한국의 대중국 무역흑자가 축소되었다. 그러나 한국의 대중국 투자는 2016년 말 기준 565억 달러에 달해 한국의 해외투자의 16.0%로 미국(780억 달러)에 이어 2위를 기록하기도 했다. 다만 한국의 대중국 투자에서 중국의 위상이 낮아지고 서비스 분야에 대한 투자가 증가했으며, 중국기업의 대한국 투자가 증가하면서 투자분야의 불균형이 줄어들었다. 특히 2015년 발표된 한·중 FTA 타결로 인해 2016년부터 상품 분야의 관세 인하가 이루어지기도 했다. 비록 한·중 FTA가 한국의 대중국 수출 증대에 미친 영향은 크지 않았지만 중국의 내수용 수입시장 개척에는 긍정적 요인으로 작용했다. 그러나 이러한 한중경제관계도 2016년 사드배치의 결정 이후 한·중 FTA 협정에서 합의한 투자·서비스 분야의 후속 협상, 한·중 산업단지 건설 등 후속 조치 분야의 협력에 어려움을 가중시키는 등 인보리스크가 경제리스크로 전환되면서 어려움을 겪었다.

마지막으로 대중문화와 인적 교류 부분이다. 2016년 상반기에는 인적 교류와 문화교류는 안정적 추이를 보였다. 특히 한국 문화콘텐츠가 중국에 진출해 중국에서 한류의 지속 가능성에 대한 낙관적 전망도 있었다. K-Pop 공연과 TV드라마가 연초부터 중국 팬들을 사로잡았고 여러 편의 합작영화 기획과 제작도 활발하게 이루어졌다. 특히 중국에서 〈태양의 후예〉에 대한 인기는 폭발적이었다. 이것은 2014년 〈별에서 온 그대〉에 이어 잇달아 중국 내 한국 TV드라마 붐을 형성했다. 그러나 한국의 사드배치 결정 이후 인문교류 특히 대중문화와 인적 교류는 사드배치의 영향을 가장 깊이 받았다. 이것은 한류콘텐츠의 중국 내 진입과 확산을 억제하기 위한 행정 명령을 의미하는 '한한령(限韓令)'으로 발전하기 시작했다. 비록 중국정부는 '한한령'의 실체를 부인해 왔으나 현장에서는 실제로 기능해왔다는 평가이다. 구체적으로는 한국 단체의 중국 내 공연 금지, 신규 한국 연예기획사에 대한 투자 금지, 관객 1만 명 이상 동원하는 한국 아이돌 공연 금지, 한국 드라마 및 예능 협력 프로젝트 체결 금지, 한국 연예인 출연 드라마 중국 내 송출 금지 등으로 나타났다.

이처럼 '사드가 한중관계를 압도하는' 현상은 그동안의 한중관계의 발전에도 불구하고 한중관계를 유지해 온 구조가 취약했다는 것을 반증했다. 여기에 중국의 부상에 따라 중국의 한반도 정책이 동아시아나 세계전략이라는 보다 큰 틀에서 작동하면서 양자관계의 위상이 현저히 줄어들었다. 이것은 한중관계의 악화에도 불구하고 북중관계의 발전으로 이어지지 않은 이유이기도 했다. 요컨대 2016년 한중관계는 '전략적 협력동반자 관계'에도 불구하고 한중관계가 새로운 국제질서 속에서 새로운 정상(new normal)으로 접어들고 있다고 볼 수 있다.

II 북핵문제와 한중관계의 조정

1. 북핵실험과 한반도 안보지형의 변화

북한이 2016년 1월 제4차 핵실험을 실시하고 뒤이어 2월 7일 장거리 미사일을 탑재할 수 있는 로켓을 발사했다. 북한의 도발주기가 짧아지고 위협강도는 높아지면서 한반도의 불안정성과 불확실성도 커졌다. 북한의 핵실험과 로켓발사는 대내적으로는 36년 만에 열리는 노동당대회를 앞두고 김정은 체제의 결속을 강화하려는 요인이 있었고, 대외적으로는 북핵보유를 기정사실화하여 미국과 평화체제 논의를 요구하는 등 협상패러다임을 바꾸고자 하는 의도가 있었다. 실제로 북한은 4차 핵실험 이후 발표된 성명의 60%는 미국 비난에 할애했다. 이것은 제1, 2차 핵실험 당시에 미국을 거론하지 않았고 제3차 핵실험 때는 한 문장만 거론한 것에 비하면 이례적이었다. 여기에 북한은 한미일 안보협력이 강화되면서 미중관계가 새롭게 영향을 받는 과정에서 중국도 북한을 버리지 못할 것이라는 이른바 '포기의 딜레마(dilemma of abandonment)'도 계산에 넣었을 것으로 보인다.

그러나 북한의 핵실험 이후 한반도 안보지형은 북한의 예상과는 다른 방식으로 전개되었다. 국제사회는 유엔 안전보장이사회를 중심으로 범위와 수준에 있어 전례 없는 대북제재 결의안인 2270호를 만장일치로 채택했다. 비록 포괄적 제재(comprehensive sanction)에 이르지는 못했지만, 비군사적 조치로서는 강력하고 실효적인 것이었다. 따라서 관련 국가들이 제재기간 동안 엄격하게 제재를 이행한다면 북한이 경제적 어려움을 겪게 될 것은 분명했다. 이런 점에서 특히 한국과 미국은 제재에 적극적이었다. 한국은 독자제재의 일환으로 남북관계의 상징이었던 개성공단 운영을 전면적으로 중단했다. 미국도 독자제재의 일환으로 상원과 하원에서 제3자 제재(secondary boycotts)안을 통과시켰으며 북한 위협에 대한 군사적 대응의 일환으로 사드배치 시기를 앞당기고자 했다. 그러나 현실적으로 대북제재의 성패는 북한의 후원(後苑)인 중국의 적극적 참여에 달려 있었다. 비록 중국은 북한의 핵실험에 대해 강력한 비판 성명을 발표하고 보다 강화된 유엔의 대북제재에의 협력을 공개적으로 천명하면서 북한을 압박했지만, 북한이 숨 쉴 수 있는 공간은 만들어주고자 했다.

2. 중국의 북핵정책과 한중관계

북핵실험 이후 한반도 안보환경이 과도적 상황을 맞이하면서 기존의 한중관계도 새로운 변화를 겪게 되었다. 우선 북중관계이다. 중국은 제3차 핵실험 이후 소원해진 북중관계 개선을 시도했다. 2015년 10월 북한 노동당 창건 70주년 기념식에 류윈산 정치국 상무위원이 평양을 방문하고 김정은 제1서기를 면담하는 등 외교적 돌파를 시도했다. 그것은 한반도 비핵화와 한반도 평화체제를 동시에 논의하기 위해 6자회담 재개의 틀을 통해 북한을 설득하기 위한 것이었다. 그러나 국제사회와 중국의 반대에도 불구하고 북한이 핵실험을 감행함으로써 북중관계 개선 논의는 수면 아래로 들어갔다. 중국으로서도 북한을 보는 중국국민의 우려가 높아졌고 중국정부도 보편적 국제규범을 함께 만들어 나가는 책임대국의 위상을 보이고자 했으며, 현실적으로 북핵실험을 계기로 일본이 평화조약을 개정하고 한·미·일 안보협력이 강화되는 등 중국의 안보부담이 컸기 때문이었다. 여기에는 중국의 설득과 압박에도 불구하고 북한의 행동을 변화시킬 수 없다는 비관적 전망도 작용했다. 실제로 북한은 유엔안보리 결의에 중국이 참여한 것을 두고 "체면을 그렇게 중시한다는 일부 대국들마저 미국의 비열한 강박과 요구에 굴종하고 있다"[1]고 사실상 중국을 비판하기도 했다.

그러나 중국이 북핵문제를 보는 인식과 태도는 한미의 입장과는 차이가 있다. 첫째, 제재의 강도와 범위 그리고 목표이다. 중국은 북한의 행동을 강력하게 비판했고 실제로 보다 강력한 대북제재에 동참했다. 그러나 제재가 실제로 북한의 행동변화를 실제로 가져올 수 있는 것인가에 대해서는 비관적이었고 나아가 이러한 제재가 악성순환으로 발전하는 것을 방지하고자 했다. 제재 범위에 대해서도 북한주민의 민생에 영향을 미치는 것은 차단하고자 했다. 실제로 2270호 결의안에도 생계형 원유공급, 북한노동력의 해외송출, 북한의 섬유류 수출의 길은 열어놓았다. 둘째, 북핵문제 해법이다. 중국은 비핵화와 평화체제 논의를 동시에 진행하는 이른바 표본겸치(標本兼治)의 중요성을 강조했다. 물론 이러한 접근법이 북핵문제를 일거에 해결할 수는 없지만 최소한 북핵개발을 동결할 수 있을 것으로 보았다. 2270호 결의안에도 제재는 목적이 아니라는 것을 명확히 했고 구체적으로 49항에는 한반도와 동북아의 안정이 중요하다는 점, 50항에는 6자회담과 9·19공동성명을 지지한다는 내용도 담겨 있다. 중국은 대안이 없는 상태에서 6자회담의 가동을 다시 요구했다. 셋째, 북핵문제 발생의 근원에 대한 인식차이이다. 북한이 핵실험을 하자 한국은 중국의 소극적 역할을 문제 삼았다. 그러나 중국은 이러한 논리를 반박하면서 북핵의 근본

1 『로동신문』(2016.4.2.)

문제가 북미 간 문제라는 점에서 미국의 대북적대시 정책을 바꿔야 한다고 주장했다. 넷째, 북핵실험이 가져온 한반도 안보지형에 대한 해석의 차이이다. 중국은 북핵실험 직후부터 원칙을 견지하고 냉정을 유지해야 한다고 강조하는 한편 관련 당사국의 군사적 행동자제를 요구했다. 특히 미국이 이를 계기로 한미일 안보협력을 통해 재균형 정책을 강화하거나 사드와 전략자산을 배치하는 것에 대해 강력하게 비판했다. 중국 외교부장이 "항장이 칼춤을 추는 의도는 패왕을 죽이려는 것(項莊舞劍 意在沛公)"이라거나 "사마소의 마음은 길가는 사람들도 다 안다(司馬昭之心路人皆知)"는 중국고사를 인용한 배경도 여기에 있다.

이렇게 보면 중국이 북핵문제를 다루는 기본원칙은 다음과 같다. 어떤 상황에서도 한반도에 핵이 있어서는 안 된다, 남북한 모두 스스로 만든 것이든 가져온 것이든 배치해서도 안 된다, 무력으로 문제를 해결해서는 안 된다, 한반도에 전쟁과 혼란이 발생하는 것을 받아들일 수 없다, 중국은 자신의 정당한 안전이익을 보장받아야 한다는 것이다. 이것은 북핵폐기를 전제로 한 엄격한 상호주의 일환으로 제재에 집중하는 한국의 강압외교(coercive diplomacy)와는 뚜렷한 차이가 있었다.

3. 한국의 북핵인식과 중국역할론

북핵실험으로 한국은 직접적 안보위협을 느끼기 시작하면서 가용한 모든 수단을 동원하기 시작했다. 무엇보다 북한이 '도발-협상-재도발-재협상…" 패턴을 끊는 방식을 선택했다. 이런 점에서 제재와 압박은 한반도 평화통일을 위한 효과적 수단이라는 점을 명확히 했다.[2] 우선 북한이 압박을 느낄 만한 수준의 유엔 안보리의 끝장결의(terminating resolution)를 이끌어 내는 데 주력했다. 북한에 대한 풍부한 정보를 보유한 한국은 미국과 긴밀하게 협의하면서 제재의 범위와 방식 그리고 제재리스트에 대한 의견

2 박근혜 대통령 블룸버그 통신 인터뷰 (2016.3.30.)

을 구체적으로 교환했다. 다른 한편 북한의 근본적인 변화를 유도할 수 있는 한국식 독자제재의 일환으로 개성공단의 가동을 전면적으로 중단하면서 국제사회가 대북제재에 적극적으로 참여할 수 있도록 했다. 나아가 사드를 비롯한 새로운 전략자산을 도입하기 위한 논의를 본격적으로 시작했다. 한국정부는 중국의 반대에도 불구하고 국가이익과 안보의 관점에서 북핵위협에 대응하기 위해 사드를 도입할 수밖에 없으며, 이러한 원칙 속에서 중국을 설득한다는 입장을 선택했다.

이러한 강경한 태도의 이면에는 한국 내에서 중국역할론에 대한 비판적 시각이 등장했기 때문이었다. 즉 북핵실험 이후 한국의 요청에도 불구하고 한중 정상 간 전화통화는 한 달 후에 이루어졌고 양국 국방부 사이의 북핵문제를 논의할 수 있는 핫라인도 가동되지 않았으며, 한국의 국가안보실장과 중국의 외교담당 국무위원 간의 전략대화 기제도 작동하지 않았다. 여러 가지 요인이 있었지만 유엔 안보리의 대북제재 결의안이 채택되는 시간도 중국의 소극적인 태도 때문에 56일이나 소요되었다. 무엇보다 한반도 문제, 특히 한국의 안보와 직결된 문제에 대해 중국의 협력이 소극적이었다는 한국정부와 박근혜 대통령의 평가가 있었다. 박근혜 대통령은 2016년 1월 13일 담화에서 "중국이 그동안 여러 차례 북핵을 인정할 수 없다는 의지를 밝혀 왔지만 그런 강력한 의지가 실제 필요한 조치로 연결되지 않는다면 5차, 6차 핵실험도 막을 수 없을 것이며… 어렵고 힘들 때 손을 잡아주는 것이 최상의 파트너"라고 강조하면서 중국의 역할을 강력하게 주문했다. 또한 제4차 핵안보 정상회담 직전에도 "국제사회가 안보리 결의를 철저히 이행하면서 북한에 분명한 경고 메시지를 보내는 게 중요한데, 중국이 건설적 역할을 해 줄 것으로 기대한다"고 밝힌 바 있다.

한국정부가 이러한 중국역할론을 요구한 배경에는 박근혜 대통령과 시진핑 주석 간의 개인적 신뢰가 있었고, 특히 2015년 말 한중 자유무역협정(FTA)을 타결, 미국의 반대에도 불구하고 아시아 인프라투자은행의 가입, 중국의 전승기념식에 박근혜 대통령이 천안문 성루에 오르는 등 정책적

신뢰가 있었다고 판단했기 때문이었다.[3]

III 사드배치와 한중관계의 변화

한미 양국이 7월 8일 주한미군에 사드를 배치하기로 결정한 데 이어 사드배치 지역으로 경북 성주를 선정해 발표했다. 이것은 사드배치가 실전배치만 남겨 놓았다는 것을 의미했다. 사드배치로 인해 한중관계가 어려워질 것이라는 점은 배치 이전부터 충분히 예상되었다. 그럼에도 불구하고 한국정부가 이를 결정한 데에는 다음과 같은 배경이 있었다. 첫째, 북한 비핵화 속도보다 북한 핵무기와 미사일 기술발전이 빨라진 상태에서 안보불안감이 크게 고조되었고 이에 따른 자위권적 조치가 필요했다. 사드가 북한의 모든 도발을 막을 수는 없지만 안보의 공백을 메우는 데 효과적이라고 보았다. 둘째, 안보취약성을 보강하고 주한미군의 안정적 주둔 여건을 보장하는 등 한미동맹의 방기(abandonment)에 대한 위험관리가 필요했다. 주한미군이 주한미군을 보호하기 위해 배치하는 사드를 동맹국가인 한국이 근본적으로 거부하기는 어려웠다. 셋째, X-밴드 레이다 유효탐지거리가 한반도에 국한되고 북한의 탄도미사일을 탐지하기 위해 북쪽으로만 지향되어 운용되는 등 제3국(중국)을 겨냥한 것은 아니라고 보았다. 넷째, 이 사안은 안보주권에 해당하기 때문에 주변국과의 관계를 고려해야 하지만, 최종적으로는 국가이익에 따라 독자적으로 결정하는 것이다. 다섯째, 사드배치가 미국의 탄도미사일 방어체제(BMD)에 그대로 편입된다는 것은 기우이며, 킬체인(Kill-Chain)과 한국형 미사일방어체제(KAMD)를 운용하는 정책기조는 변화가 없다고 강조했다. 여기에 4월에 열린 국회

---

3 이희옥 · 먼홍화, 『동북아정세와 한중관계』 (성균관대학교 출판부, 2015)

의원 선거 결과 여소야대 국면이 등장한 상태에서 국정운영의 동력이 약화된 보수정권이 더 이상 사드배치를 연기하기 어려운 제약요인이 있었다.

여기에 대해 중국은 예측한 대로 강력하게 반발했다. 중국의 반대논리는 다음과 같다. 첫째, 하나의 사드 포대로는 북한을 군사적으로 억제(deterrence)하거나 북한의 행태를 바꾸는 강압(compellence) 수단이 될 수 없다. 둘째, 사드 레이다의 탐지범위는 미국의 필요에 의해 얼마든지 변경 가능하며 결국 중국의 안보딜레마를 심화시킬 것이다. 셋째, 미국의 아시아 재균형의 일환으로 한·미·일 안보협력을 통해 중국을 견제하거나 봉쇄하기 위한 장기전략이 투사된 결과이다. 넷째, 사드 시스템이 현재를 위한 방어체계라는 것은 위장이며 미래시점을 위한 전략적 무기이며, 향후 요격 시스템으로 발전할 개연성이 있다. 넷째, 러시아가 사드에 대항하는 방어망을 배치하는 등 이 지역에서 "힘의 균형"이 변화하는 등의 중국의 전략적 부담이 발생한다. 다섯째, 중국이 연해지역에 집중적으로 배치한 미사일 기지의 전략적 효용성이 반감되며 새로운 전략조정에 막대한 추가 비용이 발생한다. 여기에 한국정부가 이미 사드배치를 사전에 결정했음에도 불구하고 전략적 모호성을 유지해 왔다는 불신감도 작용했다.

사실 중국은 사드배치 논의가 시작될 때부터 자국의 안보이익을 침해하고 전략적 균형을 깨는 행동으로 간주하고 강력하게 반발했다. 기회가 있을 때마다 "사드배치 계획을 포기하기를 바란다", "사드배치는 한중관계를 파탄 낼 것이다", "사드배치는 중국을 겨누는 미국의 칼춤이다"는 등으로 비판수위를 높였다. 그리고 한미 양국이 사드배치를 결정하자 즉각 "강렬한 불만과 단호한 반대를 표명한다"는 공식성명을 발표했다. 이 과정에서 중국은 기존의 한반도 정책의 3원칙인 "한반도의 평화와 안정, 한반도 비핵화, 대화와 협상을 통한 해결"에 덧붙여 중국의 전략적 안보이익을 강조하기도 했다.

문제는 사드이슈가 중국에게는 전략적 안보이익을 침해하는 사안으로 양보가 불가능하고, 한국도 현존하는 북한위협에 대한 안보적 조치라는 점에서 대화와 설득만으로는 전략적 타협을 이루기 어렵다는 점이다. 안보이슈에 민감한 보수층을 지지기반을 가지고 있던 한국정부는 배치결정을 변경할 유인이 없었고 오히려 북한의 행태를 바꾸기 위해서는 북한의 정권변화까지 강조하는 초강수를 사용했다. 중국도 19차 전당대회를 앞두고 있었고 네티즌을 중심으로 한 국가주의적 경향의 증대 등 청중비용(audience cost) 때문에 한미 양국의 결정을 선택적으로 수용하기 어려웠다. 이처럼 한중 양국 모두 합의할 수 있는 영역인 윈셋(win-set)이 줄어든 상태에서 정책결정과정의 유연성을 제약하는 일종의 치킨게임으로 전개되었다.

따라서 사드배치 국면은 배치지역의 환경영향평가, X-밴드 레이다 도입, 운용실험, 실전배치 등 새로운 계기마다 양국관계가 흔들릴 가능성이 크다. 여기에 북핵과 미사일 문제에 대해서도 중국의 소극적 태도로 인해 부분적으로 느슨해지고 있다. 사드배치 결정 이후 북한은 여러 차례의 탄도미사일을 발사했고 이에 대해 한·미·일은 유엔 안보리에서 북한 미사일 발사를 규탄하는 언론성명 채택을 추진했지만, '사드배치 반대'를 함께 담아야 한다는 중·러의 반발로 성사되지 못했다. 나아가 중국은 비관세장벽 등을 활용하는 방식으로 한국을 압박하기 시작했고 정부 간 교류와 민간교류도 하반기부터 급속하게 위축되었다. 이 과정에서 양국 국민들 사이에서 반중여론과 반한여론이 동시에 높아졌고 한국도 "달라이라마 효과(Dalai Lama effect)"를 최소화하기 위해 무역다변화 등 새로운 대중국정책을 구상하기 시작했다.

다만 중국이 제5차 북핵실험에 대해 보다 강화된 대북제재에 참여하면서도 사드문제와 북핵문제를 서로 다른 접근법을 사용하고 있으며, 한국에 대한 중국정부 주도의 직접적인 '보복과 제재'도 한계가 있다는 점에서 타협의 여지는 있다. 첫째, 미중 간 규범과 제도 경쟁이 본격화, 일본 수정주의에 대한 대응, 남중국해 문제 등이 본격화되는 과정에서 한국의 전략적 가치가 여전히 있다. 둘째, 중국이 한국의 안보주권에 과도하게 개입할 경우 국제사회의 평판비용(reputation cost)이 발생하고 주변국가에서 중국 위협론이 확산될 수 있다. 셋째, 중국이 보복과 제재를 시도할 수는 있지만, 한국도 외부압력에 의한 정책변경이 어렵다는 딜레마가 있다. 넷째, 비관세장벽을 활용한 보복도 양국 모두 피해를 보는 무역구조의 한계가 있고, 특히 중국이 세계무역기구에서 시장경제지위(MES)를 확보해야 한다는 점에서도 효과적이지 못하다.

이렇게 보면 중국은 러시아와 군사협력을 강화하고 북중관계를 안정적으로 관리하면서 사드문제의 근원이라고 할 수 있는 미국과의 전략적 타협을 시도할 가능성이 있다. 왜냐하면 이러한 과정을 생략할 경우 한중갈등은 한국을 미일동맹의 하위파트너로 편입시킬 가능성이 커지고, 북한의 도발에 중국이 영향력을 행사하는 것도 한계가 있기 때문에 한반도의 불안정성과 불확실성이 중국에게 부담을 줄 것이기 때문이다. 한편 한국도 대중국 무역의존도가 25%에 달하고 북핵문제와 한반도 통일문제에 있어 중국의 건설적 역할이 없이는 불가능하다. 따라서 반중여론을 활용한 '중국 때리기(China bashing)'는 실현성이 없을 뿐 아니라 오히려 한국에게 부메랑으로 돌아올 가능성이 크다. 특히 한반도 안보환경이 '북한 대 국제사회'의 구도에서 '한 · 미 · 일 대 중 · 러 · 북'의 새로운 냉전 구도로 전환되는 것은 한국으로서도 결코 유리한 환경이 아니다. 실제로 북핵문제와 북한의 행동변화를 위해 사드배치를 결정했지만 결과적으로는 중국이 반발하면서 대북제재를 위한 국제공조가 이완되기 시작하여 북핵문제 해결이 더욱더 어려워지는 역설이 나타나고 있다.

IV 한중수교 25주년의 새로운 한중관계 모색

2016년 한중관계는 '사드가 모든 것을 압도한' 해였다. 사드는 목표물 포착, 진위(眞僞)식별, 요격, 정보네트워킹이라는 구성요소를 가지고 있는데, 이것은 상호 운용성(inter-operability)에 기초한 '동맹네트워크'의 필수 요소이다. 이런 점에서 한국은 한미동맹의 틀에서 북한의 도발을 억제하는 데 외교적 노력을 기울여 왔다. 한편 중국은 사드배치가 한미일 협력을 강화하는 한편 일본을 '전쟁할 수 있는 국가'로 만들면서 지역의 전략균형을 파괴하고 있다고 보았다. 따라서 이 문제는 미중관계의 전략적 타협과 한중관계에서 '행동 대 행동'을 통해 해법을 찾을 수 있을 것이다. 이러한 와중에서 2016년 하반기에 새로운 상황이 전개되었다. 한국에서는 대통령 탄핵국면(2017년 2월 탄핵결정)이 등장했고 미국에서도 트럼프 행정부가 출범하면서 대중국 및 대한반도 정책의 변동성이 나타났으며 여기에 따라 중국도 대외정책을 다시 설계할 필요성이 나타났다.

물론 불확실하고 불안정한 한반도 안보상황이 자연스럽게 확실하고 안정적인 국면으로 전환되지는 않을 것이다. 여기에는 몇 가지인 변화의 노력이 수반되어야 한다. 우선 사드문제가 미중 간 전략적 경쟁을 반영하고 있다는 점에서 한국이 그 공간을 적극적으로 만들어 낼 수 있는가. 둘째, 사드배치의 원인을 제공한 북핵문제 해결을 위해 북중관계와 남북관계를 통해 사드배치의 민감성을 줄여나갈 수 있는가. 셋째, 사드배치가 "국내용, 포대 하나만 수용, 발사체의 고정, 탐지목표 제한, 종말단계 미사일에 국한한 방어용"이라는 주장을 설득력 있게 중국에 전달할 수 있는가. 넷째, 사드 장비인 X-밴드 레이더와 발사대 등을 운용시스템을 변경할 경우 비행제한공역 설정, 안전거리 확보, 추가 부지 확보 소요 등의 사안에 대해 반대할 수 있는가. 다섯째, 사드배치 시기를 유연하게 접근하면서 전략적 불신을 해소하는 과정에서 협력의 모멘텀을 찾을 수 있는가 하는 점이다.

요컨대, 한중관계는 과거 정태적 안정을 넘어 동태적 균형을 찾이기는 과정에 접어들었다. 더욱이 향후 한반도 국제질서가 미중관계 구조의 영향력을 받으면서 균형의 약화(eroding balance), 중첩(intersection)의 확대가 본격화될 것이라는 점에서 한국이 선택이 어려움이 커질 것이다. 이런 점에서 한중관계도 과거의 좋은 관계로 그대로 되돌아가기보다는 한중관계의 새로운 정상에 조정하는 과정을 거칠 것이다. 이런 점에서 사드배치를 둘러싼 긴장을 줄여나가는 외교적 지혜는 새로운 한중관계의 리트머스 테스트(litmus test)이다. 분명한 것은 사드문제가 한중관계의 전부는 아니라는 점이다. 2017년은 한중수교 25주년을 맞이하는 해다. 수교 45주년을 맞이한 중일관계를 되돌아볼 때, 한중관계도 발전과 정체의 기로에 서 있다. 그러나 한중관계가 한반도와 동북아 안정에 가장 중요한 전략적 파트너라는 점은 분명하고 한국으로서는 항구적인 평화와 번영을 위해 중국의 역할을 필요로 한다. 이런 점에서 한국외교도 편승과 일변도 외교를 넘어서서 다양한 정책수단을 결합한 패키지 딜(package deal) 방식을 통해 한중관계의 한 단계 업그레이드가 필요하다.

구체적으로는 다음과 같은 질문에 답할 수 있어야 한다. 첫째, 한미관계와 한중관계의 위상설정의 문제이다. 한미동맹과 한중 간 전략적 협력동반자 관계를 동시에 내실화할 것인가, 현실적으로 존재하는 한미동맹의 틀 속에서 전략적 차등화를 유지할 것인가. 둘째 한미일 지역안보협력과 한미+미일+한일 등 양자안보협력 구도의 선택문제이다. 셋째, 사드배치 문제이다. 폐기론, 유예론, 조건부 폐기론, 조건부 유예론, 조기 배치론, 독자배치 사이의 균형을 달성하는 문제이다. 넷째, 북핵문제와 중국역할론이다. 북핵문제를 해결하기 위한 방법으로 압박위주 정책의 지속, 압박과 대화의 병행론, 대화우선론 등이 있을 수 있다. 이 문제는 한반도 문제의 국제화와 한반도 문제의 '한반도화'라는 프레임과 관련되어 있다. 다섯째, 한국 내에서 점증하고 있는 중국위협론, 그리고 중국에 진출한 한국기업을 중심으로 안보리스크가 경제리스크로 이전하는 것을 어떻게 방지할 것인가 하는 점이다.

향후 한중관계도 사건, 국면, 구조를 구분하면서 적절한 정책과 한중 양국의 협력 모멘텀을 찾을 필요가 있다. 우선 현재 제재국면에서는 제재에 집중하는 것이 북한의 오판을 막을 수 있고 한중협력의 진정성을 확인할 수 있지만, 북한이 핵보유국 지위를 헌법에 명시한 상태에서 대화가 점차 어려워질 나쁜 시나리오에도 대비해야 한다. 이를 위해 한중 양국은 북한이 핵무기를 가지는 것이 정책적 적자라는 것을 납득시키기 위해 지속적으로 노력할 필요가 있다. 왜냐하면 공세적 입장에서 핵협박(nuclear blackmail)은 상대가 굴복하지 않으면 무용하고 방어적 입장에도 핵무기의 억지(deterrence)효용은 한계가 있으며, 경제적으로도 제재에 따른 기회비용이 늘고 핵 프로그램을 수출할 수 있는 무기시장도 사라지기 때문이다. 또한 제재의 근본적인 목표가 북한의 변화에 있다면 평화체제 논의를 비롯한 한중협력의 새로운 모색도 필요하다. 사실 미국의 미얀마에 대한 관여(engage)정책도 무조건적 또는 조건적 제재를 해제시키는 것이 아니라 미국의 미얀마정책이 더 이상 정권교체에 있지 않다는 것을 납득시키는 과정이었다.[4] 2016년 한중관계는 새로운 기로에 접어들었다. 이러한 대전환의 국면에서는 대지혜가 필요하다. 작은 정책차이를 조정하는 것을 넘어 한중관계의 장기협력의 방향과 원칙을 새롭게 설계하면서 대전환을 위기가 아니라 기회로 만들 필요가 있다.

4 David Steinberg, "Myanmar turns its back on North Korea," *Nikkei Asian Review*(Jan 18, 2016)

중한관계와 전략대응

먼홍화(門洪華, 통지대학) · **류샤오양**(劉笑陽, 통지대학)

I 서론

1992년 수교 이래, 중한관계는 25년 가까이 전방위적이고, 초월적인 발전을 실현했으며, 협력의 엄청난 잠재력이 충분히 발휘되었고, 두 국가와 두 국민을 위해 중요한 이익을 가져다주고, 지역 안정유지를 위해 중요한 역할을 하였다.[1] 최근 몇 년간 중한 고위층 교류가 빈번하고 전략적 협력동반자관계가 끊임없이 심화되었다; 중국은 한국의 최대 무역 상대국이자 최대 수출 시장이며 수입 대상국으로 자유무역협정의 적극적인 효과가 나타나고 있다; 양국 국민의 왕래는 "1000만+" 시대에 진입하였으며, 이와 같이 밀접한 교류는 양국 국민에게 실질적인 이익을 가져다주었다; 중한 동반자관계의 심화와 확대 또한 한반도 정세의 총체적 안정과 동아시아 지역의 다자간 협력을 위해 적극적 역량이 투입되었다.

그와 동시에, 중한 전략적 협력동반자관계는 공통의 비호가 필요하다. 중한관계 자체의 비대칭적 특성으로 말미암아 양자의 "호혜"관계가 더욱 상시화되고 있다. 바꾸어 말하자면, 쌍방이 협력 속에서 교환하는 것은 국

1 "王毅會見韓國外長尹炳世", 중국 외교부 홈페이지, http://www.fmprc.gov.cn/web/wjbzhd /t1391399.shtml, 2016年 8月 24日, 등록일자: 2016.11.15.

가이익의 "대체적 대등한 가치"에 기반한다.[2] 그렇기 때문에, 일방적 행위는 양자관계에 대하여 더욱 민감한 영향을 미친다. 이러한 특징은 2016년에 확연하게 나타나, 특히 중한관계의 중대한 전환기가 되는 한 해가 되었다. 그 원인으로서 사드(THAAD) 문제는 중한 전략적 협력동반자관계의 한계와 효과에서 풀기 어려운 문제임을 확연하게 보여주었다. 전략적 동반자관계는 "당위적이고 의무적인 모양(應然)"의 위도 상에 있는 하나의 종합적 전략설계이다. 그러나 중한 양국은 오히려 "현상적이고 실제적인 모양(實然)"의 위도 상에서 다른 영역의 차별 대우를 선택해 중한 전략적 협력동반자관계로 하여금 양자관계의 전방위적 발전 목표를 통솔하는 데 있어서 어렵게 만들고, 실질적으로 작용하도록 했다.

중한 전략적 협력동반자관계의 목표와 수단은 서로 일치하지 않는다. 그 주요한 원인은 중한관계의 복잡성을 소홀히 여길 수 없다는 데 있으며, 매우 많은 불확실성 요소가 잠재되어 있다. 미국의 지리적 포석, 한국의 안전전략, 북한의 핵무기 동향, 여전한 민간의 인식 차이 등을 막론하고 이처럼 측정하기 어려운 특징들로 인하여 중한 양국의 협력 기대(預期)를 제약하고 있다. 그와 동시에 중한 양국은 정치, 경제, 인문 등의 고유 기반에서 앞서 상술한 불확실성을 완화하고 대처하는 가능성을 제공하였다. 이 점을 감안하여, 본고에서는 불확실성 요소의 영향과 제어(管控)라는 새로운 시각으로 중한 전략적 협력동반자관계를 분석하고, 양자 간 상호작용의 새로운 방법을 찾아서 양국 교류의 새로운 경로를 탐구하여 안정적이고 발전적인 중한관계를 모색하고자 한다.

---

2 Robert O. Keohane(羅伯特 · 基歐漢)은 호혜가 가리키는 것은 대체로 대등한 가치의 교환이고, 그중 각 일방의 행위는 다른 일방의 그 전 행위에 의존한다. 그렇기 때문에 덕은 덕으로 갚고 원한은 원한으로 갚으며, 동시에 이러한 교환은 항상 필연적으로 서로 이익을 주는 것이 아니라고 생각한다. 참고: 羅伯特 · 基歐漢, 門洪華 編编, 『局部全球化世界中的自由主義、權力與治理』(北京大學出版社, 2004), 112쪽.

II 불확실성 요소의 영향과 제어

일반적으로, 이성적 국가는 국제관계의 확실성을 추구한다. 그 이유는 확실성이 질서, 필연, 정확, 안정과 예측 가능성 등의 특징을 포함하고 있을 뿐만 아니라, 확실성은 국가의 이성적 행동을 더욱 안전하게 할 수 있도록 하고 국가의 전략선택을 더욱 기대할 수 있도록 하기 때문이다. 그러나 부인할 수 없는 사실은 불확실성이 객관적 세계의 상태이며 우리가 처한 시대의 두드러진 특징이라는 것이다. 이러한 측면에서 확실성 요소는 흔히 전반적인 목표와 수단을 명확히 가리켜 주고 행동할 수 있도록 한다. 그러나 불확실성 요소는 오히려 주체에게 필요한 순간마다 목표와 수단에 대하여 세밀하게 조정하도록 요구한다. 요컨대, 해류는 항해의 방향을 결정하고, 평온한 수면 아래 조수의 용솟음침(暗涌)은 항해 노정에 영향을 미친다. 이 때문에 불확실성 요소의 영향과 그에 대한 제어를 탐구하는 것이야말로 그러한 과정 안에서 가능한 구조적 변화를 파악할 수 있도록 하는 것이다.

현실주의에서 보는 국제관계의 무정부상태는 국가로 하여금 자신이 처한 위치 및 그것이 야기한 상대적 이득에 관심을 갖도록 하고, 만약 국가가 다른 국가의 의도를 파악할 수 없다면 자조체계하의 국가는 생존을 기본으로 고려하고 잃는 것이 있으면 얻는 것도 있는(此消彼長) 국제권력을 추구한다. 자유제도주의는 오히려 무정부상태는 국제행위자로 하여금 시장규칙하에서 유한한 이성과 기회주의에 의존하게 하고, 이러한 추세가 발생시킨 정보는 비대칭적으로 국가 간 협력의 유효한 기대를 낮추었다고 본다. 국가가 추구하는 것이 상대적 이익을 얻는 것이든 절대적 이익을 얻는 것이든지 원가-이익에 대한 이성적 판단이야말로 그러한 행위의 기본적 근원이라고 말할 수 있다. 그러나 원가-이익의 평가측정은 오히려 합리적 계획과 완전히 일치할 수 없으며 동시에 측량할 수 있거나 측량할 수 없는 "변화"에 대응해야 한다. 프랭크 네터(Frank H. Netter)는 전자를 "위험(risk)"이라 하고, 후자를 "불확실성(certainty)"이라 하였다. 그가 생각하기에 "위험과 불확실성의 실제 구별은: 위험 속에서 한 가지 사실 중에 결과는 이미 알고 있다는(혹은 사전 계산을 통한 것, 혹은 과거 경험 통계로부터 나온 것) 것이다; 그러나 불확실성에 있어서 이러한 결과는 오히려 알지 못하는 것이다. 그 이유는 일반적으로 관련된 상황이 극히 특수하기 때문에 근본적으로 이러한 사실을 형성하는 것은 불가능하다."[3] 이 점을 고려해 보면, 불확실성은 결정권자가 현재 정황의 미래발전의 변수 및 상태를 확실히 알 수 없다는 것을 의미하며,[4] 행위자가 서로 혹은 상호작용 환경의 변화에 대해서 효과적인 기대를 실현시키기 어렵다는 것을 의미한다.

국가는 경제학자와 같을 수 없어 불확실성 변수를 "기대치(期望值)"로 처리한다. 그리하여 복잡한 불확실성 요소로 하여금 확실성 관계로, 혼돈 상태로 하여금 나비효과를 만들어 내도록 한다. 국가는 확실성 조건과 불확실성 배경하에서 행위 동기와 행위 방식이 다르기 때문: 불확실성 위기에 맞서 제어를 하고, 통상 더 많은 시간비용을 들여야 더 적은 의사결정 근거를 가지게 되며, 이는 의심할 여지없이 행위자로 하여금 "기대치"가 필요로 하는 이성적 상태를 벗어나도록 할 수 있다. 그런 까닭에, 불확실성(그러나 비(非)"위험")에 직면했을 때, 전형적인 이성적 행위는 이미 더 이상 사람들이 받아들이지 않는다고 가정한다. 허버트 사이먼(Herbert A. Simon)이 보기에 사람들이 불확실성에 대처하는 능력은 유한한 것으로 완전하고, 통일되며, 모든 순서 배열을 선택할 수 있는 효용함수가 부족하다; 사람들은 단지 예비 선택의 전부가 아니라 예비 선택의 일부분만을 찾아낼 수 있다; 사람들은 각 예비 선택이 만들어 내는 결과를 예측할 수 없으며, 불확실한 미래의 사건에 대해서도 일관성 있고 현실적인 확률을

3 弗蘭克 · H. 奈特, 『風險、不確定性與利潤』(北京: 商務印書館, 2006), 211쪽.

4 王文寅, "不确定性、觀望與政策政策干預", 『宏觀經濟研究』, 2009年 第8期, 47-50쪽.

추측해 낼 수도 없다.[5] 불확실성의 배경하에서 결과 분포를 알 수 없고 변화 방향은 불확실하기 때문에, "기대(預期)"라는 것이 형성될 수 없고, 이것 또한 불확실성 요소로 하여금 국가 협력에 대해 부정적 영향을 미치도록 한다.

국제행위자의 유한한 이성은 기대를 하는 데 유리하면서 동시에 기대에 대한 실망과 공포를 불러일으킬 수 있다고 할 수 있다. 이러한 측면에서 기대 장애와 협력 형성은 종종 구조적 국제체계, 단계적 국제 상호작용과 관념적 국제인식 중 필연적으로 존재하는 정보결핍과 혼란 상태이며, 이 또한 불확실성 요소가 나타나는 출발점이다. 앞서 상술한 바와 같이, 이성주의의 인도하에 국가의 선택은 비용-이익의 논리에 따라서 충돌과 경쟁이 나타날 수 있으며, 협력이 나타날 수도 있다. 그러나 불확실성에 직면했을 때, 국가는 오히려 일반적으로 비이성적인 "공포"의 태도를 보인다. 존 미어샤이머(John J. Mearsheimer)가 제기한 바와 같이, 국가는 영원히 다른 국가의 의도를 파악할 수 없으며, 생존을 근심하는 국가는 반드시 그 경쟁 상대의 의도에 대하여 최악의 가설을 세운다.[6] 비대칭적 국가관계 안에서 국가는 혹시 기대치가 마이너스인 협력을 선택할 수 있다. 그러나 기대할 수 없는 협력은 오히려 극히 드물게 선택한다. 그 원인은 전자가 가져오는 위험이 통제가 가능한 것으로 국가는 이러한 협력의 마지노선 존재를 명확히 할 수 있다. 후자는 오히려 국가의 이성적 판단과 전략기도로 하여금 혼란에 빠지게 할 수 있으며, 협력의 마지노선이 모호하고 더욱 위험할 수 있다. 상술한 논리는 가능한 "협력의 곤경"을 야기할 것이다. 설령 불확실성 요소가 국가 간 관계 중 주류를 점하지 않는다 할지라도, 국가는 미지의 공포로 인해 이미 알고 있는 재량을 포기할 수 있다.

---

5 Herbert A. Simon, "A Behavior Model of Rational Choice," *Quarterly Journal of Economics*, Vol.56, 1955, pp.99-118 ; 李臘生 · 王虹舒, "不確定性、經濟選擇方式與資源配置效率", 『經濟學家』, 2009年 第11期, 13-21쪽.

6 約翰 · 米爾斯海默, 『大國政治的悲劇』(上海人民出版社, 2003), 55쪽.

그렇지만, 협력 장애의 존재가 국가는 단지 불확실성이 가져오는 부정적 영향을 수동적으로 받아들이기만 한다는 것을 의미하지는 않는다. 불확실성은 주관적 반영이고 또한 객관적 징후도 있어서 주관과 객관의 상호영향과 견제의 상태가 모두 존재하며, 불확실성 요소를 제어하고 극복하는 것도 주관과 객관의 변증관계를 출발점으로 해야 한다. 더글라스 노스(Douglass C. North)가 생각하기에 역사적으로 불확실성은 주로 물질 환경에 집중되어 있지만, 과학과 기술의 발전에 따라 인류의 상호작용 및 그것이 만들어 낸 인문 환경의 불확실성 때문에 압도적 우세를 보이기 시작했다고 보았다. 그러므로 이성이 유한한 개체는 부득이하게 심성모형(mental model)에 의지해 불확실성을 약화시키고, 기대를 안정되게 하고, 행동을 조화롭게 하며, 인류의 환경 인식 능력을 제고시킬 수밖에 없다.[7] 존 듀이(John Dewey)는 더 나아가 행동 추구 중의 확실성은 반드시 "감정과 관념상 자신을 변화시키는 방법, …사람들은 사유를 통해 마치 불확실성의 위험을 도피할 수 있다"고 제기하였다.[8] 소위 자신을 변화시킨다는 것은 대담하게 자신의 고유한 인식 혹은 관념에 대하여 도전하는 것으로 불확실성 요소에 대한 제어 나아가 확실성 요소로 만드는 것으로 사물발전의 필요—모든 불확실성은 그 가운데 확실성을 담고 있어—에 적응하기 위해서, 중요한 것은 어떻게 전략행동을 통해 불확실성 요소와 내부 확실성 및 외부 확실성과의 유기적 연계를 실현하느냐에 있다. 그리하여 자신은 지양, 혁신 그리고 발전을 실현하는 것이다. 확실성을 만들어 내는 것은 마땅히 "양보타협"의 확실성을 받아들여, "새로운 발전 목표"를 통해 확실성을 찾고, "실제효과"의 확실성을 중시하는 것이다.[9] 국제관계의 현

---

7 Douglass C. North, "Understanding the Process of Economic Change," *Forum Series on the Role of Institutions in Promoting Economic Growth*, 2003 ; 劉和旺, "不確定性、學習與制度演化—論諾思的制度演化理論",『生產力研究』, 2006年 第6期, 27-29쪽.

8 約翰 · 杜威,『確定性的尋求: 關於知行關係的研究』(上海人民出版社, 2005), 1-4쪽.

9 陳尤文, "不確定性: 創新發展的價值與尋求",『上海行政學院學報』, 2011年 第5期,

실 속에서 그 내용을 참고로 할 수 있고 이하 기본 방향을 종합할 수 있다: 더욱 새로운 전략목표("새로운 발전목표")로 확실성의 방향을 정하고, 전략협조("양보타협")를 강화해 확실성의 안정을 유지하며, 전략평가("실제효과")를 관철시켜 확실성의 기초를 다진다. 그중에서 더욱 새로운 전략목표는 불확실성 요소 내부의 잠재적 확실성과 외부의 확실성 요소와의 결합이며, 장차 불확실성 요소가 전략목표의 전체 방향에 포함되는 데 목적이 있다; 전략협조를 강화하는 것은 불확실성 요소 내부의 불확실성과 외부 확실성 요소의 결합에서 나타나며, 불확실성 요소의 부정적 효과를 제어하는 데 목적이 있다; 전략평가를 관철시키는 것은 상술한 것과 관련된 시간적 효과를 빨리 이루어지도록 강구하는 것으로, 곧바로 상호작용에서부터 지속하여 미래의 발전에까지 이르게 한다.

이에 상응하여, 불확실성을 제어하는 것과 확실성을 보장하는 주요 경로는 바로: (1) 국가능력의 성장을 중시한다. 불확실성은 정보 자체의 결핍에서 기원하며, 정보에 대한 인지정도의 부족 때문이기도 하다. 국가과학기술의 발전과 전략적 안목이 성숙함에 따라서 많은 불확실성 요소는 "위험"을 측정할 수 있는 것으로 전환될 수 있다; (2) 제도가 기대에 대해 형상화하는 것을 중시한다. 불확실성의 작용 메커니즘 때문에 행위자는 개인의 이성에 의지해 효과적인 인지와 정책결정을 내릴 수 없다. 이는 행위자가 반드시 제도 구조에 의지해 자기 이익의 한계를 정하고 합당한 기대를 할 수 있도록 인도해야 한다는 것이다;[10] (3) 관념이 행위에 대해 동일시하는 것을 중시한다. 구조주의는 행위자가 동일시와 규범에 기초하여 어떻게 객체와 타자의 행동에 대해 대응할 수 있는지를 확정해야 하기 때문에, 사회의 언어 환경하에서 정보에 대해 분석제시하고 석성한 관념을

83-90쪽.

10 馬駿, "不確定性及其後果—國際制度的認知基礎", 『國際觀察』, 2011年 第1期, 52-59쪽.

형성할 필요가 있다고 생각했다.[11] 여기에서 제기한 관념은 국가능력 중의 관념 요소와는 다르고 일종의 상호작용 방식의 이해와 인지를 의미한다. 결론적으로 말해, 만약 국가능력이 상술한 경로의 시작점을 이룬다면, 제도는 그중 골격을 형성하고 관념이 그 사이사이의 유기적 구성을 채우게 되는 것이다.

III 중한관계의 불확실성 요소

외교정책의 관점에서 볼 때, 모든 정부가 직면한 문제는 어떻게 국제교류를 하는 가운데 이익을 얻고, 동시에 가능한 한 자주권을 유지하는가이다; 국제체계의 관점에서 볼 때, 각국 정부가 처한 문제는 어떻게 국제체계를 쟁취 통제하여 자신의 이익을 위해 움직이려는 경쟁 속에서 호혜의 협력모델을 형성 유지하는가이다.[12] 동북아지역에서 최고 중요한 양자관계 중 하나인 중한 동반자관계는 시종일관 국가이익과 공동이익 사이에서, 경쟁과 협력 사이에서, 현실주의의 특징과 복합 상호의존의 특징 사이에서 전략균형점을 찾고 있다. 위에서 말한 시계추가 양극단으로 치우치는 것과 같이 상호작용 과정은 정보의 결핍과 소통의 낙후를 야기하는 것을 피할 수 없다. 따라서 행위자(한국, 북한, 미국), 행위자 체계(지역 세력균형체계)와 행위자 내부(민간관계)에서 기대하기 어려운 불확실성 요소가 나타난다.

---

11 Brian C. Rathbun, "Uncertain about Uncertainty: Understanding the Multiple Meaning of a Crucial Concept in International Relations Theory," *International Studies Quarterly*, Vol.51, No.3, 2007, pp.533-557.

12 羅伯特 · 基歐漢, 約瑟夫 · 奈, 『權力與相互依賴(第四版)』(北京大學出版社, 2012), 299쪽.

1. 미국의 동북아전략: 의도 변화?

2012년 오바마(Barack Obama) 대통령이 연임에 성공한 후 미국은 적극적으로 "아시아 · 태평양 재균형" 전략을 추진하고, 한국이 거기에 참여하도록 자기편으로 끌어들였다. 경제영역에서 주로 나타난 이러한 행동으로는 적극적으로 한국을 자기편으로 끌어들여 미국 주도의 "환태평양경제동반자협정(TPP)" 협상과정에 참가하도록 하고, 한국이 "아시아인프라투자은행(AIIB)"에 참가하는 것을 방해하였다: 군사, 안전영역에서 주로 구체화된 것은 한국에 "사드(THAAD)" 미사일방어체계를 배치하고 미일, 한미동맹의 일체화를 추진하여, 군사적으로 중국의 굴기와 영향을 봉쇄하려는 것이다.[13] 특히 "사드"체계는 미국이 동북아지역에서 쐐기를 박는 것이며, 반드시 한반도와 동북아지역의 구조적 안전위험을 더욱 공고히 하게 될 것이다. 이러한 전략 선택은 재차 한미동맹의 배타성과 잠재적 적대성을 드러내고 더 나아가 한국과 중국 사이에 서로 경계하도록 하여 양자 간의 인식 차이를 악화시키고 전략적 상호신뢰를 약화시켰다. 지적할 것은 2012년 이래로 미국의 동북아전략 자체는 매우 많은 확실성 성분이 있었으나 그것의 존재는 오히려 불확실성의 영향을 더욱 뚜렷하게 만들었다는 것이다.

그것과 비교하면, 진정한 의미의 불확실성 요소는 사실 미국의 미래 전략 선택이라 할 수 있다. 미국의 신임 대통령 도널드 트럼프(Donald Trump)는 민주당 인사의 미국 동북아전략을 번복할 수 있을까 없을까? 특히 그는 이미 TPP추진 행정명령 정지처분에 서명하여 오바마 시기 미국의 "아시아 · 태평양 재균형" 전략으로 하여금 경제적 힘의 원천(抓手)을 잃어버리도록 하였다. 그렇지만, 트럼프 본인이 중국을 대하는 태도에 있어서 모호함 및 부족한 이교경험을 고려해 보면 우리는 아직 TPP의 운명

13 潘超偉 · 楊守明, "韓國'消極'參與美國亞太'再平衡'戰略的中國因素", 『延邊大學學報(社會科學版)』, 2016年 第4期, 32-37쪽.

과 미국이 동북아 전략진지를 포기한다는 것을 상호 관련 맺기는 어렵다. 사실상, 중국을 상대하여 더욱 적극적이고 주도적으로 지역에 대한 책임을 다할 태세를 보이며, 트럼프가 한국, 일본과의 안전 동맹관계를 더욱 명확히 강조하고 적극적으로 미러 양자관계의 새로운 동향을 탐색하는 것은 중국에 대한 전략적 경계를 품고 있다는 것이다. 이 밖에 미국 동북아 전략의 총체적 설계와 미래 지향은 조정을 거칠 것 같다. 그리하여 미국 국내 정치변화가 일으킨 세계전략의 조정이 나타나, 중한관계에 나날이 영향을 미치는 가장 중요한 외부의 불확실성 요소가 될 것이다.

2. 북한의 미래 향방: 핵무기 지속?

북한이 핵실험을 지속하는 것은 동북아지역 관계의 조정과 중한관계 불확실성의 중요 요소를 유발하는 것이다. 2008년 이후, 남북관계 개선의 동력이 결핍된 현실 속에서, 한국은 중국을 통해 북한과의 교착상태를 타개하려고 시도하고, 중국을 독촉해 북한이 핵무기를 포기하고 개혁개방을 실시하도록 압력을 가했다. 그렇지만, 중국은 북한에 대해 무조건 압력을 가해 북한정권이 붕괴하거나 급진적 대항조치를 취하게 할 수 없었다.[14] 북한의 핵실험 이전에 박근혜 정부는 중국을 상호신뢰의 전략적 협력동반자로 여겼다. 그러나 북한이 2016년 연속해서 두 차례의 핵실험을 진행하면서 중한 양국의 분기(分岐)는 갈수록 부각되고 한국의 대중국 인식 변화가 일어나 중국은 이제 신뢰할 수도 진정한 동반자도 아니게 되었다.[15] 그와 동시에 유엔 안보리는 북한 핵실험에 대응해 2016년 3월 3일 제2270호 결의를 통과시켰고, 중한 양국은 그 결의에 맞춰 각자 다른 입장과 출발점을 보여주었다: 한국은 과도하게 제재를 강조하고 제재가 엄격할수록 더

---

14 梁立昌, “朝鮮半島統一問題與中韓戰略合作伙伴關係”, 『東疆學刊』, 2015年 第4期, 61−67쪽.

15 詹德斌, “朴槿惠政府對華認知的轉變與与對華政策調整”, 『社會科學』, 2016年 第7期, 22−30쪽.

욱 효과적으로 북한을 억제할 수 있다고 믿었다; 중국은 제재를 강조했을 뿐만 아니라 "제재 이후" 어떻게 대화노선으로 회귀할 수 있는지에 대해서도 적극적으로 탐색했다. 이와 같은 문제는 모두 선명하게 드러나, 북한 핵문제는 중한 양국의 일방적 행위의 양자관계에 대한 민감성, 심지어 어느 정도의 취약성을 강화시켰다.

미래 지향적으로 한국은 북한의 핵실험 도전으로 인하여 미국이 제안한 "사드계획"을 받아들이기로 하여, 재차 북한의 안전에 대한 신경을 자극하게 되었다. 그리고 미국 신정부의 집권 시작 또한 북한의 태도를 더욱 복잡하게 만들었다: 핵실험을 통해 미국의 전략적 마지노선을 탐색하려는 것인가? 아니면, 어떤 형식의 양자 간 혹은 다자 간 회담을 통해 게임을 하려는 것인가? 그 밖에, 북한에 대해 강경정책을 채택한 박근혜 정부는 적이 되어 북한정권의 고도의 주목을 받게 되었다. 미래의 한국정부가 "정서적 학대(冷暴力)"를 계속 취할 것인지, "온화한 집근(暖接觸)"으로 회귀할 것인지는 북한의 안전에 대한 선택에 커다란 영향을 줄 것이다. 상술한 불확실성 요소 가운데, 우리가 예측할 수 있는 최악의 국면은: "남측은 사드체계"와 "북측은 핵무장"의 병행이 한반도 분열의 영구화를 일으키는 것이라 할 수 있다; 북한은 자국의 국가이익을 핵심으로 발전시키지만, 동시에 한미 양국의 신정부 정책 방향을 참고할 수 있으며, 이러한 것이 오히려 불확실성 요소 가운데 내포된 상대적 확실성이라 할 수 있다.

3. 한국의 안전전략: 완전히 미국에 의존?

냉전이 종결된 이후, 한국은 점점 중국과 경제의존을, 미국과는 안전의존의 전략적 상태를 이루고, 끊임없이 미국과 중국 사이에서 가능한 전략적 균형을 추구하였다. 어느 정도 사드를 배치하는 것조차도 한국이 아시아인프라투자은행(AIIB) 가입문제에 있어서 미국에 대해 행한 일종의 "전략적 보상" 차원이다. 더욱 중요한 사실은 사드체계는 한국의 안전관련 수요를 조월한 무기라는 것이다: 이것은 북한의 핵무기를 방어할 수 없을 뿐만 아니라, 한국정부가 사드체계의 운용에 개입할 수조차도 없다.[16] 한미연합 군사훈련은 최근 들어 그 훈련시간이 점점 길어지고, 공격성은 더욱 커진 추세를 보이고 있으며, "북측은 한미군사훈련을 겨냥해 강렬하게 반응"할 뿐만 아니라, 중국 또한 "상호 자극하고 긴장을 악화시키지 말아야 한다"고 하였다.[17] 한미동맹의 일방적 행동은 중한 양국의 "신뢰 적자(信任赤字)"를 양산하고, 동시에 한반도 문제 해결의 실질적 협력을 저해하였다.[18] 2016년 중한 양측의 화물 수출입액은 2015년 전년도 동기와 대비하여 8.4% 하락하였고, "사드"문제의 부정적 효과를 다소 반영하였다.

실질적으로 사드체계 배치 자체는 많은 불확실성을 안고 있다: 첫째, 그것은 핵무기에 대한 저항 반격 능력을 갖추고 있지 못하기 때문에 도리어 북한을 더욱 자극할 수 있다. 그러므로 한반도 안전 국면에 변수가 된다; 둘째, 사드체계의 공격 범위가 중국에까지 미치며 중한 동반자관계의 발전목표는 경제와 안전문제를 분리하여 처리하는 것을 허락하지 않기 때문에 중한 FTA 등 기존 메커니즘의 효과에 영향을 미치게 될 것이다; 셋째, 사드체계의 배치는 동아시아지역의 현실주의 경향과 안전 불안 의식을 강화할 수 있고, 지역적 상호작용의 관념 기초로 하여금 더욱 복잡하게 할 수 있다. 그 밖에도 한국 국내에서 최근 나타난 정세 변화는 아마도 한국의 사드체계 배치의 진도와 방식에서 변화를 일으킬 수 있다; 한국 신정부의 외교정책의 조정 폭 또한 시간 검증이 필요하다. 전체적으로, 한국은 경제와 안전 문제에 있어서 각각 중국과 미국에 의지하는 기본적인 전략 태세의 모양을 갖추었다. 하지만 한국의 "상호 견제와 균형(制衡)" 행동의

---

16 【한】李相萬, "'薩德入韓'與東北亞的'安全困境' : 基於新現實主義的分析", 『東北亞东論壇』, 2016年 第6期, 3-15쪽.

17 "2016年3月7日 外交部發言人洪磊主持例行記者會", 중국 외교부 홈페이지, http://www.fmcoprc.gov.hk/chn/xwdt/wjbt/t1345683.htm, 등록시간: 2017년 1월 7일.

18 王俊生, "聯合國安理會第2270號決議與中韓關係新課題", 『東北亞論壇』, 2016年 第5期, 35-41쪽.

선택적 미래는 양자 간 호혜의 "덕으로 덕을 갚다(以德报德)"를 가져오거나 아니면 "원한으로 원한을 갚다(以怨报怨)"와 같은 결과를 가져올 수 있어서 오히려 중한관계의 향방을 결정하는 가장 중요한 불확실성 요소라 할 수 있다.

4. 세력균형을 깨는 시도: 각국의 협조?

동북아 정세는 일국이 제패할 가능성이 제거됐으며, 이러한 현실은 군사동맹, 세력균형과 대국협조가 병존하고 있고, 평화협력을 통해 지역 안전에 대한 압력 완화와 다자간 경제적 호혜를 촉진하는 것으로 각국의 공통된 인식을 이루었다.[19] 이 기간 중, 중한관계는 중한일 경제협력을 추진하고 나아가 지역경제 일체화의 중요 역량이 되어 지역 질서의 세력균형 유지에 핵심적 역할을 했다. 그러나 중국의 화평굴기(和平崛起)와 미국의 아시아·태평양 복귀라는 이중 추세 및 북한 핵실험과 사드의 한국 반입이라는 이중 문제에 따라, 동북아의 평화공존과 군사균형은 재차 복잡한 상호작용 상태가 되었다. 특히 북한의 핵실험 및 그 불확실성이 가져오는 안전에 대한 "공포"에 직면하면서 원래 미국의 "아시아·태평양 재균형" 전략에 소극적이던 한국은 가장 긴요한 순간에 미국에 도움을 청하는 것으로 선택하였고, 해당 지역 국가와 공동으로 협력해 안전 경로를 선택해 대처하는 것이 아니었다. 이것은 의심할 바 없이 지역 내부 협력의 프로세스와 관념적 기초를 흔들리게 할 수 있다—설령 한미동맹의 구조적 효과는 일찍이 동북아지역 질서에 심각한 영향을 미쳤다 하더라도.

한반도는 사드배치로 인하여 평온해질 수 없으며, 어떠한 일방의 안전도 다른 나라의 불안전한 기초 위에서는 견고하게 세워질 수 없기 때문에 어떠한 일방도 임의로 다른 국가가 자신의 정당한 권익과 국가전략 안전

19 門洪華, "東北亞安全困境及其戰略應對", 『現代國際關係』, 2008年 第8期, 16-22쪽, 53쪽.

이익을 함부로 침해할 수 없다. 그렇지만, 이러한 국가들이 자국 이익을 보호하는 방식은 메커니즘화된 안전협력의 길이며, 대항적 군비경쟁은 오히려 시련을 줄 것이다. 2016년 초 한국은 북한을 제외한 "5자 회담" 건의를 제안하고, 북한의 한반도 문제에서 가능한 역할을 부정, 혹은 지역문제 해결에서 부정적 효과를 가져올 수 있다고 하였다. 동북아지역 각국의 권력은 재분배 과정에 있다고 할 수 있으며, 각국 이익의 출발점은 서로 다르고, 정보소통과 전략적 협조는 더욱 복잡해지는 추세에 있다고 할 수 있다. 상술한 문제가 일으킨 지역 질서의 전환이 지역 전체 환경의 불확실성을 악화시킨 것임에는 틀림이 없다.

5. 중한 민간관계: 어떻게 우호적으로?

민간관계 자체의 변동성과 민감성은 더욱 쉽게 양자관계 속의 불확실성 요소가 되도록 한다. 특히 정보기술과 전파수단이 점점 풍부해지고 빨라지고 있는 오늘날에는 어떤 한 가지의 부정적 정보도 민간관계를 흔드는 도화선이 될 수 있다; 양국 정부가 전략적 차원에서 상호 이해한다고 양국 국민이 인문 차원에서 상호 이해하도록 필연적으로 만들어지는 것은 아니다. 이것은 중한 민간관계에서 더욱 분명하게 드러나 보인다. 중한 민간관계에서 역설적으로 부각된다: 두 사회의 교류가 더욱 긴밀해질수록, 양국 민중의 위화감은 더욱 깊어지고 호감은 점점 떨어진다.[20] 민족주의가 농후한 정서는 양국관계의 건강한 발전에 영향을 미칠 뿐만 아니라 두 사회의 교류와 상호신뢰의 기초를 더욱 흔들었다. 중국 민중은 한국이 "소국 심리상태(小國心态)"를 벗어나 중국굴기(中國崛起)를 재조명해야 한다고 생각한다; 한국 민중은 오히려 중국이 "피해의식에 사로잡힌 심리상태(受困心态)"를 벗어나 "전통질서 회귀"의 포부를 포기해야 한다고 생각한다. 양국 민중은 자신을 반성하고 이성적으로 상대를 인식하도록 배워, 상호 가

---

20 韓愛勇, "中韓社會交往22年: 成就與問題", 『當代韓國』, 2015年 第1期, 56-68쪽.

치관을 존중하고, 마음속의 "안전 불안(安全困境)"과 "잘못된 인식(認知誤區)"을 제거하는 것이, 중한관계가 당면한 긴박한 임무라 할 수 있다.

2016년 이래, 한국의 사드체계 배치 결정은 더욱 강렬한 민족적 위화감을 불러일으켰고 기존 민의의 기초를 약화시켜서 한국과 중국의 상호방문 여행자 수에 상당한 영향을 미쳤다; 한국 국내에 널리 알려진 "한한령(限韓令)"은 중국정부 당국이 부정할지라도 중한 민간의 과격한 반응을 크게 반영했다. 민간관계 속의 많은 문제들은 "위험"을 측정할 수 있는 것이 아니며, 그중에서 많은 우연한 사건들이 뒤섞여 있는 것으로 사드 문제의 출현은 이러한 우연한 사건들의 영향으로 하여금 더욱 민감하고 불확실하게 한다고 할 수 있다.

IV 중한관계의 확실성 요소 상세 분석

중한관계는 약간의 불확실성 요소가 존재하지만, 25년 가까운 양자 간의 상호작용은 긍정적 에너지를 가진 매우 많은 확실성 요소를 부화시켰다. 한국과 중국의 정책결정권자들은 양국이 지리적, 역사적으로 두터운 연계를 맺고 있는 데 기반하여 상호 수요를 기점으로 지역 평화 안정에 유리한 정치관계를 형성하고, 경제협력을 통해 지역 안전문제의 완화와 제도 구조적 수립을 촉진하고, 사회교류와 문화교육 활동을 통해서는 지역 협력의 유대와 접착제가 되어, 공동이익의 지속적 축적으로 동반자관계의 기초를 다졌다.[21] 따라서 불확실성 요소의 영향을 줄이고 불확실성 요소에 대한 제어를 강화하기 위해 필요한 지지와 보장을 제공했다.

---

21 門洪華 · 劉笑陽, "中韓戰略合作伙伴關係: 歷史进程、現況現狀評估與未來展望", 『吉林大學社會科學學報』, 2013年 第6期, 62-74쪽.

1. 한국과 중국은 지리적으로 서로 가깝고, 문화적으로 서로 통한다

지리적(地缘), 문화적(文缘)인 견고성과 오랜 시간은 그것으로 하여금 일반적으로 양자관계의 확실성 요소가 되도록 하였다. 비록 이러한 확실성이 반드시 순방향으로 움직이는 것은 아니지만, 마찬가지로 양국 상호 간의 기대와 소통을 강화할 수 있었다. 한국과 중국은 지리적으로 서로 가깝고, 문화적으로 서로 통한다. 양국은 똑같이 동북아시아에 위치하며, 지리적으로 서로 가까워 무역 유통과 인적 교류가 증가되었다. 지역질서에서 중요 역할을 발휘하려는 국가로서 양국은 상대방의 지리적 가치와 전략적 의의를 경시할 수 없다. 중한 양국은 모두 한자와 유교문화권에 속하며, 생활습관과 예절풍속 등에서 매우 친근하고 교류하는 데 편리하다. 인문교류 차원에서, 중한 양국의 인문교류가 빈번해 양국 문화교류의 새로운 기회와 인연의 출현을 촉진했다. 중한의 인문교류는 양자 간 교류일 뿐만 아니라, 더욱이 동아시아 문화의 공통성을 찾는 과정에 있어서 동아시아 인문유대를 형성하고, 심지어 인문공동체의 핵심이기도 하다.[22] 텍스트체계 측면에 있어서 유사한 발전의 몽상은 중한 양국관계의 심화를 위한 공통의 텍스트를 제공했다. 양국 몽상의 공통적이고 공유할 수 있는 것은 양국과 두 사회의 상호교류, 상호 본보기로 삼기와 상호신뢰를 위해서 기본 목표와 정신의 원천으로 정립하였고, 양국이 심층적 교류를 전개하는 이념적 기초가 되었다.

2. 중한 경제의 상호의존

중한 경제무역관계는 비약적 발전을 실현했다. 중국 해관의 통계에 따르면, 1992년 중한 무역액은 단지 50.3억 달러에 불과하지만, 2016년 중한 양국의 무역총액은 2525.8억 달러에 달하고, 그중에서 중국의 한국에 대한 수출은 937.1억 달러, 수입은 1588.7억 달러에 달해 중국은 한국의 최대 무

22 李熙玉, "韓中公共外交與人文紐帶", 『吉林大學社會科學學報』, 2015年 第3期, 28-33쪽.

역 동반자, 최대 수출시장, 최대 수입상대국이자 최대 해외투자대상국이며, 인민폐가 한국이 보유한 외환 중에 두 번째를 차지하였다. 그 밖에도

표 1 중한 수출입무역 일람표(1992-2016년) 단위: 억 달러

연도	수출액(증가율)	수입액(증가율)	총액(증가율)	무역 차액
1992	24.4(11.9%)	26.2(144.9%)	50.6(55.7%)	−1.8
1993	28.6(17.2%)	53.6(104.6%)	82.2(62.5%)	−25.0
1994	44.0(53.8%)	73.2(36.6%)	117.2(42.6%)	−29.2
1995	66.9(52.0%)	102.9(40.6%)	169.8(44.9%)	−34.0
1996	75.0(12.1%)	124.8(21.3%)	199.8(17.7%)	−49.8
1997	91.3(21.7%)	149.3(19.6%)	240.6(20.4%)	−58.0
1998	62.5(−31.5%)	150.1(0.5%)	212.6(−11.6%)	−87.6
1999	78.1(25.0%)	172.3(14.8%)	250.4(17.8%)	−94.2
2000	112.9(44.6%)	232.1(34.7%)	345.0(37.8%)	−119.2
2001	125.2(10.9%)	233.9(0.8%)	359.1(4.1%)	−108.7
2002	155.0(23.8%)	285.7(22.2%)	440.7(22.8%)	−130.7
2003	201.0(29.4%)	431.3(51.0%)	632.3(43.4%)	−230.3
2004	278.2(38.4%)	622.5(44.3%)	900.7(42.4%)	−344.3
2005	351.1(26.2%)	768.2(23.4%)	1119.3(24.3%)	−417.0
2006	445.3(26.8%)	897.8(16.9%)	1343.1(20.0%)	−392.5
2007	561.4(26.1%)	1037.6(15.6%)	1599.0(19.1%)	−476.2
2008	739.5(31.0%)	1121.6(8.1%)	1861.1(16.2%)	−382.1
2009	536.8(−27.4%)	1025.5(−8.5%)	1562.3(−16.0%)	−488.7
2010	687.7(28.1%)	1384.0(35.0%)	2071.7(32.6%)	−696.3
2011	829.2(20.6%)	1627.1(17.6%)	2456.3(18.6%)	−797.9
2012	876.8(5.7%)	1686.5(3.7%)	2563.3(4.4%)	−809.7
2013	911.8(4.0%)	1830.7(8.5%)	2742.5(7.0%)	−918.9
2014	1003.4(10.1%)	1901.5(4.0%)	2904.9(3.9%)	−898.1
2015	1013.8(1.0%)	1745.2(−8.2%)	2759.0(−5.0%)	−731.4
2016	937.1(−9.0%)	1588.7(−7.5%)	2525.8(−8.4%)	−651.6

자료출처: 1992-2016년 수치는 역년 "중국통계연감" 자료; 2016년 수치는 중국 해관 홈페이지, http://www.customs.gov.cn/publish/portal0/tab49667/info837870.htm 자료 참고.

표 2 중한 상호투자 일람표(1992-2016)

단위: 백만 달러

년도	중국 對 한국 투자액	한국 점유 비중	한국 對 중국 투자액	중국 점유 비중
1992	1.1	0.12%	119.0	1.09%
1993	6.9	0.66%	374.0	1.36%
1994	6.1	0.46%	723.0	2.14%
1995	10.9	0.55%	1043.0	2.78%
1996	5.6	0.17%	1358.0	3.25%
1997	6.5	0.09%	2142.0	4.73%
1998	8.3	0.09%	1803.0	3.97%
1999	26.6	0.17%	1275.0	3.16%
2000	76.2	0.50%	1490.0	3.66%
2001	69.6	0.62%	2152.0	4.59%
2002	247.7	2.72%	2721.0	5.16%
2003	49.5	0.76%	4489.0	8.39%
2004	1164.8	9.10%	6248.0	10.31%
2005	68.4	0.59%	5168.0	8.57%
2006	37.9	0.34%	3993.0	6.07%
2007	384.1	3.65%	3678.0	4.92%
2008	335.6	2.87%	3135.0	3.39%
2009	159.6	1.39%	2700.0	3.00%
2010	414.2	3.17%	2692.0	2.55%
2011	650.9	4.76%	2551.0	2.20%
2012	727.0	4.46%	3038.0	2.74%
2013	481.2	3.31%	3054.0	2.60%
2014	1189.4	6.26%	3966.0	3.32%
2015	1978.3	9.46%	4040.0	3.20%
2016	2049.2	9.62%	4750.0	3.77%

자료출처: 한국 對 중국 투자 1992-2015년 수치는 역년 "중국외상투자보고" 참고; 한국 對 중국 투자 2016년 수치는 상무부 홈페이지 참고, http://www.mofcom.gov.cn/article/tongjiziliao/v/201702/20170202509836.shtml. 중국 對 한국 투자 수치는 한국 산업통상자원부 홈페이지 참고, http://insc.kisc.org/motie/sttr2/grid.jsp?&PG=11&SDT=19921&EDT=20164&PNATION=&PINDU=&LVL=2.

양국 간 인적 교류는 연간 1000만 회에 달하였고, 매주 약 1100편의 항공편이 양국 간에 왕복하면서 높은 수준의 실질적 협력을 실현했다. 동시에 중한 자유무역협정 체결은 한국을 위해 매우 광활한 중국시장이 개방되었다는 것을 의미한다. 전 삼사분기에 수출상품은 한국에서 약 230만 달러의 감·면세를 받았고, 중한 자유무역협정증서 사증 양은 중한 양국 원산지증서 총 사증 양의 87%를 차지하였다.

중한 경제는 정책 실현 면에서 전략적 연계에 전력한다. 2015년 말 거행된 동아시아 3국 지도자 정상회담에서 중한은 4개 항의 국가발전전략을 연계하고, 새로운 협력 방식을 만드는 데 공통된 인식을 갖게 되었다. 핵심은 중국 측이 선도하는 "일대일로(一帶一路)" 건설에 따라 똑같이 한국은 "유라시아 이니셔티브" 협력을, "대중창업, 만중창신(大衆創業, 萬衆創新)"에 대해 한국은 "창조형 경제" 연계를, "중국 제조 2025"에 맞춰 한국은 "제조업 혁신 3.0" 연계를 하고, 마지막으로 중한은 제3국 시장을 공동 개척해 국제생산능력 협력 연계를 전개하는 계기로 삼는 것을 포함해 양국의 경제 전환과 업그레이드를 추진하고 지역 간 상호 연결하고, 상호 윈윈(win-win)하도록 하며, 공동발전을 촉진한다. 2015년 4월 11일, 한국은 순조롭게 아시아인프라투자은행 창립 회원국이 되었다. 이는 한국이 처음으로 창립회원국 신분으로 다자간 국제금융기구에 가입한 것이다.

중한 경제는 협력수단 면에서 제도적 건설을 추진한다. 중한 FTA는 중국이 지금까지 대외적으로 서명한 의제 범위가 가장 넓고, 국가별 관련 무역액이 가장 큰 자유무역협정으로 국제 기준에 부합하는 무역규칙을 도입하고, 양자 간 무역구조의 긍정적 개편을 추진했다. 한국의 대외경제정책연구원 등 관련 기구의 예측에 따르면, 앞으로 10년 중한 FTA는 장차 한국의 GDP를 0.96% 증가시키고, 146억 달러의 소비자 이익과 5.3만 개의 일자리를 창출할 것이다.[23] 그와 동시에 중한 무역관세의 제도건설은 스필오버 효과(spillover effect)를 일으켜 이 지역의 다른 국가가 지역 내의 경제

23 趙龍躍, "'閨蜜門'事件對中韓關係影響幾何", 『人民論壇』, 2016年 第35期, 22-23쪽.

협력에 더욱 관심을 갖도록 하고, 지역 경제융합을 위해 새로운 활력을 주입하게 된다.

3. 중한 정치의 상호수요

각자의 문제에 있어서 한국의 통일과 국내경제 진흥의 실현은 중국의 이해와 지지가 필요하다. 중국 경제의 지속적 발전과 긴밀한 중한 무역관계는 한국이 경제 진흥 계획을 실현하는 데 있어 가장 중요한 대외적 요인이다; 그리고 중국은 한반도의 남북한 모두에게 중요한 영향을 미쳐서, 그 정책방향이 한반도 화해와 통일의 진행과 관련되어 있다. 중국에게 있어서 미국이 아시아로 복귀하고 중일관계가 냉각된 정세 속에서 중국이 직면한 지역안전 압력은 증가하였다. 중국은 한국이 중개역할을 하는 것이 필요하고, 미국 주도의 지역안전 메커니즘의 어떤 연계와 함께 미국이 한반도에 전략적으로 투입되는 것을 견제하고 지역안전 압력을 완화할 필요가 있다.

공통 문제에 있어서, 북한의 핵문제는 시종일관 지역안전을 괴롭히는 주요 문제로 한국과 중국은 매우 피해를 입고 있다. 양국은 한반도와 동북아의 평화와 안정 유지에 대하여 전략적으로 공동 인식을 하고 있다: 중국은 한반도와 동북아지역의 평화와 안정에 진력하고 동북아 안전 대화 메커니즘의 창건을 주장한다; 한국의 새로운 정부는 국제사회와의 긴밀한 협력 전개를 제시하고 효과적으로 한반도 안전위기를 해결하고, 한반도 문제를 해결함과 동시에 동북아 평화 협력의 긍정적 순환을 실현 증가시켜야 한다. 양국의 참여, 지지와 협력 없이는 북한 핵문제의 해결은 어쩔 도리가 없으며, 양국이 협력해 위기를 제어해야 지역안정을 유지할 수 있다. 그 밖에도 중한은 새로운 경제성장점을 찾아야 하는 공통 난제에 직면해 있다. 자원고갈, 인구 노령화, 산업 업그레이드 등의 요소는 양국 경제발전을 제약하는 걸림돌이 되기 때문에 양국은 상호 교류, 협력하고 상호 본보기로 삼아 동북아 발전모델을 리모델링해야 한다.

4. 중한 공동이익의 축적

공동이익을 핵심으로 하는 전략추구는 공동이익을 추구하고 협력하는 것뿐만 아니라 협력이 공동의 문제와 도전에 대응하는 것을 포함하고 있다. 즉 권익을 함께 누리고, 어려운 시국을 함께 극복하는 것을 포함한다.[24] 세계화가 지속적으로 심화됨에 따라, 국가 간의 상호의존은 끊임없이 깊어지고, 공동이익의 기초는 끊임없이 확대되어, 국가 간 협력은 격려를 받고, 국가 간 공동이익에 기반한 협력은 그런 까닭에 더욱 기본적 역할을 하게 된다. 공동이익 구조는 동반자관계의 기본 전제로 실제로 가시적인 공동이익은 없어서 동반자관계가 장기간 유지되기 어렵다. 동반자 양측은 공동이익의 형상화를 중시할 뿐만 아니라, 공동이익의 분배에 대응하는 것도 필요하다. 이러한 측면에서 중한 동반자관계는 공동이익의 "함께 누리는 것(共享)"과 "함께 나누는 것(分享)"에 있어서 상대적으로 명료한 목표와 수단을 형성했다. 이 또한 확실성을 가진 공동이익이 날로 양자 간 긍정적 협력의 필요조건을 촉진하도록 하였다. 현재 동북아 각국의 전략적 이익의 교차점은 비핵화와 한반도 평화, 동북아 평화와 안정, 지역개발과 경제발전, 비전통적 안전(non-traditional security)영역 협력 등 4가지 측면에서 주로 체현된다. 동시에 잠재적이거나 드러나 있는 영토 · 영해분쟁, 역사인식 문제, 북한의 정책 향방 및 경제협력의 주도권 등의 문제에 있어서 여전히 공동의 위협과 도전이 존재한다.[25]

중한 동반자관계에 있어서, 상술한 공동이익은 똑같이 주목하고 돌볼 필요가 있다. 특히 그중에서 부분적인 문제도 중한관계에 영향을 미치는 불확실성 요소다. 이러한 측면에서 이와 같은 불확실성 요소를 찾아내 공동이익의 관점에서 확실성과 연계하는 것은 각별히 중요해 보인다. 최근 몇 년간, 중한 FTA와 같은 대표적 양자 간 제도는 공동이익을 실현시키는 현실적 설계를 하였다. 중한 양국은 공동이익 구조를 만들어 처음 윤곽이

---

24 何亞非, 『選擇: 中國與全球治理』(北京: 中國人民大學出版社, 2015), 1쪽.

25 門洪華 · 甄文東, "共同利益與東北亞合作", 『外交評論』, 2013年 第3期, 93−108쪽.

드러나, 양국은 한반도 비핵화와 한반도 평화, 동북아 평화와 안정, 지역개발과 경제발전 그리고 비전통적 안전영역 협력 등의 방면에서 상대적으로 안정된 공동이익의 인식을 축적 형성했다. 중한 양국은 20여 년의 교류를 통해 점차 특정한 수준의 이윤, 위험과 책임 등을 양자관계 속의 행위준칙으로 여기고 공동이익을 형상화하는 전략적 경로에 대해서 더욱 명확하고 공고히 하여, 국가 간 협력 마지노선으로 여기는 공동이익으로 하여금 필요한 기초 다지기(compaction)를 했다고 할 수 있다.

V 중한관계 확실성 요소를 공고히 하고 불확실성 요소를 제어하는 사고

중국의 동북아전략은 지역의 평화안정 유지와 다자간 상호이익의 상생(win-win) 추진을 중시한다. 따라서 중국의 국가안전과 대외 확장을 위해 필요한 전략적 보장을 제공한다. 동북아지역에서 가장 중요한 양자관계 중 하나인 중한관계는 동북아지역의 장기적 평화와 발전을 실현하는 핵심 역량이며, 동시에 양자 간과 다자 간의 상호작용 속에서 그 민감한 일면이 나타난다. 최근 몇 년간 중한관계는 점차 발전하고 심화되어 양국 정부는 상호이해와 상호신뢰를 높이는 데 힘써 시종일관 미래를 향한 호혜 협력을 강화하는 데 집중하였다. 그와 동시에 협력이라는 것이 충돌이 없다는 것을 의미하는 것은 아니며, 협력과 충돌이 함께 혼합되어 있고 이는 성공하려는 노력을 통해 잠재한 혹은 드러나는 충돌의 필요성을 극복해 나가야 한다는 것을 부분적으로 설명하는 것이다.[26] 바꾸어 말하면, 중한관계

26 羅伯特 · 基歐漢, 『霸權之後: 世界政治經濟中的合作與紛爭』(上海人民出版社, 2006), 53쪽.

의 비대칭적 상호의존은 협력의 필요조건을 형성했을 뿐만 아니라 효과적인 기대 발생을 저해하는 매우 많은 불확실성 요소를 탄생 촉진시켰다. 그러므로 어떻게 중한관계의 확실성 요소를 공고화하고 불확실성 요소를 제어하는 것이 중한관계의 심도 있는 상호작용과 미래 향방을 크게 결정하는 것인가:

첫째, 중한관계의 발전추세를 이성적으로 인식한다. 최근 2년간, 중한관계는 매우 많은 불확실성 요소로 인해 풍파를 입었다. 그러나 확실성 요소의 존재 또한 적극적 역량을 드러냈다. 위기에 직면하여, 중국은 직접적인 경제제재를 취하지 않았고 한국은 중국과 주도적으로 대항의 길을 갈 마음이 없었다. 2016년 9월 초 항저우에서 거행된 G20 정상회담 기간에 박근혜 대통령과 시진핑 주석은 회담을 열고 재차 중한관계의 중요성을 확인하였으며, 다양한 형태의 소통이 이루어지도록 결정하였다. "비록 양국 발전과정 중에 순탄하지 못한 점이 있었으나, 장구하고 객관적인 시각에서 보자면 협력은 여전히 대세 흐름이다."[27]

둘째, 끊임없이 상호 간의 이해와 포용을 심화한다. 중한 양국은 반드시 쌍방의 감정을 동시에 돌보고, 상대방의 입장에서 정세를 관찰하고 문제를 자세히 살피는 것을 배워 익혀야 한다. 그렇게 함으로써, 진정으로 상호의존하의 "이해(了解)"가 공동운명의 "이해(理解)"로 격상될 것이다. 중한 양국은 반드시 협력의 길로 하여금 상호 이해와 포용의 기초 위에서 나아갈수록 점점 더 넓어지도록 해야 하는 것이지 오해의 주도 아래 나아갈수록 점점 더 좁아지도록 해서는 안 된다.[28] 예를 들어, 한국은 반드시 북중관계의 상대적 안정이 이 지역 각국의 공동이익과 부합한다는 것을 더욱 이성적으로 이해해야 하며, 이러한 점은 양국 정부에 적용되는 것일 뿐만 아니라 동일하게 중한 국민에게도 적용되는 것이다.

---

27 "習近平會見韓國總統朴槿惠", 『人民日报』, 2016年 9月 6日 第2版.

28 李開盛, "中韓如何避免薩德危機陞級?", 『中國經濟導報』, 2016年 8月 13日, 第D02版.

셋째, 공동이익이 되는 한반도 비핵화를 결연히 지킨다. 북핵 의제에 있어서 중한 쌍방의 공동이익은 분명히 알 수 있다. 쌍방은 바로 이러한 중심에서 벗어나는 것을 피해야 한다. 비핵화의 실현은 점점 더 큰 도전에 직면하고 있어 양측은 손해를 입히는 조치가 아니라 반드시 건설적인 협력을 강구하여야 한다. 한국 측은 제재 붕괴론에 남몰래 힘을 다하거나, 또는 핵에는 무기로 심지어 핵에는 핵으로써가 아니라 반드시 북한의 핵 포기를 촉진하는 큰 방향에서 흔들림 없이 견지해 나가야 한다. 그리고 중국은 반드시 자신의 합당한 영향력을 계속 발휘하여야 하며, 다자간 협력 방식을 통하여 한반도 평화 메커니즘을 확립하고 북핵 문제 6자회담의 회복 노력을 지속해야 한다.

넷째, 중한 경제무역의 스필오버 효과(spillover effect)를 효과적으로 이용한다. 중한관계는 사드 문제로 인하여 커다란 어려움에 처했다. 이때 적극적으로 중한 FTA를 이용해 양국관계를 안정, 발전시켜야 한다. 중한 양국은 반드시 FTA를 핵심 플랫폼으로 삼아 끊임없이 경제협력 범위와 영역을 확대하고, 중한 경제운명 공동체를 만들어야 한다. 중한 양국은 중국의 자본 우위, 한국의 기술 우위와 제3자의 자원 우세에 근거하여 협력모델을 창조혁신하거나 시범적 항목을 공동 추진하거나 나아가 아시아지역 인프라 건설을 추진할 수 있다. 그와 동시에 중한은 양자간 FTA의 시범효과를 통해 중한일 FTA 담판의 심화를 추진할 수 있다.

다섯째, 양자 간 협력 메커니즘의 유효성을 완성 추진한다. 제도는 불확실성 요소 때문에 정보 집중과 소통 연계의 플랫폼과 경로를 제공할 수 있으나 제도는 똑같이 그 권위성과 유효성을 보증해야 한다. 따라서 진정으로 분기(分歧)를 제어하고 분쟁을 해결할 수 있는 메커니즘을 구축해야 한다. 장기적으로 고려해, 중한은 반드시 외교부 장관, 국방부 장관 간에 정기적 상호방문 교류를 시작하고 "2+2" 메커니즘 구축의 실행가능성을 검토할 필요가 있다.

여섯째, 중한 양국의 인문교류를 긴밀하게 확대한다. 중한 양국은 반드시 인문교류를 통해 중한 두 사회의 가치관을 상호 포용하고 상호 본보기로 삼는 분위기를 촉진하며, 민간 상호신뢰의 기초를 다져야 한다. 한중 문화의 공통성에 기반하여 중한 문화산업 연맹을 건립하고, 중한 문화와 관념 및 텍스트의 우세성과 일치성을 충분히 드러낸다. 중요한 것은 청소년 교류, 학술 연구, 상호 유학생 파견 등의 측면에서 교류와 협력을 추진하고, 양국 국민 간의 상호 이해와 신뢰를 증진시킴으로써 양국관계의 장기적이고 안정적인 발전의 기초를 다져야 한다.

PART 2

한반도와 동북아

미중관계와 한반도

중미 신형대국관계

한반도 정세와 한미관계

동북아 안보정세 평가

동아시아 정세와 한일관계

중일관계의 성격

미중관계와 한반도

서정경(성균중국연구소)

I 서론

본 글은 2016년 한 해 한반도 정세를 미중관계의 맥락에서 살펴본 것이다. 주지하듯 한반도는 '중화민족의 부흥'을 주창하며 강대국화를 추진 중인 중국과, 이를 자국의 기존 영향력에 대한 도전으로 받아들이며 견제하려는 미국 간 상호 경쟁과 각축, 그리고 때로는 협력이 전개되는 전략적 요충지이다. 중국의 국력 증강 및 자기 쇄신에 따른 대외적 확장, 그리고 이로 인한 한중관계의 자연스러운 강화는 한반도를 둘러싼 지정학적 경쟁구도를 심화시키고 있다. 이것의 대표적 사례가 바로 미중 경쟁구도 속에서 불거진 한반도 사드배치 이슈라고 할 수 있다. 1992년 수교 이후 세계사에 유례없는 빠른 관계 발전을 보여 왔을 뿐 아니라, 특히 박근혜-시진핑 정부 들어 빈번한 상호 접촉 및 한국의 중공군 유해 발굴 및 본국 송환, 한국 대통령의 중국 전승절 기념식 참여, 한중 FTA 국회 통과 등으로 인해 뜨겁게 달아올랐던 양국관계는 2016년 '사드' 이슈 하나로 빠르게 냉각되었다.

여기에는 중국의 부상으로 인한 '미중 경쟁과 대립의 심화'라는 외부적 안보구조 틀과, 한반도 내 한국의 부상으로 인한 '북한의 위협감 및 대외적 고립감, 그로 인한 북한의 저항 및 남북 대립의 심화'라는 내부적 안보구조의 틀, 이 두 가지가 중첩되어 작용했다. 그리고 이러한 대외적, 대내적 안보구조의 동시 악화에는 북한의 불쏘시개 역할이 주효했다. 북한은 2016년 한 해 연이은 핵실험 및 미사일 발사실험을 의도적으로 감행함으로써 한반도 긴장국면을 조성하고, 미중 양국 간 기존의 잠재된 갈등의 골을 외부에 더욱 노출 및 심화시켰으며, 그로 인해 자신의 전략적 가치를 재확인받으려는 과거의 상투적이고도 습관적 행태를 재연했다. 그리고 그 결과는 한반도를 둘러싼 미중 갈등의 심화, 한중관계의 악화, 그리고 남북관계의 전면적 악화로 이어졌다.

이와 같은 대외적 구조뿐 아니라 각국의 대내적 상황도 한반도 정세에 일정한 영향을 미쳤다. 2016년이 중국 국내적으로는 시진핑 집권 1기를 마감하는 시기이자 제19차 당대회를 준비해야 하는 중요한 시기이고, 미국의 경우엔 오바마 시기가 끝나고 새 대통령이 결정되는 시기였다. 그리고 한국은 국내정치상 대통령 탄핵소추 등이 전개되는 복잡한 내부상황이 맞물리면서 한반도를 둘러싼 정세는 더욱 복잡해졌다.

한중 양자관계의 차원에서만 본다면 2016년 한 해는 과연 한중관계의 실체가 무엇인가, 그리고 우리가 추구해야 하는 동아시아의 평화와 안정의 길은 무엇인가에 대한 새로운 평가와 반성이 필요함을 일깨워준 시기였다. 본 글은 이러한 문제의식에서 출발하여 2016년 한 해 미중관계의 주요한 사건 및 이슈가 한반도 정세에 갖는 함의를 분석하고자 한다.

II 미중관계와 한반도 정세의 변화

미중관계는 한반도 안보환경을 대외적으로 규정하는 중요한 외부구조이자 조건이다. 과거 한국전쟁시기 북한의 남침에 대응한 미군의 한반도 진입에 대해 중국이 군대를 파병하면서, 결국 한반도는 미국세력권 남한과 중국세력권 북한으로 최종 분단된 바 있다. 이후 1970년대 미중 양국이 데땅뜨를 이루자 하위 구조에 속하는 남과 북 사이에는 역사적인 '7·4남북공동선언'이 이뤄지며 일시적이나마 화해무드가 조성된 바 있다. 이 외에도 미중수교, 중국의 개혁개방 그리고 중국의 미국 중심 국제질서로의 편입은 소련의 해체와 함께 역사적인 한중수교와 한러수교로 이어졌다. 같은 맥락에서 오늘날 중국의 부상으로 인한 미중관계의 의구심 및 경쟁 심화는 최근 한중관계와 남북관계의 악화로 반영되어 나타나고 있다. 이처럼 미중관계는 한반도의 거시적 안보정세에 영향을 미치는 주요한 구조적 요인이다.

이와 같은 관점에서 우선 지적할 점은 오바마 정부 중후반기에 접어들어 미국에서 중국에 대한 재평가와 함께 대중 강경 목소리와 주장이 심화되었다는 것이다. 오바마 정부는 중국의 급격한 부상에 대응하기 위해 정치, 군사, 경제, 인권 등에 대한 단편적인 접근 및 대응뿐 아니라 주변국들의 중국에 대한 우려를 미국과 공유하는 것 역시 중요하다고 인식해 왔다 (Bader, 2013). 스첼(Orville Schell) 미국아시아협회 미중관계센터 주임은 뉴욕타임즈의 기고문을 통해 많은 미국인들이 중국의 최근 몇 년간 언행에 크게 실망했으며, 점차 많은 사람들이 중국을 억제하라고 요구하게 되었다고 밝혔다.[1] 램튼(David M. Lampton) 존스홉킨스대 교수는 중국 상하이 사회과학원과 미국 카터센터가 공동개최한 포럼에서 "중국에서 미국을 중국이 취해야 할 정당한 국제지위를 방해하는 세력으로 여기는 엘리트와 대중의 수가 점차 증대하고 있으며, 미국에서도 중국을 미국 주도권에 대한 위협으로 보는 엘리트들이 점점 늘고 있다"고 진단했다.[2] 최근 몇 년

1 Orville Schell(Director of the Center on U.S.–China Relations at the Asia Society), "Can the U.S. and China Get Along?," *The New York Times*, July 9, 2015.

2 David M. Lampton, *Carter Center Conference Keynote Address*, "A Tipping Point in U.S.–China Relations is Upon Us," Hyman Professor and Director of China Studies, Johns Hopkins–SAIS, May 6, 2015.

동안 미국에서는 기존의 대중국정책이 근본적으로 문제가 있으며, 향후 미국은 중국의 부상에 대해 보다 강경하게 대응할 필요성이 있다는 요지의 주장과 목소리들이 나왔다. 미국은 미국을 배제한 중국의 아시아 중심 안보협력기구 창설 제안을 강하게 비판하였고, 미국-호주-일본-한국 등과의 군사동맹을 강화하는 등, 중국의 패권 확장을 견제해야 한다는 생각이 점차 사회 주류적 관점으로 자리 잡았다.

이와 같은 미중관계의 전반적 경쟁 및 갈등강화 추세 속에서 2016년 한반도 정세와 연관된 미중 간 주요한 이슈로는 다음과 같은 것들이 있다. 첫째, 북핵문제의 돌발과 사드배치를 둘러싼 중미 상호갈등 심화, 둘째, 남중국해 관련 국제사법재판소의 중재결과와 미중 대립이다.

1. 미중 이슈

북핵문제의 돌발과 사드배치 문제

북한의 주기적 도발 및 그로 인한 한반도 정세의 긴장은 예외 없이 미중관계의 이견 차를 드러나게 만들고, 또한 잠재적 갈등국면의 심화로 이어지곤 했다. 이러한 현상에는 행위자(agent)의 행위나 관계에 영향을 미치는 구조(structure)의 힘이 작용한 것이다. 즉 미중 양국은 기존 패권국과 부상하는 도전국으로서 지정학적 요충지인 한반도를 둘러싸고 이중적 관계에 놓여 있다. 장기적으로는 한반도 평화유지에 대한 공감대를 가지고 협력의사를 갖고 있으면서도, 단기적으로는 전략적 신뢰 부족으로 인해 미국은 한미동맹을, 중국은 북중동맹을 유지함으로써 혹시 있을지도 모를 상대방의 배신에 대처하고 있기 때문이다. 이 같은 이중적 특성 속에서 북한이 숨을 쉴 운신공간이 존재한다. 북한은 중국이 미국과의 경쟁구도가 강화되는 가운데 전략적 요충지에 위치한 자신을 버리지 못할 것이라 생각하고 있다. 미국에 비해 거리상 한반도와 훨씬 가까이 있는 중국의 경우, 미국의 대중국 포위전략에 대비하기 위해 지정학적 요충지인 북한을 포기하기 어렵다. 극단적으로 설사 김정은 정권은 포기할 수 있더라도 완충지대로서의 북한은 포기할 수 없다. 그리고 북한은 이 사실을 매우 잘 알고 있다.

이러한 구도 속에서 북핵문제를 포함한 북한의 거듭된 도발을 해석할 수 있다. 북한은 1990년대 초반부터 오늘날에 이르기까지 줄곧 반복된 벼랑 끝 전술적 행태를 보여왔다. 즉 대외적 소외감 및 고립감이 심화될 때 미사일 및 핵실험을 통해 대외적 긴장국면을 조성하고, 대북제재와 관련해 미중관계를 이완시켜 왔다. 북한의 군사적 도발에 한국과 미국이 강경한 반응을 보이며 한반도에 긴장이 조성되면, 분쟁 연루를 우려한 중국이 개입하여 평화적 대응을 주장하고, 이는 결국 북한에 대해 강경입장을 보이는 미국과의 입장차로 나타나면서 미중 간 잠재적 갈등의 골이 수면 위로 드러나곤 했기 때문이다. 그리고 파국을 막기 위한 대화의 장이 마련되면서 오히려 북한의 생존은 보장받고 운신의 폭이 넓어지는 동시에 남북관계와 한중관계는 이완되곤 했다.

끊임없이 도발을 일삼으며 문제를 야기하는 북한에 대해 중국의 피로도도 매우 높아졌다. 중국은 대북제재에 참여하고 미국과의 공조태세를 보임으로써 북한을 압박하였다. 이는 중국이 대국으로서 자신의 책임을 다하려는 모습을 나타낸 것으로 평가받을 수 있다. 그럼에도 불구하고 국제사회에는 여전히 중국의 대북제재에 대한 회의적 시선이 존재한다. 동북지역을 중심으로 여전히 북중무역, 대북송유, 통계에 잡히지 않는 경제활동 및 식량지원 등이 이뤄지고 있으며, 북한정권의 붕괴를 우려하는 중국 중앙정부가 이를 어느 정도는 묵인 또는 방조하고 있기 때문이다. 중국의 대북제재는 북한정권 붕괴라는 마지노선을 넘지 않는다는 점에서 미국과 시각차가 있다.

이러한 패턴은 2016년에도 재현되었다. 미중 간 경쟁관계가 심화되는 대외적 환경 속에서 새해 벽두부터 북한의 의도적인 도발이 시작되었다. 1월 6일 북한은 자신의 네 번째 핵실험을 전격 감행했다. 북한은 첫 핵실험 이후 약 한달 뒤 장거리 로켓발사 실험을 진행했다. 이에 한국은 마지막으로 남아 있던 남북 교류의 장이었던 개성공단 폐쇄라는 초강경 입장을 선보이며 대북 국제제재 공조의 고삐를 죄었다. 그럼에도 불구하고 북한은 8월 잠수함발사탄도미사일(SLBM) 발사를 성공시키는 등 위협 수위를 더욱 높였다.

북한의 핵무기 수준의 고도화 및 미사일 사정거리 확대에 따라 북한에 대한 한국사회의 위협인식 및 불안감이 크게 증폭했다. 한국은 미국과 함께 북한을 겨냥한 최대 규모의 합동군사훈련을 실시했다. 어느 한 측의 양보가 이뤄지지 않는 가운데 북한은 9월 9일 또다시 제5차 핵실험을 감행하였고, 이로써 김정은 정권은 북한 역사상 한 해에 핵무기실험을 두 번 감행한 최초의 북한정권이 되었다.

2016년 한 해 동안 북한은 두 차례 핵실험을 포함, 모두 5차례의 도발을 감행했다. 아울러 국제사회에 핵보유국 지위 인정을 요구했다. 이에 대응하여 한국은 7월 사드배치를 전격 결정했다. 북한의 미사일에 대한 대응능력을 더욱 강화시켜야 한다는 여론에 힘입어 그간 진척이 더뎠던 한일군사정보협정도 11월에 체결되었다. 사드배치에 대한 미국의 지지와 중국의 반대가 교차되면서 한반도에서는 강(强) 대(對) 강(强) 대결국면이 형성되었다. 결국 2016년 한 해는 '남북관계의 전면적 단절', '한중관계의 악화', '미중 갈등 심화' 로 인한 '한반도 긴장상태의 급격한 고조'의 한 해로 자리매김했다.

다음해인 2017년 초에도 김정은은 여전히 신년사를 통해 북한이 "ICBM 시험발사 마감단계"에 접어들었다면서 2017년은 "싸움 준비의 해"라고 강조하였다. 2월 12일 북한은 중거리 탄도미사일(IRBM) 발사 실험을 강행하였고, 이후 "새로운 전략무기체계인 지상 대 지상 중거리 전략탄도탄 북극성-2형 시험발사가 주체 106년(2017년) 2월 12일 성공적으로 진행되었다"고 조선중앙통신 등 관영매체를 통해 밝히는 등 한반도와 국제사회를 향한 북한의 도발 및 그로 인한 한반도 정세 긴장은 지속되고 있다. 이 같은 상황을 2016년 미중관계의 차원에서 살펴보면 다음과 같다. 우선 양국은 북핵문제에 대응하는 공조태세를 취했다. 이는 첫째, 양국 모두 비록 정도의 차이는 있지만 북핵을 자국에 대한 위협으로 간주하기 때문이다. 중국 국내에는 북한의 핵실험이 거듭될수록 '자국이 북핵의 최대 피해자'라는 주장이 대두되고 있다. 북한의 핵무기가 비록 겉보기에는 미국과 한국을 겨눈 것이지만, 사실상 중국 자신에 대한 견제의 성격도 있다고 인식하게 된 것이다. 미국도 북한의 미사일 사정거리가 점차 확대되는 상황을 자국 안보에 대한 위협요인으로 인식하고 있다. 소위 '불량국가'나 세력들의 미국 본토에 대한 직접 공격이나 테러 가능성에 상당히 예민한 미국으로서는 북한이 몇 년 내로 미국에 도달하는 대륙간탄도미사일을 개발할 가능성에 예의주시하고 있다. 그에 대한 대북 강경론도 득세하고 있다. 둘째, NPT체제에 의해 합법적인 핵보유국으로 인정받는 미국과 중국의 입장에서 북한정권의 핵무기 소지는 명백한 자국의 기존이익 침해로 여겨진다. 더욱이 북한의 핵무기 고도화는 한국의 핵보유를 초래하고, 이것이 일본, 대만 등으로 확대될 개연성이 있기 때문에 더욱 위험하다고 여기고 있다. 셋째, 중국과 미국 모두 한반도 불안정보다는 종국적인 안정이 자국에 유리하다고 여기고 있다. 만일 한반도에 분쟁이 발발하여 미국과 군사적으로 대치하게 될 경우 두 개의 백년을 통해 최강대국화를 실현하려는 중국의 장기플랜은 차질을 빚을 수 있다. 미국 또한 한반도 관련 중국과 군사적 충돌이 빚어질 경우 자국의 패권 유지에 필요한 중국의 사안별 협력과 지지를 잃을 수 있다는 우려로 인해 신중할 수밖에 없다.

이러한 공감대 속에서 중국과 미국은 "한반도 비핵화"와 "한반도 안정 유지"라는 공동의 목표를 가지고 서로 공조했다. 2016년 1월 27일 왕이 외교부장은 중국을 방문한 케리 국무장관과의 회담에서 "한반도의 평화 안정은 목표이며, 이를 위해 반드시 한반도 비핵화를 추진해야 한다."고 밝혔다. 같은 해 2월 5일, 시진핑 주석과 오바마 대통령은 전화통화를 통해 유엔 안보리의 대북 관련 결의안 및 국제 비확산체제에 대한 양국의 협력의 필요성을 공유하였다. 2016년 3월 31일 시진핑 주석과 오바마 대통령은 워싱턴 핵안보정상회담에서 북핵문제에 관해 의견을 나누었다. 시진핑 주석은 "중국과 미국 사이에는 일부영역에서 의견불일치가 있다. 하지만 북한문제에 있어서는 효율적인 조율을 이뤄나가고 있다."고 밝혔고, 이에 대해 오바마 대통령도 "양측은 모두 한반도가 비핵화를 실현해야 한다고 여기며, 어떻게 평양이 핵실험과 미사일 발사를 중단하게 해야 할지에 집중할 것이다."고 밝혔다. 또한 그와 시진핑은 서로 협력을 강화하여 북한이 다시 미사일 발사를 하지 못하도록 억제할 것이라 언급했다. 2016년 중미전략경제대화 후 발표한 공보에도 제23조에 "2016년 1월 6일 북한이 핵실험 이후 미사일탄도기술을 가지고 발사 실험을 한 것을 비난한다. 북한이 유엔 안보리 결의안의 의무 및 2005년 9 · 19 공동성명의 행동을 위반하는 것을 중지하기를 촉구한다."고 밝혔다. 또한 미국과 중국의 공조하에 유엔 안보리는 11월 30일 핵미사일 도발을 계속하는 북한에 대해 북한의 해외 수출액을 4분의 1 이상 차단하는 새로운 초강력 대북제재에 돌입했다. 북한이 그동안 끊임없는 도발과 모험을 통해 미중 긴장을 촉발시키고, 자국의 전략적 가치를 고양시키며, 한반도 정세를 악화시킨 것은 결국 북한이 미중 간 상호 불신뢰 상태를 꿰뚫어보고, 중국이 전략적 완충지인 북한지역을 결코 미국에게 양보할 수 없을 거라는 전략적 판단 속에서 가능했던 것이다. 이러한 사실에 비춰본다면, 북한을 견준 미중 간 일치된 목소리와 공동 대응은 북한의 모험과 도발 공간을 억제하는 데 유효하다.

그럼에도 불구하고 2016년 한 해 북한문제를 둘러싼 미중관계는 협력보다는 경쟁 및 갈등구도가 보다 심화되었다고 보는 것이 타당하다. 대표적인 사례가 바로 사드배치를 둘러싼 관계국 간 갈등구도 심화이다. 최근 중국에 대한 위협 재평가 및 강경화를 주문하는 주요 인사들의 영향 속에서 미국은 사드의 한국 배치를 한국정부에 줄기차게 요구해 왔다. 북한의 핵탄도미사일뿐 아니라 중국에 대한 견제력 강화에도 유용한 사드 시스템을 주한미군 기지에 배치하려는 의지를 강행한 것은 점점 커져가는 중국의 세력권에 대한 미국식 반응이다. 미국은 중국의 동아시아로의 세력 확장 억제에 유용하다고 여겨지는 사드배치를 그동안 한국정부에 요청해 왔다. 한국정부는 이 문제에 대해 수면 아래에서 국내 전문가 및 미국과 조율을 해 오며 미국의 압력에 대처해 왔다. 사드는 공격이 아닌 방위무기이며, 한국 안보에 가장 위협적인 북핵의 위협고조에 따라 한국이 자국의 생존과 안보를 위해 배치하려는 것이므로 배치여부는 안보주권에 해당한다는 점, 따라서 타국의 압력에 굴복하지 말아야 한다는 입장과, 사드배치에 대한 중국의 민감한 반응 및 미중 대립구도 격화 가능성을 고려하여 한국의 사드배치는 현명하지 못하다는 입장이 서로 대립되며 논쟁을 거듭했다. 하지만 연초부터 시작된 북한의 연이은 핵실험 및 미사일 발사는 사드배치 찬성여론에 기름을 부었다. 한국사회의 대북 위협감이 극도로 강화되면서 이것에 대처하라는 국내의 강한 여론, 국민의 가장 기본권인 생존을 위해 정부가 실질적 행동을 취해야 한다는 당위성, 북핵 관련 중국에게 많은 것을 기대할 수 없다는 실망감, 그리고 한미동맹 강화론 등이 복합적으로 작용하면서 배치결정이 전격적으로 내려졌다. 그리고 중국의 강한 반발과 함께 한반도를 둘러싼 미중 갈등 및 한중관계의 악화가 초래되었다. 이는 결국 미중 간 상호 경쟁 및 견제의 강화가 한미관계와 한중관계로 전이되면서, 한국의 안보전략 및 한중관계에도 영향을 미치게 된 사례인 것이다.

이 외에도 미중 양국은 북한에 대한 인식이 근본적으로 불일치한다. 중국은 비록 김정은 정권과의 관계는 매우 악화되었지만, 한반도 북쪽이라는 전략적 요충지를 미국의 세력권으로 편입시키지 않기 위해 북한정권의 유지를 선호한다. 이에 비해 미국은 북한정권의 궁극적 소멸과 한국주도의 통일을 원하고 있다. 따라서 북핵에 대한 반대 및 제재를 시행하는 가운데 미국은 북한에 대한 압박에 초점을 두고 있는 반면, 중국은 입박을 통한 대화 궤도로의 선회 그리고 북한의 급변사태 방지를 중시한다.

2016년 8회째를 맞은 미중 전략경제대화를 앞두고 대니얼 러셀 미국무부 차관보는 "북한이 핵야망을 포기하도록 제대로 된 압력을 가하는 방안을 (중국과) 논의할 것"이라고 했다. 그리고 다음날 바로 미 재무부는 북한을 주요 자금세탁 우려 대상국으로 지정했다. 아울러 미국 상무부가 중국의 화웨이 기업에게 지난 5년간 대북 거래 자료를 제출할 것을 요구했다는 사실도 외부에 공개되면서 중국에 대한 미국의 압박이 거세졌다. 6월 6일 미중 전략경제대화 본회의장에서 존 케리 미국 국무장관은 "미국과 중국이 북핵문제에서 공동보조를 맞추고 지속적인 압력을 가해야 한다," "양국은 유엔 안보리에서 가장 엄격한 대북 제재안을 통과시켰다"면서 "반드시 북한에 대해 지속적으로 압력을 가해 북한에 의한 모든 위협을 중단시켜야 한다"고 주장했다. 이에 대해 시진핑 주석은 "한반도핵(북핵) 문제 등에서 이미 미국과 긴밀한 협조를 유지하고 있다"고 강조하면서 "이 같은 협력이 양국에 실질적 이익을 가져다주고 아시아 태평양 지역 및 세계의 안정과 발전에도 큰 기여를 하고 있다"고 밝혔다. 겉으로 보기에 북핵문제에 대해 미중 양국이 협력하고 있다는 것이지만, 사실상 행간의 뜻은 다르다. 즉 미국은 중국이 대북 압력을 강화하고 국제사회의 대북 제재망에 더욱 적극적으로 동참할 필요가 있다는 메시지를 보낸 것이고, 이에 대해 중국은 미국이 요구하는 대로 중국 나름 최선을 다하고 있다는 입장을 피력한 것으로 해석될 수 있다. 또한 미국은 안보리 결의 외에도 북한에 대한 추가적 제재가 필요하다는 입장인 반면, 중국은 대북 단독 제재에는 여전히 반대하는 입장이다.

2016년 9월 16일 미외교협회 토론회에서 마이클 멀린 전 미 합참의장은 북한이 계속 미국의 위협에 근접해 온다면 자위적 대응 차원에서 선제공격을 가할 수도 있다고 발언하였다. 9월 21일 미 오바마 대통령은 유엔총회 연설을 통해 "북한은 여러 차례 핵실험으로 우리 모두를 위협하고 있다"며 "이렇게 기본적 합의를 깨는 나라는 반드시 그 대가를 치르도록 해야 한다"는 강한 톤의 경고메시지를 북한에게 보냈다. 미국의 선제공격은 한반도의 무력분쟁을 의미하는 것으로서, 북한과 접경하고 있을 뿐 아니라 북한과의 군사동맹조약을 유지하고 있는 중국의 입장에서 매우 민감할 수 있는 부분이다. 북핵을 둘러싼 미중 갈등이 심화되고 있다.

2. 미중 이슈

남중국해에 관한 국제상설중재재판소의 판결

7월 12일 헤이그의 국제상설중재재판소(PCA: Permanent Court of Arbitration)는 2013년 필리핀이 제소했던 남중국해 분쟁에 대해 만장일치로 필리핀의 손을 들어 주었다. 판결은 중국이 주장해 왔던 9단선을 인정하지 않았을 뿐 아니라, 중국이 주장하는 소유권은 불법이며, 중국 남중국해에서의 권리 주장과 인공섬 건설은 국제분쟁을 악화시켰고, 분쟁지역의 산호초 및 자연환경을 파괴했다고 결정했다. 이로써 중국은 외교적 완패를 경험했지만 국제상설중재재판소의 판결에 따르지 않겠다고 공식적으로 밝혔다.

남중국해 분쟁은 지리적으로 중국과 필리핀 등 동남아국가 간 이슈이지만, 지정학적 시각에서 보면 중국과 미국 간 세력권을 획정하기 위한 양국 간 기싸움이다. 주변외교, 일대일로 등을 통해 주변지역에 대한 영향력을 높이려는 중국과, 그러한 중국에 의해 기존 영향력을 침해받는다고 여기는 미국 간 갈등인 것이다.

미중전략경제대화 및 7차 미중 인문교류고위급회담 개막식에서부터 양국은 남중국해 문제를 놓고 맞붙었다. 존 케리 미 장관은 "그 어떤 국가도 해양 갈등 문제에서 일방적으로 행동해서는 안 된다. 국제준칙을 준수해야 한다"고 밝히며 중국을 압박했다. 이에 대해 양제츠 중국 외교담당 국무위원은 "이 사안은 관련 국가들끼리 해결해야 할 문제이며, 중국은 영토주권을 단호하게 수호할 것"이라 밝혔다.

사실상(de facto) 중국의 핵심이익에 해당하는 남중국해 문제에 대해 중국은 국제적 비난을 감수하면서도 자국의 고유영토라는 입장을 굽히지 않고 있다. 이는 중국이 지역강대국의 지위를 공고히 하고 글로벌 강대국으로 성장해 나가는 과정에서 남중국해가 포기할 수 없는 전략적 요충지이기 때문이다. 과거 자신의 세력권을 회복하겠다는 중국의 투쟁이기도 하다. 아울러 남중국해의 풍부한 어족 등 수산 및 해양자원, 그리고 에너지원을 확보하려는 현실적 목적도 있다. 특히 전 세계 원유 및 에너지 자원 수송의 핵심적 요충지인 남중국해에 대한 통제력과 제해권을 강화하는 것은 중국의 에너지 안보에 필수불가결하다고 판단하고 있다. 판결이 내려지는 날, 시주석은 중국 인민해방군 해군에게 전투준비태세를 명령하고 영토수호에 대한 강경입장을 표출했다. 또한 역외국(미국)의 간섭을 배제하고 관계국 간 양자회담으로 문제를 해결하자는 노선을 견지하고 있다.

그러나 중국은 남중국해 문제를 가지고 미국과 직접적인 충돌을 빚지는 않을 것이다. 시진핑 주석은 미중전략대화 석상에서 "일부 갈등은 노력으로 해결할 수 있지만, 해결이 불가능한 갈등은 상호존중, 구동존이 등 건설적인 태도로 적절히 통제해 나가야 한다"며 다소 여유 있는 모습을 보였다. 이는 사실상 단기간 내 해결이 불가능한 것으로 보이는 남중국해 문제에 대해 미국과의 직접충돌 가능성은 관리(management)하는 가운데 '21세기 실크로드', 'FTA 확대', '군비 강화' 등 다층적 조치를 통해 해당 지역에 대한 영향력을 높이고 주변국의 갈등을 무마해 나가려는 것으로 해석할 수 있다.

국제상설중재재판소의 판결로 인해 미중 간 남중국해를 둘러싼 갈등이 불거지면서, 이 문제는 미중 양국의 한국에 대한 미묘한 압박으로 전이되고 있다. 이미 2015년 10월 한미정상회담에서 오바마 대통령은 박근혜 대통령에게 남사문제에서 입장을 분명히 해 줄 것을 요청한 바 있다. "중국이 국제규범과 법을 준수하는 면에서 실패한다면, 한국이 목소리를 내지 않으면 안 된다"고 직접적으로 한국을 압박했던 것이다. 그러나 한국은 중재재판소의 판결 이후 "남중국해 분쟁이 평화적으로 상위적인 외교노력으로 해결되기를 희망한다"는 비교적 중립적인 견해를 표출하는 데 그쳤다.

일본과 호주가 미국과 함께 중국에 판결 준수를 촉구하는 성명을 낸 데 비해 한국의 대응은 미국의 기대에 못 미치는 수준이었다. 수출 물동량의 30%, 수입 에너지의 90%를 남중국해 수역을 통하는 한국이 명확한 입장을 내지 않은 것은 중국과의 관계를 고려한 처사이다.

미국의 '항행의 자유'와 군사적 시위, 그리고 주변국을 활용한 개입정책으로 인해 남중국해 분쟁이 조기에 가시화될 가능성은 크지 않다. 하지만 일정 시기의 조정 이후 미국은 중국의 노력을 수포로 돌아가게 만들기 위해 노력할 것이며, 일정 범위 내 소규모 충돌이 일어날 수도 있다. 이 경우 미국이 동맹국인 한국에게 일정한 압박을 가할 가능성이 있다. 미중 경쟁이 한국에 대한 압박으로 전이되는 또 하나의 사례인 것이다.

III 결론 : 한반도의 평화와 안정을 위한 한중 협력의 길

2016년 한 해를 돌아보면, 시진핑 시기 미중 양국이 전 세계적 큰 틀에서는 협력을 추구하지만, 중국의 주변외교가 투사되는 동아시아와 한반도를 둘러싸고는 서로에 대한 신뢰감을 가지고 있지 못하고 있다는 점이 확인되었다. 중국의 빠른 국력성장에 따른 미중 간 상호인식 악화는 한반도를 둘러싼 미중 간 기싸움을 더욱 심화시키고 있다. 그리고 그 틈을 북한이 계속 활용하면서 한반도 긴장국면이 거듭 형성되고 있다. 중국의 부상, 미국의 견제, 북한의 도발이 삼박자를 이루며 사드를 계기로 한반도 안보환경이 급격히 악화하고 있다.

그럼에도 불구하고 2016년 한 해의 미중관계나 한중관계, 그리고 한반도를 둘러싼 안보정세를 부정적으로만 평가할 필요는 없을 것이다. 오늘날 미중 양국은 모두 자국의 이익관에서 출발하여, 한반도를 둘러싼 중미 간 직접 충돌을 원치 않기 때문이다. 트럼프 당선이 확정된 후 시주석은 트럼프와의 통화를 통해 '협력이 중미 간 유일한 정확한 선택'이라 강조했다. 비록 미중 간에는 한반도를 포함, 아태지역의 평화와 안정 및 전 세계 질서에 관한 갈등요인이 있지만, 양국 이익은 여전히 융합 가능성이 있다.

중국지도부는 국내외적으로 산적한 현안 해결을 위해 조기에 미국과 과도한 패권경쟁을 벌이는 것을 회피하는 것이 현명하다고 인식하고 있다. 비록 미국이 사드를 통해 한미일 동맹을 강화하고, 중국이 북중관계를 강화한다 하더라도 만약 한국, 일본, 혹은 북한 등 역내 국가의 도발적 행동으로 인해 지역안정이 훼손될 경우 오히려 역내 강대국인 미중 양국이 적극적으로 개입해 상황을 안정시킬 경우도 완전히 배제할 수는 없다. 작금의 사드를 둘러싼 미중 갈등도 미국과 중국이 마음먹기에 따라 완화될 가능성이 충분히 존재한다고 평가할 수 있다. 특히 한반도의 종국적 평화통일과 그로 인한 미중 간 장기적 갈등구조의 해소를 위해 다음과 같은 조건이 필요하다.

첫째, 한반도 협력 공조 틀 형성에 관한 미중 간 확고한 공감대와 노력이 필요하다.

양국은 한반도를 양국 간 갈등이 아닌 협력의 공간으로 상정할 필요가 있다. 과거의 전례를 살펴보면 1970년대 미중 데땅뜨 시기 미국은 한국에게, 중국은 북한에게 영향력을 행사함으로써 남북관계가 신속히 완화되었고 남북 간 역사적인 "7 · 4 남북공동성명"이 발표된 바 있다.

오늘날 중국의 신형대국관계 제안이 미국의 패권적 지위에 도전하거나 자유주의 국제질서의 판을 깨기 위한 것은 아니다. 그보다는 중국의 지속가능한 발전에 필요한 안정적인 국제환경 조성을 위해 전략적으로 선택한 것이다. 미중 양국이 신형대국관계의 차원에서 한반도를 둘러싼 상호이익 확인 및 상호협력의 틀을 만들 필요가 있다. 사드문제도 앞으로 들어설 트럼프 정권이 현재 시퀘스타가 발동되고 있는 미국의 현실에 비춰보아 천문학적인 비용이 들어갈 사드를 얼마나 어느 정도로 추진할 것인지 불확실성이 존재한다. 중국은 사드문제를 둘러싸고 미국과 적극적, 지속적으로 협의를 해 나갈 필요가 있다. 전직 사업가였던 트럼프는 힐러리보다 더 이런 문제에 중국과 소통이 잘될 가능성이 있다. 중국이 힘과 장점을 가지고 있는 경제영역에서의 당근과 협력 요인을 강화시켜 나가면서 사드와 같은 미중 간 안보영역의 갈등 요인들을 약화시켜 나가는 것이 필요하다. 물론 이는 중국 한 국가만의 노력으로 되는 것은 아니다. 하지만 신아시아안보관을 주창하고, 동아시아지역 강대국으로 나아가려는 중국이 반드시 지향해야 할 방향이기도 하다. 그리하여 향후에도 미중 간 사드와 같은 문제가 발생하여 역내 긴장이 심화되지 않도록 미리 선제적 조치를 취할 필요가 있다. 이를 위해 미중 간 안보영역에서의 신뢰 강화가 필수적이다.

둘째, 한국의 외교정책의 전향적 변화가 필요하다.

박근혜 정부는 중공군 유해 발굴 및 송환, 그리고 중국 항일전쟁 기념식 참석을 통해 한국외교가 과거의 틀에서 벗어나 새로운 길을 개척할 수 있다는 가능성을 열었다. 한중관계에서 얻은 중국의 신뢰 및 협력의 강화는 한국이 얻은 소중한 외교적 자산이었다. 사드를 둘러싼 한중갈등은 사실상 양국 모두에게 손해로 작용하고 있다.

한국의 새 정부는 향후 두 가지 측면에서 외교정책의 기조를 변화시켜야 한다. 먼저 한국은 향후 정권의 변화에 무관하게 지속될 수 있는 한국의 장기적 비전과 일관된 원칙을 확립해야 한다. 특히 중국의 부상기를 맞이하여 미국과 중국 주변 강대국들의 세력 변화에 따른 양국 간 갈등 영역 및 세부 이슈에 우리의 의사와 무관하게 개입되지 않겠다는 확고한 원칙이 필요하다. 한국이 추구하는 북핵문제의 해결 및 종국적 평화통일을 성취하기 위해서는 무엇보다도 한반도를 둘러싼 상대국 간 대립 및 경쟁구도가 약화될 필요가 있다. 다자간 합의에 따른 안보체제가 구축되어 북한의 핵무기를 평화적으로 전환시키고, 한반도 통일정권이 통일 한반도를 기점으로 전 세계로 뻗어나가야 한다.

이를 위해 한국은 중국 견제 성격이 발현되는 한·미·일 동맹 네트워크 강화나, 미국 배제 의도가 분명하게 드러나는 중국의 동아시아 안보체제 구축에 적극 동조하지 않는 것이 필요하다. 한반도의 평화통일이라는 장기적 국가 비전에 위배되는 사안이라면 그 어떠한 강대국의 압력이나 부담에도 의연히 대처하겠다는 일관된 원칙을 세우고 지켜나가야 한다. 이를 통해 한국은 모호한 태도로써 미중 모두로부터의 압박에 처하는 상황을 피할 수 있다. 또한 주권국가로서 미중 양국의 과도한 기대가 수반하는 부담에서 벗어날 수 있으며, 그러면서도 미중 양국의 기본적 신뢰를 얻어낼 수 있다.

다음으로 한국은 북한과의 관계 개선에 주도적으로 나서야 한다. 이는 미중 갈등의 틈을 비집고 자기 전략적 가치를 넓히려는 북한의 반복된 모험주의를 억제하기 위해 필요하다. 북한의 도발이 감행될 때마다 한국의 전략적 공간은 좁아들곤 했다. 또한 한국의 주도에 따른 남북 신뢰 구축은 현재 북한문제로 극도로 피로감을 호소하는 미국과 중국의 눈에 비친 한국의 전략적 가치를 높일 수 있다. 통일의 당사자로서의 정체성과 입장 또한 강화시킬 수 있다.

셋째, 북한문제를 둘러싼 한중 간 폭넓은 대화와 상호교감을 위해 양국이 노력해야 한다.

과거 남북정상회담 등 남북관계가 증진할 때마다 중국이 강한 지지 의사를 보여 왔다는 점에서 남북관계의 개선은 한중 간 신뢰 강화와 연결될 수 있다. 중국은 중국의 꿈(中國夢)을 장기적으로 이뤄나가는 데 한반도의 평화와 안정이 필수적인 주변 요인임을 인지하고, 냉전의 마지막 유산인 남북대치상황을 평화적으로 청산하는 데 협력할 필요가 있다. 이를 위해 북한의 미래를 포함한 한반도와 중국과의 평화 공존, 공영을 위한 장기적 청사진을 한중 양국이 미국과의 조율 속에서 함께 만들어 나갈 필요가 있다.

중미 신형대국관계[1]

치우화페이(仇華飛, 통지대학) · **장옌리**(張艶麗, 통지대학)

I 서론

2013년 6월 7일 시진핑 주석은 오바마 대통령과의 미국 캘리포니아 '써니랜드' 정상회담 당시 미중 간 '신형대국관계' 구축을 발의하였다. 양국관계의 심도 깊은 발전에 대해 중요한 공감을 이루면서, 미중 '신형대국관계' 이념은 미중 양국이 대국 충돌이라는 역사적인 옛길을 가지 않고 현 대국관계 발전이라는 새로운 모델을 창조했다. '신형대국관계' 이념은 수성(守成)대국과 신흥대국이 어떻게 양자 간의 충돌을 해결할 것인가에 관한 조건을 설정하는 것이 아니고, 또한 중국 특색의 G2를 구축하여 미국과 동등한 자격으로 '공치(共治)' 혹은 '분치(分治)'를 하자고 주장하는 것도 아니다.[2] 이는 미중 양국이 충돌이나 대립하지 않고 상호 존중하고 협력하여

---

1 이 글은 국가사회과학기금 대형프로젝트 "시진핑 치국이념의 외교전략사상연구"(15ZDC002)의 단계별 성과이자, 상하이시 철학사회과학 대형과제 "당대미국중국학연구"(2011DGJ001)의 단계별 성과이다.

2 Peter Mattis, "Chinese Dreams: An Ideological Bulwark, Not a Framework for Sino–American Relations," *China Brief*, Volume: 13 Issue: 12, 2013, The Jamestown Foundation, http://www.jamestown.org/single/, 중문은 다음을 참고할 것. 『參考資料』 2013年 6月 13日, pp.10–11.

모두가 이익을 얻는 양자관계로 발전해 나가자는 것이다. 시진핑 주석은 중미 양국이 중요한 지점에서부터 착안하여 신형대국관계 구축이라는 전체 목표를 파악하고 양국 간 공동이익이 갈등보다 훨씬 더 크다는 점을 인지하여 자신의 의지와 모델을 상대방에게 강요하지 않으며, 모순과 갈등을 잘 관리해 나가면서 대화와 협상을 통해 건설적인 방식으로 이해를 증진하고 공동의 인식을 확대해 나가야 한다고 강조했다.[3] 국제체제 변화가 가속화되고 있는 오늘날 어떻게 미중 '신형대국관계'를 구축할 것인가의 문제를 두고 미중 양국 모두는 기회와 도전을 앞두고 있다.

국제 사안에서 신흥대국의 영향력이 부단히 상승함에 따라 세계 다극화의 발전 추세가 날로 가속화되고 있고, 이러한 다극화의 특징이 국가 간 권력배분 측면에서뿐 아니라 각국의 발전모델 다원화로 구체화되고 있다. G20 항저우회의에서는 신흥국가들의 지위와 역할이 한층 더 돋보였다. 특히 브릭스 국가들이 글로벌 리더십 차원에서 새로운 전 지구적 가치를 제기했다.[4] 브릭스 국가들은 이미 세계 15대 경제체 안에 속하며 브릭스 개발은행을 설립했다. 미국의 싱크탱크 연구보고서에서는 만약 "브릭스 개발은행이 성공적으로 운영된다면 세계금융을 바꿀 수 있고 당대 국제질서에 영향을 미칠 것"이라고 전망했다.[5] 신흥대국의 지위 상승은 새로운 글로벌 경쟁과 협력의 태세를 촉진한다. 신흥국가는 국제 레짐의 중요한 한 축으로서 국제질서안정과 미중 '신형대국관계' 구축에 있어 적극적인 영향력을 발휘하고 있다.

미국의 '아시아 회귀' 전략 이후 오바마 정부는 '중국 공세'를 발동하며

3 習近平, "努力構建中美新型大國關係: 在第六輪中美戰略與經濟對話和第五輪中美人文交流高層磋商聯合開幕上的致辭", 2014年 7月 9日, 《人民日報》 2014年 7月 10日 第2版.

4 Dani Rodrik, "What the World Needs From the BRICS," *Project-Syndicate: A World of Ideas*, April 10, 2013, http://www.project-syndicate.org/commentary/the-brics-and-global-economic-leadership-by-dani-rodrik.

5 "拉美社說金磚國家在動蕩的世界中成爲榜樣承載更多希望", 『參考資料』 2013年 4月 17日, p.43.

"미국의 강력한 개입과 미국의 리더십만이 아시아태평양 안보를 확보할 수 있고, 미국은 절대 예산압력으로 인해 아시아태평양에서의 전략을 약화시키지 않을 것"임을 강조했다.[6] 그러나 최대 선진국과 최대 개도국으로서 세계 양대 경제체인 미중 양국은 국제체제 변화 과정에서 필요한 협력이 여전히 경쟁보다 크다. 이러한 환경 아래 시진핑 주석이 제기한 미중간 '신형대국관계' 구축은 매우 중요한 현실적·전략적 의미가 있고, 국제사회의 보편적인 반향을 불러일으키며 특히 미국의 중국문제 전문가들의 주목을 받았다. 미국의 저명한 중국 전략문제 전문가 제임스 스타인버그와 마이클 오한론의 신서 『전략적 위로와 결정: 21세기 미중관계』에서는 미중 간 '신형대국관계' 구축에서는 반드시 새로운 방침을 제정함으로써 기성 강국과 신형 강국 간에 발생하기 쉬운 충돌 위험의 가능성을 피해야 한다고 지적하고 있다. 양국은 세계적인 대국으로서 21세기 새로운 생존방식을 위해 수십 년간 지속될 수 있는 건설적이고 안정적인 양국관계를 공동으로 구축해야 한다는 것이다.[7] 미국의 중국문제 전문가들은 미중 간 '신형대국관계' 구축에 대해 적극적으로 인식하고 있다.

미국 존 홉킨스 대학의 중국문제 전문가 데이비드 램턴(David M. Lamton)은 미중 신형관계가 충돌과 대립을 전제로 하지 않고, 협력과 상호이익을 강조해야 한다고 보았다. 미중 간 '신형대국관계' 구축이라는 목표 실현을 위해 매년 한두 차례의 미중 간 정상회담이 필요하고 양국관계의 전략적 기초와 관련 정책을 토론하며 미중 각 지역과 사회 분야에서의 긴밀한 결합을 촉진해야 한다는 것이다. 또한 제3자 요인에 대한 관리를 강

6 朱峰, "奥巴馬政府戰略調整及其影響", 『現代國際關係』 2012年 第1期, p.9.

7 James Steinberg and Michael O'Hanlon, *Strategic Reassurance and Resolve: US-China Relations in the Twenty-First Century*, Princeton University Press, 2014. 제임스 스타인버그는 현재 미국 시라큐스 대학 정치학과 교수이자 저명한 미국 싱크탱크의 선임연구원이다. 클린턴 정부 시절에는 국가안보 부보좌관을, 오바마 정부에서는 국무부 부장관을 지냈다. 마이클 오한론은 현재 미국 브루킹스연구소 선임연구원이다.

화하고 역내 제도화 건설을 추진해야 한다고 보았다.[8] 당대 국제질서 전환 과정에서 미중은 양국 외교와 안보정책의 내부 협력을 강화하고 위기대처 능력을 제고시키며 양국 간 군사협력과 전략적 대화를 확대 심화시키고 이를 제도화해야 한다. 미중을 포함한 아시아 경제안보기구 건립은 미중 '신형대국관계' 구축의 중요한 기초이다. 2016년 11월 14일 시진핑 주석은 미국 대통령 당선인 트럼프와의 통화에서 새로운 정세에서의 미중 간 '신형대국관계' 구축을 위한 동력을 제공하였다.[9] 미중 '신형대국관계' 구축은 당대 국제정치구도에서 패권 이전의 기본적 특징을 보여준다. 미국의 중국문제 전문가들은 미중 '신형대국관계' 구축 문제를 둘러싸고 다섯 가지 측면에서 각기 다른 견해를 제기했다.

II 미중 신형대국관계 구축에 관한 다양한 시각

국제체제 변화로 인해 현재 국제관계는 다원적이고 복잡한 특징이 나타나고 있다. 세계 양대 대국인 미국과 중국이 현재 직면한 커다란 도전에 어떻게 대처할 것인가를 둘러싸고 미국의 중국문제 전문가들은 각기 다른 측면에서 미중 신형대국관계 구축 타당성에 대해 분석하고 있다. 여기에는 미중이 세계 각국과 함께 현재 규범이 부족한 영역에서 보편적으로 공인할 수 있는 국제 규범과 지침 제정을 모색해야 하는 것뿐 아니라 제도와

8 David M. Lampton, "A New Type of Major-Power Relationship: Seeking a Durable Foundation for U.S.-China Ties", *Asia Policy*, No. 16, July 2013.

9 시진핑은 미국 대통령 당선자 트럼프와의 통화에서 "중미협력은 중요한 기회와 커다란 잠재력이 있다. 양국은 협력을 강화하고 양국 경제발전과 세계경제성장을 추진하며 각 영역에서의 교류협력을 확대하여 양국 국민이 더욱 실질적인 혜택을 얻을 수 있도록 중미관계의 발전을 추진하자"고 지적했다. 《人民日報》 2016年 11月 15日.

규범의 국제적 틀 강화, 역내 활동에 협조할 수 있는 기회 모색, 인도·일본 혹은 기타 국가와의 삼자대화 모색, 한반도 비핵화를 둘러싼 대화, 양자 간 투자조약의 중요성, 군사 분야 인적 교류의 강화, 양자 그리고 다자 간 위기관리메커니즘의 건립 등의 사안들이 포함된다.[10] '미국 진보연구센터'의 존 포데스타(John Podesta), 올브라이트 스톤브리지 그룹의 사무엘 버거(Samuel R. Berger), '중미교류기금회'의 둥젠화(董建華) 등은 세 가지 차원에서 미중 신형대국관계 구축의 중요한 의미를 개괄하고 있다.

첫째, 전 지구적 차원이다. 이 영역에는 해양안보, 사이버공간, 우주공간 영역안보 등이 포함된다. 중국과 미국은 최대 개발도상국과 최대 선진국으로서 제도와 규범의 국제적 틀을 강화하기 위해 노력해야 한다. 양국은 현행 국제메커니즘의 개혁을 통해 신흥대국의 대표성이 충분히 확보될 수 있는 국제적 틀을 강화해야 한다. 양국은 유엔 및 기존의 기타 국제조직 개혁에 더욱 효과적으로 협력해야 하고, G20과 기타 신생 메커니즘을 강화하여 세계금융상황이 안정될 수 있도록 함께 노력해야 한다. 미중은 〈몬트리올 의정서(The Montreal Protocol)〉에 따라 염화불화탄소 사용의 점진적 감소를 위한 국제적 합의 달성을 위해 공동으로 노력해야 한다. 염화불화탄소 사용 감소에도 함께 노력해야 한다. 존 포데스타 등은 이 협의를 신형관계의 본보기이자 다른 난처한 문제를 처리하는 표본으로 삼아야 한다고 본다. 염화불화탄소 협의(HFCs)는 미중 지도자가 역사적 간극을 뛰어넘어 현재 가장 중요한 전 지구적 문제 중의 하나를 해결하기 위한 양국 간의 새로운 플랫폼을 찾기 위해 글로벌 리더십 지위의 책임을 다한 구체

10 John Podesta, C.H. Tung, Samuel R. Berger, and Wang Jisi, *U.S.-China Relations: Toward a New Model of Major Power Relations*, Center for American Progress and China-United States Exchange Foundation, Edited by Rudy deLeon and Yang Jiemian, Feb. 2014, p.8. 중문은 다음을 참고할 것. 『參考資料』 2014年 3月 17日(曹偉國 역).

적인 범례라 할 수 있다.[11]

둘째, 지역적 차원이다. 미중은 역내 활동에 협력할 수 있는 기회를 모색해야 한다. 예컨대 양국은 협력발전을 위한 더 좋은 지역메커니즘을 건립할 수 있다. 미중은 인도, 일본 등 국가들과의 다자 대화 모색을 통해 각자의 의도를 명백하게 밝히고 아시아 각국 간의 신임을 수립할 수 있다. 다자간 무역협정의 협상체결을 사례로 하여 전문가들은 무역협상의 가장 좋은 장기적 결과는 전체 지역을 포괄하는 수준 높은 자유무역협정이라는 사실을 미중이 공개적으로 인정해야 한다고 본다. 이는 아시아태평양 지역에서 새로운 비즈니스의 길을 개척하게 될 것이다. 오바마 정부는 '환태평양경제동반자협정(TPP)' 달성을 위해 노력해 왔고, 중국은 아세안이 제기한 '역내포괄적경제동반자협정(RCEP)'에 주력해 왔다. 미국학자들은 가장 좋은 결과는 양자를 하나로 통합하는 것이며 공동이익에 기반한 수준 높은 역내무역협상의 틀을 제기해야 한다고 지적한다.[12]

셋째, 국가적 차원이다. 미중 양국의 관료 및 전문가들은 양국관계의 중요성을 위해, 그리고 신형관계 수립이 어떤 목표를 피하거나 혹은 얻고자 하는 것이라면 더욱 효과적인 대화를 전개할 필요가 있다. 예컨대 양국이 '전략경제대화'에서의 약속을 따라서 이에 상응하는 보고서를 내놓는 것이다. 양국 정부 간의 이 대화는 이미 실용적이고 결과지향적인 포럼으로 발전해 왔고, 양국 협력의 실제적 기회를 확대하는 데 중요한 역할을 발휘하게 될 것이다. 미국학자들은 양국은 양자 간의 투자조약을 가장 중요하게

---

11 John Podesta, C.H. Tung, Samuel R. Berger, and Wang Jisi, *U.S.-China Relations: Toward a New Model of Major Power Relations*, Center for American Progress and China–United States Exchange Foundation, Edited by Rudy deLeon and Yang Jiemian, Feb. 2014, pp.9–10.

12 John Podesta, C.H. Tung, Samuel R. Berger, and Wang Jisi, *U.S.-China Relations: Toward a New Model of Major Power Relations*, Center for American Progress and China–United States Exchange Foundation, Edited by Rudy deLeon and Yang Jiemian, Feb. 2014, pp.10–11.

다뤄야 한다고 본다. 높은 수준의 양자 간 투자조약(A high-standard BIT)은 상대국에 대한 투자를 더욱 용이하게 할 뿐만 아니라 양국이 계속해서 투명한 절차에 따라 국가안보를 유지할 수 있도록 해 준다.[13] 미국의 싱크탱크 전문가들은 '양자 간, 다자 간 위기관리메커니즘(bilateral and multilateral crisis-management mechanisms)'과 미중 해군해양 항행 고급장교 화상링크(video link) 메커니즘을 건립하여 해양 항행행위를 규범화해야 한다고 강조한다.[14]

III 중러 신형국가관계가 '미중 신형대국관계' 구축에 미치는 영향

중러관계 발전의 궤적을 감안하여 '미중 신형대국관계' 모델의 구축을 연구하는 미국 제임스타운 재단(Jamestown Foundation) 중국문제 전문가 폴 만치넬리(Paul Mancinelli)는 중러 신형국가관계의 경험이 미중 '신형대국관계' 구축 모색에 있어 중요한 의미를 갖고 있다고 본다. 시진핑 주석이 미중 간 '신형대국관계(NTGPR)' 수립을 처음 언급한 이후 이 용어가 워싱턴에 주는 진정한 의미에 대해 많은 사람들이 토론해 왔다.[15] 1990년대 이후

---

13 John Podesta, C.H. Tung, Samuel R. Berger, and Wang Jisi, *U.S.-China Relations: Toward a New Model of Major Power Relations*, Center for American Progress and China-United States Exchange Foundation, Edited by Rudy deLeon and Yang Jiemian, Feb. 2014, pp.12-13.

14 John Podesta, C.H. Tung, Samuel R. Berger, and Wang Jisi, *U.S.-China Relations: Toward a New Model of Major Power Relations*, Center for American Progress and China-United States Exchange Foundation, Edited by Rudy deLeon and Yang Jiemian, Feb. 2014, p.13.

15 Paul Mancinelli, "Conceptualizing 'New Type Great Power Relations': The Sino-

중러관계를 회고해 보면 신형국가관계는 중러 양자관계를 안정적으로 발전시키고 '국제 신질서'를 수립하는 데 적극적인 역할을 했다. 중러 신형국가관계는 당대 국제관계에서 일종의 '패러다임(paradigm)'으로, 중국정부가 신형국제관계 수립을 주장하는 구체적인 실천이었다. 폴 만치넬리는 써니랜드 미중 정상회담에서 '신형대국관계'라는 말을 채택한 것은 중러 대국관계 개념을 중미관계에 운용한 것이라고 보면서, 물론 이러한 기대가 미국의 충분한 이해를 얻지 못했고 또한 받아들여지지 않을 수도 있지만, 중러 신형대국관계 구축의 중요한 원칙이 미중 간 신형대국관계 구축에도 적용될 수 있다고 보았다.[16]

중러 신형대국관계가 미중 '신형대국관계'에 주는 의미는 전자가 양자 간의 틀에서 충돌을 피하고 양국 이익에 부합하는 것을 강조한다는 점에 있다. 중러 양국 모두 안정적 관계라는 공통된 소망이 있었다. '신형대국관계'의 핵심원칙에 대해 일치를 본 것도 중러관계가 안정을 실현해야 한다는 전제가 있었기 때문이다. 러시아가 '신형대국관계'가 본국의 이익에 부합한다고 받아들인 것은 이렇게 해야 변경을 안정시키고 무역을 촉진하며 냉전 이후 과도기 동안 미국의 내정 간섭을 피할 수 있다고 보았기 때문이다. 중국으로서는 이러한 핵심원칙에 대한 합의를 달성했기 때문에 중러관계가 현재 역사적으로 가장 좋은 시기에 놓여 있다고 본다. 그러나 미중은 관련 핵심원칙에 대해 아직 다른 견해가 존재한다. 폴 만치넬리는 미국이 '신형대국관계'의 핵심원칙에 대해 동의하기 어렵다고 본다. 비록 중국이 미국에게 '신형대국관계' 원칙에 동의해 줄 것을 명확하게 요구하진 않

Russian Model," *China Brief*, Volume: 14 Issue: 9, May 7, 2014, pp.12-15, http://www.jamestown.org/regions/chinaasiapacific/single/, "NTGPR"-"New Type Great Power Relations," 중문은 다음을 참고할 것. 『參考資料』 2014年 6月 18日.

16 Paul Mancinelli, "Conceptualizing 'New Type Great Power Relations': The Sino-Russian Model," *China Brief*, Volume: 14 Issue: 9, May 7, 2014, pp.12-15, http://www.jamestown.org/regions/chinaasiapacific/single/, "NTGPR"-"New Type Great Power Relations."

았지만, 중국의 대미 정책 목표는 분명 이러한 원칙의 기초 위에 수립되었다. 우선 중국은 미국과의 대등한 대국 지위를 얻기를 희망하고 미국이 중국에 대한 주권을 존중해 주길 바란다. 둘째, 안보문제가 미중 간 '신형대국관계' 구축에 있어 가장 커다란 장애이다. 최근 중국은 미국과의 군사적 상호신뢰 수립을 위해 진전을 모색하고 있고 관계 확대 이후 안보교류 분야에서 '차별적' 제약이 없어지길 바라고 있다. 중국은 또한 동해와 남해의 주권분쟁에서도 미국의 영향력을 이용하고자 한다. 셋째, 장기적으로 볼 때 베이징은 미국이 중국의 아시아에서의 권익 범위를 인정해 주길 바라며, 워싱턴이 정치적 혹은 군사적으로 이 지역에 간섭하여 중국의 이익을 위배하지 않기를 희망한다.[17] 만치넬리가 보기에 이 세 가지 문제는 80년대 말 중소관계에 있어 '3대 장애(three obstacles)'와 유사하며, '신형대국관계'는 미국이 중국의 안보이익과 주권요구를 존중해 주길 바라고 있다.

'신형대국관계'는 중국 외교정책의 자연스런 산물로 그 의미는 대국관계를 안정시키고 '새로운 국제질서'를 수립하여 미국의 행위에 영향을 주고자 하는 데 있다. 비록 미중 모두 충돌을 피할 필요가 있다는 데는 동의하지만 '신형대국관계' 구축을 위한 각 항의 원칙에 대해서는 양국이 의견일치를 보기 어렵다. 비록 양국이 더 많은 협력영역에서 합의를 이끌어내고 미중관계에서 안보는 여전히 중요한 지위를 차지하겠지만, 미중은 안보이익의 경계에 있어서 커다란 불일치가 존재한다. 미국의 저명한 중국문제 전문가 키신저는 "정책에 대한 검증은 어떻게 종결시키느냐에 있지, 어떻게 시작하느냐에 있는 것은 아니다"라고 일깨워준다. 따라서 미국은 발전하고 있는 국제질서에 대해 자신의 견해를 밝혀야만 한다. 이러한 견해는 미중 양국 모두 받아들일 수 있는 것이어야 한다. 세계 패권이 더욱더 분

---

17 Paul Mancinelli, "Conceptualizing 'New Type Great Power Relations': The Sino-Russian Model," *China Brief*, Volume: 14 Issue: 9, May 7, 2014, http://www.jamestown.org/regions/chinaasiapacific/single/

산됨에 따라 미국은 더 이상 중국의 미국에 대한 서술이 만들어 내는 결과를 감당할 수 없다. 이러한 서술은 워싱턴은 언제나 국제체제 밖에서 일을 처리하려 한다는 것이다. 미국은 자신의 모든 영향력을 발휘하여 스스로 만든 각종 규범과 제도를 지지해야 하며, 이러한 자유주의 질서가 국제체제의 각종 변화에 평화롭게 적응하도록 협조해야 한다. 그러나 베이징과의 '신형대국관계' 수립을 위한 원칙 문제에 있어서 미국은 반드시 우선적으로 중국과 직접 접촉해야만 한다.[18]

IV 신형대국관계 구축은 아시아태평양지역 안정에 달려 있다

로버트 졸릭(Robert B. Zoellick)은 미국정부 전직 관료이자 중국문제 전문가이다. 2005년 9월 그는 미중관계 전망에 관한 저명한 연설을 발표한 바 있다.[19] 최근 그는 미중관계 발전에 주목해 오면서 미중 '신형대국관계' 구축에 대해 적극적인 건의를 제기했다. 졸릭은 미중 최고 영수회담이 "향후 몇 년간 세계 양대 최강대국 간의 전략적 관계를 확정할 수 있고, 시진핑의 '신형대국관계' 건립 제안은 이러한 전략적 관계의 기초를 확립하기 위한 것"이라고 보았다. 졸릭은 톰 도닐런의 "기성 대국과 신흥 대국 간의 신형관계(new model of relations between an existing power and an emerging

18 Paul Mancinelli, "Conceptualizing 'New Type Great Power Relations': The Sino-Russian Model," *China Brief*, Volume: 14 Issue: 9, May 7, 2014, http://www.jamestown.org/regions/chinaasiapacific/single/

19 2005년 9월 21일 당시 미국 국무부 차관인 로버트 졸릭은 미중관계 전국위원회(National Committee on U.S.-China Relations) 미중관계문제 세미나에서 "중국은 어디로 가는가: 공식 구성원에서 책임 있는 이익상관자로"라는 제목의 연설을 통해 당시 국제사회의 반향을 불러일으켰다.

one)"라는 확정에 동의한다.[20] 졸릭은 미중관계의 특수성과 복잡성을 강조하면서 "미국은 기성 대국이지만 그 정책은 현 상황을 유지하지 못하고 미국의 이념과 이익에 유리한 변화를 촉진하는 것이다. 중국은 비록 부상하는 대국이지만 그 정책이 근거하는 것은 전통적 질서와 상호 불개입의 태도이다"라고 보았다.[21] 졸릭은 미중 간 '신형대국관계' 구축이 경제적 상호 의존에만 의존해서는 21세기의 문제와 위협을 극복할 수 없다고 보았다. 왜냐하면 다극화라는 국제환경 속에서 경제와 안보문제는 외교정책에서 서로 연결되어 있기 때문이다.

미중 '신형대국관계' 구축은 아시아태평양지역의 안보와 안정 유지에 있어 매우 중요하다. 졸릭은 아시아태평양 안보문제에서의 미중 간 불일치가 세계 공동이익을 압도할 수 있다고 보았다. 예컨대 중국은 해안을 보호하고 서태평양에서 영향력을 발휘하길 희망한다. 미국은 지역 파트너 네트워크를 보유하고 있고 이러한 파트너십이 지역안정과 경제안보를 위한 보장을 제공하고 있다. 만약 중국의 행위가 위협으로 간주되거나 혹은 북한과 같은 중국의 동맹이 도전적인 행동을 취한다면 불가피하게 적대적인 반응을 초래하게 될 것이다.[22] 졸릭은 중국은 반드시 미국과 파트너 관계를 건립해야 하고 우려를 증대시켜서는 안 된다고 말한다. 미국과 중국은 모든 평화국가의 지역통합과 안보를 공동으로 촉진해야 한다. 미중 양국은 최고 영수회담을 통해 안보관련 전략의 정치적, 군사적 논의를 시작해야 한다.[23] 그는 미중 양국 원수가 경제적 손실을 중단하고 안보 리스크를

---

20 Robert B. Zoellick, *The Great Powers Relationship Hinges on the Pacific*, Financial Times, June 4, 2013. 중문은 다음을 참고할 것. 『參考資料』 2013年 6月 6日. 돔 도닐린은 미국 국가안보보좌관을 역임했다.

21 Robert B. Zoellick, *The Great Powers Relationship Hinges on the Pacific*, Financial Times, June 4, 2013.

22 Robert B. Zoellick, *The Great Powers Relationship Hinges on the Pacific*, Financial Times, June 4, 2013.

23 Robert B. Zoellick, *The Great Powers Relationship Hinges on the Pacific*, Financial

최소화할 수 있는 경로를 모색할 필요가 있다고 제안한다. 미중 정상회담은 양국 모두에게 서로의 관점과 계획에 대해 장기적 회담을 진행할 수 있는 기회를 제공한다. 성공적인 결과를 거두기 위해 미중 지도자는 "일반적인 교류방식을 뛰어넘어 그들의 전략이 협력할 수 있는 방안을 탐색해야 한다."[24]

V 미중 신형대국관계에 놓인 기회와 도전

미중관계의 발전은 역사적 시련을 거쳐 왔다. 신흥대국인 중국과 세계 최강대국 미국 간의 관계는 일종의 특수한 양자관계이다. 역사적으로 볼 때 평화적 부상을 성공적으로 실현한 대국은 20세기 상반기 미국과 하반기의 독일, 일본밖에 없었다. 미국과 전후 독일, 일본과의 관계에 대해 미국학자들은 이들 국가의 공통점으로 패권국과의 이데올로기가 서로 비슷하다는 사실을 강조한다. 미국은 영국과 영어권에 속하며 독일과 일본은 미국 보호하의 동맹으로 두 국가는 미국의 지위를 위협하는 정도에까지는 이르지 않았다는 것이다.[25] 현재 국제체제가 마주하고 있는 것은 이데올로기와 정치제도가 완전히 다른 두 개의 대국, 중국과 미국이다. 그러나 미중 양국은 전면적으로 대립하지 않을 뿐 아니라 많은 영역에서 긴밀하게 협력한다. 미중 '신형대국관계' 구축은 기존 국제질서 안정에 유리하고, 미중 간 협력과 경쟁관계의 병존이라는 국제구도는 계속 지속될 것이다.

저명한 중국문제 전문가 스테판 하들리(Stephen J. Hadley)는 부시 정부

Times, June 4, 2013.

24 Robert B. Zoellick, *The Great Powers Relationship Hinges on the Pacific*, Financial Times, June 4, 2013.

25 達魏, "維護好中美低水平雙邊關係更迫切", 「環球時報」 2013年 1月 18日.

시절 국가안보보좌관을 역임하고 미중관계 발전을 위해 적극적인 역할을 발휘했다. 하들리는 네 가지 측면에서 미중 '신형대국관계' 구축에 놓인 기회와 도전을 논증한다. 첫째, '신형대국관계'의 기본 특징은 무엇인가? 둘째, '신형대국관계'를 실현하는 근거는 무엇인가? 셋째, '신형대국관계' 실현을 가장 위태롭게 하는 것은 무엇인가? 넷째, 미중 '신형대국관계' 실현을 위해 어떠한 조치를 취해야 하는가?

하들리의 견해는 다음과 같다. 첫째, 미국은 중국의 세계적인 대국으로의 '평화적 부상'을 인정하고, 중국은 미국이 안정적 파워로서 아시아태평양과 전 세계에서 지속적인 역할을 발휘해야 함을 받아들여야 한다. 상대방의 번영과 성공이 자신의 최대이익에 부합한다는 점과 상대방의 성공이 '제로섬'이 아니라 '윈윈'게임이라는 것을 상호 인정한다. 미국의 성공은 중국의 성공에 유리하고, 중국의 성공 역시 미국의 성공에 유리하다. 양국은 상호이익과 상호존중에 기반한 협력모델 구축을 통해 상호관계를 건실하는 데 노력해야 한다. 여전히 존재하는 불일치와 분쟁을 잘 해결하기 위해 노력하고, 협력을 해치거나 대립이나 충돌로 변화되는 것을 피해야 한다.[26] 둘째, 미중 양국은 경쟁적인 영토 주장이 존재하지 않고 식민에 대한 야심으로 인한 충돌도 없다. 미중 모두 19세기 혹은 20세기 의미에서의 확장주의 대국이 아니다. 지난 30년간 미중 간 무역총액은 1981년 50억 달러에서 2012년 5,360억 달러로 증가되었다. 미국은 중국의 주요 국제조직 가입을 지지한다. 역대 미국 대통령 모두 중국의 부강한 발전을 명확하게 공개적으로 환영했다. 만약 미국이 정말로 중국을 에워싸고 고립시키거나 혹은 제압시키려 한다면 이러한 방법을 채택할 리 없다.[27] 셋째, '신형대국관계' 실현을 위협하는 요인은 첫째 미중 양국 간 대중들의 이해와 지지가

26 Stephen J. Hadley, "US-China: A New Model of Great Power Relations," *Atlantic Council*, October 11, 2013, 중문은 다음을 참고할 것. 『參考資料』 2013年 11月 6日.

27 Stephen J. Hadley, "US-China: A New Model of Great Power Relations," *Atlantic Council*, October 11, 2013, 중문은 다음을 참고할 것. 『參考資料』 2013年 11月 6日.

부족하고, 둘째 양국 군대, 특히 해군의 잠재적 대립이 있다는 점이다. 대중의 이해와 지지를 얻기 위해서는 더 커다란 도전이 있을 것이다. 이렇게 하지 않으면 양국 간 민족주의의 충돌로 인해 아마 양국 간 헤게모니 쟁탈을 둘러싸고 양국관계에 대해 '제로섬' 방침을 채택할 가능성이 있다. 이는 전 지구적 문제에 대해 '윈윈'의 해결방법을 모색하자는 협력 방침과는 반대되는 것이다.[28] 네 번째는 '신형대국관계'를 실현하는 조치에 관한 것이다. 우선 미중 양국 혹은 어느 일국에 심각한 경제혼란과 경제침체가 나타날 수 있다. 이러한 리스크를 감소시키기 위해 양국은 경제개혁 실현에 상호 도움을 줌으로써 서로의 경제적 성공을 위해 공헌해야 한다. 둘째, 미중 군사력의 충돌과 대립, 특히 아시아태평양지역과 그 주변 지역에서 이 해군력의 문제가 있다. 이러한 리스크를 감소시키기 위해 양국은 군사계획과 군사능력의 투명도를 한층 더 향상시키고 더 많은 군사교류를 진행하며 양국 해군력의 연합행동 기회를 더 많이 제공함으로써 상호신뢰를 높인다. 셋째, 양국 국민들이 '미중 신형대국관계'를 바로 인정하도록 설득하기 어렵다는 문제가 있지만, 이러한 신형대국관계는 각자의 복지에 유리하다. 이러한 리스크를 감소시키기 위해 양국은 주목을 끄는 대담한 협력프로젝트를 전개하고 장기적으로 존재하는 한두 가지의 불일치 사안에 대한 해결에 협력함으로써, 양국 국민들에게 신형대국관계가 가져다주는 실제적인 이익을 보여주어야 한다.[29]

하들리는 미국 내 많은 사람들이 미중 '신형대국관계' 구축에 대해 갖고 있는 오해에 대해 미국과 중국은 과거 냉전의 적수가 아니었고, 향후에도 냉전의 적수가 될 이유가 없다고 본다. 오히려 21세기 두 번째 10년 동안

---

28 Stephen J. Hadley, "US–China: A New Model of Great Power Relations," *Atlantic Council*, October 11, 2013, 중문은 다음을 참고할 것. 『參考資料』 2013年 11月 6日.

29 (미) 스테판 해들리, "미중 신형대국관계를 어떻게 구축할 것인가", 베이징 제3회 세계평화포럼 세미나, 2014년 6월 21일, 『參考資料』 2014年 6月 26日.

양국 모두에게 협력을 진행하고 대립을 피해야 하는 이유가 있다.[30] 하들리는 미중 양국이 각자의 전략적 목표를 실현할 때 똑같이 전 지구적인 도전의 위협에 직면한다는 점을 지적한다. 예컨대 세계경제의 더딘 회복과 세계금융시스템의 약화, 환경오염, 기후변화, 에너지안보, 식량 및 수자원 문제, 대규모 살상무기의 범람, 테러리즘, 해상 불법행위 및 다국적 범죄 등이다. 사실 다극화 시대 미중 양국 모두 이러한 문제를 혼자 해결할 능력이 없다. 미국의 중국문제 전문가들은 만약 이러한 도전적인 문제에 있어 진전이 없다면, 미중 양국 모두 각자의 번영과 발전이라는 국가목표를 실현할 수 없다는 점을 우려한다.[31] 바로 이러한 기본적 현실이 미중 간 상호협력을 추동하고 있기 때문에, 전 지구적 문제에 공동 대처하고 위기 폭발과 대립 혹은 충돌을 방지해야 하는 것이다.

하늘리는 미중 양국의 '핵심이익'에 대한 서로 다른 규정 문제에 관해, 양국의 '핵심이익' 규정은 스스로에 대한 자신감 증가 혹은 상대방에 대한 의심이 증가됨에 따라 미중 모두 자신의 핵심이익에 새로운 내용을 첨가할 것이라고 본다. 핵심이익이 계속 변화된다면 안정적인 미중관계는 건립할 수 없다.[32] 하들리는 일단 어느 일방에서 어떤 문제를 자신의 '핵심이익'이라고 규정하고 나면 기본적으로 이 문제와 관련된 어떠한 논의나 논쟁, 협상 및 타협을 거부하게 된다고 지적한다. 이는 양국에게 외교적 족쇄를 채우는 꼴이 되어 충돌과 대립으로 나아갈 수 있게 된다.[33] '핵심이익' 문제에 관해 미중은 전략적 대화기제를 통해 소통을 강화하고 상대방

30 Stephen J. Hadley, "US–China: A New Model of Great Power Relations," *Atlantic Council*, October 11, 2013, 중문은 다음을 참고할 것. 『參考資料』 2013年 11月 6日.

31 Stephen J. Hadley, "US–China: A New Model of Great Power Relations", *Atlantic Council*, October 11, 2013, 중문은 다음을 참고할 것. 『參考資料』 2013年 11月 6日.

32 (미) 스테판 해들리, "미중 신형대국관계를 어떻게 구축할 것인가", 베이징 제3회 세계평화포럼 세미나, 2014년 6월 21일, 『參考資料』 2014年 6月 26日.

33 (미) 스테판 해들리, "미중 신형대국관계를 어떻게 구축할 것인가", 베이징 제3회 세계평화포럼 세미나, 2014년 6월 21일, 『參考資料』 2014年 6月 26日.

의 이익과 관심을 상호 이해하며 충돌과 대립의 위험을 피할 수 있는 방법을 적극 모색하고 위기관리를 강화하여 '신형대국관계' 구축을 위한 정치적 토대를 다져야 한다.

세계화와 지역 경제공동체가 더욱 긴밀해짐에 따라 현재 미중관계가 날로 복잡해지고 긍정적, 부정적 요인이 상호 교차하고 병존하는 양면성이 더욱 두드러지게 나타난다. 한편으로 양국은 광범위한 공동이익과 협력의 공간을 보유하고 있어 경제무역, 에너지, 환경보호, 인문 등의 교류협력이 지속적으로 추진될 것이다. 양국은 한반도문제와 세계경제 회복, 기후변화 대처 등에 대해 소통과 협력을 강화할 것이다. 그러나 다른 한편으로 미중 '신형대국관계' 구축에는 주관적, 객관적인 부정적 요인이 나타나 여러 분야로부터 오는 도전에 대처해야 한다. 또한 미중 간에 존재하는 구조적 모순으로 인해 협력하기 어려울 것이다. 미국 포틀랜드 주립대학의 멜 거토브(Mel Gurtov) 교수는 "'신형' 미중관계 앞날은 예측하기 어렵다"는 글에서 미중 신형대국관계 구축에 놓인 다섯 가지 장애를 지적했다. 첫째, 미중은 국제적 책임에 대한 견해가 서로 다르다. 둘째, 양국의 자아인식이 서로 다르다. 중국은 인접국과의 관계에서 중요한 역할을 맡기를 기대하고 기존체제를 전복이 아닌 개혁하길 바라지만, 미국은 스스로 국제사회에서 독특한 지위를 갖는다고 여기며 모든 국가의 국내정치 사안에 대해 의견을 발표할 권리와 책임이 있다고 본다. 셋째, 양국은 여전히 냉전적 사고를 극복하지 못하고 있다. 넷째, 쌍방은 소통에 있어 많은 문제가 존재한다. 다섯째, 미중 군사력이 불균형하다. 양자관계의 긴장을 해소하고 신뢰 증가와 협력기초 확대를 위해 미국은 우선 자신의 군사계획을 변화시켜야 하고, 또한 미중은 동북아에서의 안보대화기제 건립과 위험하고 적대적인 사건을 방지할 수 있는 미중 행위규범 수립에 앞장서야 한다.[34]

34 Mel Gurtov, "The Uncertain Future of a 'New Type of U.S.–China Relationship'," *Asia Time*, Hong Kong, January 7, 2014.

VI 미중 신형대국관계를 어떻게 구축할 것인가

새로운 국제환경에서의 미중 '신형대국관계' 구축은 미중 양국이 공동으로 직면한 기회이자 도전이다. 이는 양국 지도자의 정치적 지혜를 시험하는 것이자 미중 양국 국민의 공동 인식이 필요하다. 램턴 교수는 신형대국관계의 의미를 서로 다른 각도에서 분석하는데, 주로 다음과 같은 다섯 분야를 포함한다. 첫째, 상호 취업기회를 창출할 수 있는 기업의 수량과 규모를 확대한다. 둘째, 외교와 안보정책의 내부 협력을 강화한다. 셋째, 위기관리능력을 향상시킨다. 넷째, 군사협력과 전략대화를 확대 심화시키고 이를 제도화한다. 다섯째, 아시아에 미중을 포함한 경제안보기구를 건립한다.[35] 램턴은 이러한 목표를 실현하기 위해 미중 양국이 정상회담 메커니즘을 설치하여 양국관계의 전략적 기초와 관련 정책을 논의하고 미중 간 지방 및 사회 영역에서의 긴밀한 결합을 촉진하며, 제3자 요인에 대한 관리를 강화하고 역내 제도화건설을 추진해야 한다고 보았다.[36]

램턴은 미중 간 발전의 내외부적 제약요인을 분석하면서 복잡하고 변화하는 국제환경에 직면하여 미중 양국의 지도자들이 많은 국내 및 국제문제에 직면해 있다고 지적했다. 오늘날의 중요한 문제가 내일의 중요한 문제를 압도해버리는 것은 매우 자연스런 일이다. 그러나 가장 중요한 국제관계는 바로 미중관계이다. 각국 모두 경력이 풍부한 지도자를 분명하게 지정하여 양국관계의 일상 업무를 전적으로 담당하게 한다면 양국관계가 더욱 순조롭게 진행될 수 있다. 양국관계의 진전을 위해서는 뛰어나고 유능한 관련 업무자를 떼놓고 말할 수 없다.[37] 미중 '신형대국관계' 건립은

35 David M. Lampton, *A New Type of Major-Power Relationship: Seeking a Durable Foundation for U.S.-China Ties*, Asia Policy, No.16, July 2013.

36 David M. Lampton, *A New Type of Major-Power Relationship: Seeking a Durable Foundation for U.S.-China Ties*, Asia Policy, No.16, July 2013.

37 David M. Lampton, *A New Type of Major-Power Relationship: Seeking a Durable*

중국의 평화로운 발전과 관련될 뿐 아니라, 금융위기 이후에도 국제체제를 지속적으로 유지하는 미국의 안정적인 과도기에도 유리하다. 시진핑 주석은 미중 양국이 상호 전략적 의도를 어떻게 판단할 것인가의 문제는 양국이 어떠한 정책을 채택하고 어떠한 관계로 발전할 것인가에 직접적으로 영향을 미친다고 지적했다. 이러한 근본적인 문제에 있어서 오류를 범해서는 안 되며, 그렇지 않으면 하나의 잘못으로 모두 그르치게 된다. 중국은 '두 개의 백년'이란 목표를 제기하며 중화민족의 위대한 부흥이라는 중국의 꿈(中國夢)을 실현하기 위해 노력하고 있다. 과거 어떠한 때보다도 평화롭고 안정적인 외부 환경이 절실히 필요하다. 중국 인민은 평화를 사랑하고 조화를 존중하며(和爲貴), '자기가 하기 싫은 일은 남에게도 하게 해서는 안 된다(己所不欲勿施於人)'고 주장한다.[38] 흔들림 없이 평화발전의 길로 나아가는 것이 중국의 국책이다. 중국은 시진핑 총서기가 제기한 '친성혜용(親誠惠容)'의 주변외교 이념과 글로벌 거버넌스에 대한 건설적 참여, '일대일로' 건설의 추진 등에 계속해서 따르고, 지속적 평화와 보편적 안보, 공동번영, 개방과 포용, 녹색 저탄소의 세계를 건설하기 위해 노력할 것이다. 시진핑 주석의 '인류 운명공동체 구축과 공영공생의 실현' 사상은 신형국제관계 구축을 위한 '중국 지혜'를 제공해 주고 있다.[39]

국제정치 환경은 동태적이며, 현실주의 이념에서 말하는 신흥대국과 수성대국 간에 반드시 충돌이 발생한다는 '법칙' 역시 국제구도 변화의 고정 산물이 아니다. 왜냐하면 이는 물리적 법칙이 아니며, 다극화 환경 아래 수성대국과 신흥대국이 신형관계를 수립할 가능성도 존재하기 때문이다. 램턴이 지적한 대로 미중 공동의 전략적 출발점은 미국과 중국이 적대국

Foundation for U.S.-China Ties, Asia Policy, No. 16, July 2013.

38 習近平, "努力構建中美新型大國關", 在第六輪中美戰略與經濟對話和第五輪中美人文交流高層磋商聯合開幕上的致辭, 2014年 7月 9日, 「人民日報」 2014年 7月 10日, 第2版.

39 "習近平出席'共商共築人類命運共同體'高級別會議并發表主旨演講", 「人民日報」 2017年 1月 20日, 第1版.

이 아니라는 점이다. 비록 경쟁과 불일치의 영역이 계속해서 존재하고 이 또한 자연스러운 일이지만, 협력이 갈등보다 얻는 것이 크다. 전략적인 급선무는 양국이 자신의 국내제도 개혁에 주력해야 한다는 점이다. 상대방을 적으로 간주하면 엄중하고 거대한 대가를 치러야 하는 불필요한 결과를 감당하기 어려울 것이다.[40] 미중 '신형대국관계' 구축에서 협력은 기초다. 오로지 협력만이 세계 정치와 경제, 안보가 직면한 문제, 특히 비전통적 안보문제에 대처할 수 있을 것이다.

오늘날 미국 국내정치가 빠르게 변하고 있다. 새로 당선된 트럼프(Donald J. Trump) 대통령은 '미국 우선주의' 기조를 제기하고 미국식 '신고립주의' 정책 추진을 시도하고 있으며 '하나의 중국' 정책에 대해 공개적으로 의문을 제기하고 있다. 심지어 남해문제에서 중국의 국가이익 마지노선에 도전하면서 당대 국제정치 환경에 새로운 노선이 되고 있다. 이는 필시 미중 신형대국관계 발전에 커다란 영향을 미치게 될 것이다. 미국 카네기 국제평화재단의 중국문제 전문가 리차드 소콜스키(Richard Sokolsky)는 만약 트럼프 정부가 40여 년간 지속되어 왔던 미국의 '하나의 중국' 정책을 변화시킨다면, 이는 미국의 아시아 이익과 전략에 대해 재난수준의 영향을 미치게 될 것이라고 경고했다. 왜냐하면 '하나의 중국' 정책은 미중관계의 안정을 유지할 수 있고 미국의 국가이익에 부합하기 때문이다.[41] 이 재단의 저명한 중국문제 전문가 더글라스 팔(Douglas H. Paal) 역시 트럼프 정부는 중국과의 전략적 경쟁에서 위축되진 않겠지만, "중국정부가 트럼프 대통령 취임 6개월 이내에 그를 초청해 써니랜드 식의 회담을 진행하고, 이 기회를 활용해 중국 지도자들과 관리전략에 대해 논의하며 북핵문

---

40 David M. Lampton, "A New Type of Major-Power Relationship: Seeking a Durable Foundation for U.S.-China Ties," *Asia Policy*, No.16, July 2013.

41 Richard Sokolsky, "Donald Trump's Foreign Policy is 'America only', not 'America First'," *Wall Street Journal*, January 24, 2017.

제와 같은 도전적인 전략 문제에 대처해야 한다"고 건의했다.[42] 미국의 새로운 정부가 '신형대국관계'에 어떻게 대처할 것인가는 미중 양국관계에 대한 거대한 시련이라 할 수 있다.

VII 맺는 말

현재 미국에서는 적지 않은 중국문제 전문가들이 미국의 대중 정책결정과정에 여전히 중대한 역할을 발휘하고 있다. 정치엘리트이자 지식엘리트인 이들의 중국문제 연구는 미국의 대중정책 방향에 영향을 미칠 뿐 아니라 미국 국민의 중국에 대한 인식에도 영향을 미친다. 예컨대 저명한 중국문제 전문가 커트 캠벨(Kurt M. Cambel)은 미국과 중국을 기성 국가와 부상하는 국가 간의 '거대한 협상'으로 묘사한다. 즉 미국은 중국의 공업현대화를 장려하고 지지하며 미국시장을 개방하여 중국의 많은 수출품을 받아들이며, 이에 대해 중국은 아시아에서의 미국의 군사적 지위와 리더십을 지지(혹은 반대하지 않음)한다는 것이다.[43] 정치엘리트로서 이들은 미중이 양호한 상호관계를 유지하길 희망하며 미중관계에 심각한 위기가 발생하지 않길 바란다. 미중 '신형대국관계'의 구축은 바로 미중 간 상호관계 수립을 위한 보장이라 할 수 있다.

시진핑 주석은 "신형대국관계 구축은 양국이 역사 경험에 대한 평가의 기초 위에서 양국의 국가상황과 세계정세를 감안하여 공동으로 내놓은 중대한 전략적 선택이자 양국 국민과 각국 국민의 근본이익에 부합하는 것

42 Douglas H. Paal, "Sino-U.S. Relations in the Trump Era," *China Daily*, Nov.16, 2016.

43 毛莉, "美國中國問題專家怎麼看中美關係", 『中國社會科學報』 2015年 4月 1日, 第4版. 커트 캠벨은 미국 국무원 보좌관을 역임했다.

이며, 또한 쌍방이 대국 간 충돌 대립이라는 전통적 법칙을 타파하고 대국관계 발전이라는 새로운 모델을 창출할 수 있는 정치적 책임을 체현한 것"이라고 강조하였다.[44] 미중은 현재 세계 최대 선진국과 최대 개도국으로서 신형국제관계 구축을 위해 국제적 책임을 다하고 공정하고 합리적인 국제정치경제질서의 건립을 위한 동력을 제공해야 한다. 올해 1월 18일 시진핑 주석은 유엔 제네바 연설에서 '미국과 신형대국관계를 적극 발전시킨다'는 제안을 다시 제기했다.[45] 이는 새로운 정세 속에서의 미중관계 발전에 대해 적극적인 영향을 끼쳤다. 트럼프 정부는 미중관계 발전이라는 국면을 분명히 인식하고 일방적인 무역보호주의와 관세정책을 채택하지 말아야 한다. 왜냐하면 그것은 미중 경제무역관계의 상호이익을 유지할 수 없고 또한 미국 자체이익, 특히 미국기업의 이익에도 손해를 끼치기 때문이다. 트럼프 정부는 고기술 제품에 대한 대중국 수출 완화 조치를 추진해야 하며 중국기업의 미국 투자를 허용해야 한다. 미중은 경제무역과 에너지, 환경 등의 영역에서의 협력을 강화하고 상호이익을 실현해야 한다. 미국은 또한 다자 금융기구, 예컨대 국제통화기금과 세계은행에서 중국의 권한과 영향력을 향상시키도록 노력해야 하고, 중국이 미국 유럽과 함께 권한을 누릴 수 있도록 해야 한다.[46] 이는 미중 '신형대국관계' 구축을 위해 필요한 기초를 제공해 줄 것이다.

---

44 習近平, "努力構建中美新型大國關", 在第六輪中美戰略與經濟對話和第五輪中美人文交流高層磋商聯合開幕上的致辭, 2014年 7月 9日, 「人民日報」 2014年 7月 10日, 第2版.

45 習近平, "共同構建人類命運共同體", 在聯合國日內瓦總部的演講, 2017年1月18日, 「人民日報」 2017年 1月 20日, 第2版.

46 (미) 아르빈드 서브라마니안(Arvind Subramanian), "미중은 중대한 타협을 이루어야 한다", 영국 《파이낸셜 타임즈》 2013년 6월 6일. 「參考資料」 2013年 6月 13日, pp.9－10.

한반도 정세와 한미관계

조성렬(국가안보전략연구원)

I 뉴노멀 시대의 도래와 동북아 정세

오늘날의 세계를 뉴노멀(New Normal)의 시대라고 부른다. 말뜻 그대로 한다면, 과거의 정상상태(舊常態)가 없어지고 새로운 정상상태(新常態)로 바뀐 시대라는 의미이다. 하지만 이슬람국가(IS)사태와 브렉시트(BREXIT, 영국의 EU탈퇴), 그리고 트럼프 시대의 등장이 보여주는 바와 같이 오늘날의 시대는 새로운 정상상태라기보다 불평등성, 불안정성, 불확실성이 일상화되어 '비정상이 정상처럼 되어 버린 시대'라고 할 수 있다.

이와 같은 뉴노멀 시대에 들어와 국제협력보다도 힘에 의한 국익 우선주의를 외치는 전 세계 주요 국가지도자들이 등장하면서 세계를 긴장시키고 있다. 지금 동북아시아지역에도 오바마 미 행정부가 물러나고 트럼프 미 행정부가 등장하면서 한국을 제외하고 강성지도자들이 리더십을 행사하고 있다. 심지어 역내 최약소국인 북한마저도 국제사회를 향해 대외 강경입장을 고수하고 있다.

이처럼 한반도를 포함한 동아시아 정세는 지금 '강 대 강'의 충돌 위기로 치닫고 있다. 지금과 같은 역내 불안정성과 불확실성 속에서 급부상한 중국은 기존의 불평등성을 뒤바꾸기 위해 공세적 현상변경 정책을 강력히 추진하고 있다. 이것은 북한의 부모한 핵무기 보유시도와 맞물리면서 동북아 정세를 더욱 불안정하고 불확실하게 만들고 있다. 특히 트럼프 미 행정부의 출범과 한국의 정정불안, 그리고 한·미 양국의 사드 조기배치 강행에 따른 중국의 반발로 이 지역의 안보정세는 한치 앞도 내다볼 수 없을 정도로 예측불허의 상태로 빠져들고 있다.

이 지역의 안보정세에 영향을 미치는 최대요인은 트럼프 미 행정부의 출범에 따른 미국 동아시아정책의 변화 가능성이다. 트럼프 당선인은 중국을 환율조작국으로 지정하고 중국수출품에 45%의 관세를 부과한다고 공약했다. 한국과 일본에게는 방위비 분담금의 대폭 증액을 요구하면서 관철되지 않으면 미군을 철수하겠다고 압박하기도 했다. 그는 전임 오바마 행정부의 아시아재균형 정책에 관심을 기울이기보다 국방비 증액을 선언하면서 새로운 군비경쟁의 시대를 열었다.

트럼프 미 행정부의 등장에 대해 중국은 벌써부터 긴장하고 있다. 그는 37년 전 미·대만 단교 이후 미국 정상으로는 처음으로 차이잉원(蔡英文) 대만총통과 전화로 통화했다. 당연히 중국은 '하나의 중국' 원칙을 훼손하는 것이라며 크게 반발했다. 결국은 2017년 2월 9일 미·중 정상의 통화에서 트럼프 미 대통령이 '하나의 중국' 원칙을 존중한다고 밝혀 일단락됐지만, 대규모 군비경쟁과 통상마찰이 예상되고 있어 양국관계에 험로가 가로놓여 있다.

일본도 아베노믹스의 성패 여부를 가를 것으로 보고 추진해 온 환태평양경제동반자협정(TPP)에 대해 트럼프 대통령이 취임하자마자 'TPP 탈퇴'를 선언하는 바람에 곤혹해 하고 있다. 아베 총리는 트럼프의 당선 직후와 취임 직후 발빠르게 미국을 방문하여 양국관계의 재정비에 나서 일단 급한 불은 끈 것으로 보이나, 양국관계의 불안정성과 불확실성이 가로놓인 것은 중국과 마찬가지이다.

한국과 관련된 동아시아의 최대 안보쟁점이었던 전구고고도지역방어(THAAD) 포대의 한국배치 문제와 한·일 군사정보보호협정(GSOMIA) 체결 문제는 어떻게 될 것인가? 중국이 동북아지역의 전략적 균형을 파괴한다며 단호하게 반대해 온 사드문제에 대해, 트럼프 행정부는 한국의 신정부가 출범하기 전에 조기배치를 서두르고 있다. 2017년 2월 초 매티스 신임 미 국방장관이 이례적으로 한국과 일본을 맨 먼저 방문한 것도 사드의 조기배치와 관련이 있는 것으로 보인다. 아시아재균형 정책의 완결판이라고 할 수 있는 GSOMIA도 한국의 신정부 출범 이후 어떻게 흘러갈지 단언하기 어렵다.

II 김정은 북한체제의 정비와 핵무력-대화의 이중주

1. 북한의 잇단 핵실험과 중장거리 탄도미사일 개발

격변하는 동북아정세 속에서 한때 회복조짐을 보였던 남북관계도 2016년에 들어와 또다시 크게 흔들리고 있다. 이와 같은 남북관계 악화의 최대 원인은 두 차례에 걸친 북한의 핵실험과 잠수함발사 탄도미사일(SLBM), 무수단 중거리탄도미사일의 시험발사 등 잇단 군사도발에 있다. 북한의 군사도발에 대해 국제사회는 유엔 안보리 결의 2270호와 2321호 등을 통해 대북제재를 결정했지만, 북한은 이에 강력히 반발하면서 한반도상황을 더욱 악화시키고 있다.

2015년 8월 초 휴전선 철책선 부근에서의 목함지뢰 사건과 뒤이어 8월 23일 남북한의 포격사건으로 한반도의 군사적 긴장이 고조된 직후 전격적으로 '8 · 25 남북합의'가 이루어졌다. 이를 둘러싸고 국내 일각에서는 북한이 한미의 연합전력에 굴복했다든지 앞으로 자진해서 남북대화에 나올 것이라든지 하는 낙관론이 떠돌았다. 2016년 5월의 제7차 노동당대회 개최와 7월의 「북중 우호협조 및 상호원조 조약」 체결 55주년 기념일이 예정되어 있던 터라 이러한 낙관적 전망이 우세했었다.

2016년 1월 1일 북한 신년사는 '한반도가 핵전쟁 발원지'이며 미국과 남한이 매년 대규모 '핵전쟁연습'을 하고 있다는 상투적인 비난에도 불구하고, 2015년 신년사와 달리 핵 위협 및 핵 능력 과시와 같은 도발적 언사를 자제했다. 신년사에도 일부 내용에 높은 수준의 대미 비난 수위가 담겨 있기는 했지만, 김정은 위원장이 직접 평화협정 문제를 제기하고 있어, 대외 도발을 자제하면서 대화국면으로의 전환을 모색할 것이라는 전망이 나오는 등 북한의 의도를 제대로 읽지 못했다.[1]

하지만 2016년도 신년사 가운데 북한의 입장을 읽을 수 있는 키워드는 '자강력 제일주의'였다. 김정은 위원장은 신년사에서 "시대와 외세의존은 망국의 길이며 자강의 길만이 우리 조국, 우리 민족의 존엄을 살리고 혁명과 건설의 활로를 열어가는 길"이라고 밝혔다. 자강력 제일주의는 "자기의 것에 대한 믿음과 애착, 자기의 것에 대한 긍지와 자부심"을 뜻하는 것으로 해석된다. 김정은 위원장은 인민생활의 향상을 최우선으로 내세우면서도 '자강력 제일주의'를 통해 새로운 '도발'에 따른 국제사회의 제재 강화를 염두에 두고 있었던 것이다.

북한은 제7차 노동당대회에서도 당의 기본노선의 하나로 '자강력 제일주의'를 내걸었다. 노동당대회를 전후로 70일 전투와 200일 전투를 벌려 자력갱생의 의지를 드러대면서 국제사회의 비핵화 압력에 굴복하지 않겠다는 의지를 드러냈다. 북한은 미국의 권력교체기를 앞두고 자신들의 핵·미사일 능력을 최대한으로 끌어올림으로써 군사강국을 마무리짓고, 경제강국의 건설을 통한 사회주의 강성대국을 완성한다는 국가목표를 향해 나아가려는 것으로 보인다.

---

1 통일연구원 북한연구실, "2016년 북한 신년사 분석 및 대내외 정책 전망", 『통일연구원 Online Series』, 2016년 1월 1일.

2. 제7차 노동당대회와 김정은 체제의 정비

북한은 36년 만에 제7차 노동당대회(2016.5.6.~9.)를 개최하여 노동당 중심으로 국정을 운영하겠다고 밝힌 뒤, 6월 29일에는 최고인민회의 13기 4차 회의를 열어 국가기구의 개편과 인선을 마무리했다. 이처럼 북한은 김정일 국방위원장의 갑작스런 죽음에 따른 내부혼란을 수습하고 당-국가 체계를 복원 정상화함으로써 명실상부한 김정은 시대의 막을 올리게 되었다.

이번 북한 권력기구 개편 과정에서 주목되는 것은 국방위원회를 국무위원회로 명칭을 바꾸면서 역할을 조정한 것이다. "국가의 전반적 무력과 국방건설사업을 지도한다"는 국방위원회의 임무가 "국방건설사업을 비롯한 국가의 중요정책을 토의 결정한다"로 변경되었고, "국가의 전반적 무력 건설사업과 지도" 권한이 당중앙군사위원회로 이관되었다. 아울러 당 외곽기구였던 조국평화통일위원회를 국가기구로 승격시켰다.

이번 인사선정에서 주목되는 것은 국무위원회 부위원장과 당중앙군사위원회 위원에 인민경제를 총괄하는 박봉주 내각총리가 임명된 점과 국가주권의 최고정책 지도기관인 국무위원회에 외교담당인 리수용(당 부위원장, 외무상)과 리용호(외무성 부상), 대남담당인 김영철(당 부위원장 겸 통일전선부장)을 포진시킨 점이다. 이것은 향후 북한이 국방공업 및 대외, 대남관계를 강화할 것에 대비한 포석인 것으로 보인다.[2]

북한은 이번 당대회를 통해 핵보유에 대한 입장을 분명히 하고 있다. 북한은 핵보유국 지위의 확보가 북한의 핵심 외교목표라는 점을 분명히 하면서, 비핵화의 조건으로 '세계 비핵화'를 주장하였다. 그 이전까지는 미국의 핵위협에 대응하여 "경제 핵무력 병진노선을 항구적으로 틀어쥐고 자위적인 핵무력을 질량적으로 더욱 강화해 나갈 것"이라고 밝힌 것에서 핵

2 이관세, "김정은 체제, 앞으로 대외·대남공세 강화하나", 『IFES현안진단』 No.46, 2016-08, 2016년 6월 30일.

무기 보유 쪽으로 한발 더 나간 것이다.

실제로 북한은 당대회를 전후하여 증폭핵분열탄을 이용한 제4차 핵실험과 장거리로켓의 지구궤도 진입 성공에 이어 미군 괌기지를 타격할 수 있는 무수단미사일, 남북 간 군비경쟁에서 게임체인저라고 평가되는 잠수함 탄도미사일(SLBM) 등의 시험발사, 그리고 핵탄두를 이용한 제5차 핵실험 등 핵·미사일 전력을 강화해 오고 있으며, 머지않은 장래에 미 본토를 겨냥한 대륙간탄도미사일(ICBM)의 실전 능력을 갖추게 될 것으로 전망된다.[3] 한편, 김정은 위원장은 강도 높은 동계군사훈련을 독려하고 보복의지와 능력을 과시하는 가운데 200일 전투 현장을 방문하면서 자력갱생도 강조하고 있다.

이처럼 김정은 정권이 체제정비와 함께 핵·미사일 능력을 강화해 오고 있다. 하지만 이와 동시에 북한은 미국과 한국 등 국제사회를 향하여 평화공세도 펼치고 있다. 김정은 위원장은 1월 1일의 신년사에서 평화협정의 체결을 제안한 데 이어, 5월 6일 노동당대회에서도 사업총화보고를 통해 정전협정을 평화협정으로 바꾸자는 제안을 되풀이했다.[4]

또한 당대회에서 핵보유국 지위의 확보에 대한 의지를 밝힌 것과 달리, 7월 6일 공화부 정부대변인 성명을 통해서는 "안전담보가 실지로 이루어진다면… 조선반도 비핵화 실현에서 획기적인 돌파구가 열리게 될 것"이라며 비록 조건부이지만 비핵화의 가능성을 열어놨다. 이는 2013년 4월 18일 국방위원회 정책국 성명에서 '조선반도 비핵화'를 언급한 지 3년 3개월 만의 일이다.

하지만 북한 국방위원회의 '4·18제안'이 있은 뒤에, 미국정부가 최초의 북한인권제재를 발표하면서 김정은 위원장의 이름을 인권관련 제재대상자의 명단에 올리자, 북한은 이에 반발해 미국과 전시상황에 준하는 관계

3 김동엽, "김정은 정권의 군사정책과 핵전략", 『한반도포커스』 제36호, 2016년 여름호.
4 『로동신문』 2016년 5월 8일.

로 돌입한다고 선언하면서 더 이상 '조선반도 비핵화'에 대해 언급하지 않고 있다. 2016년 10월 21~22일 쿠알라룸푸르에서 열린 북·미 비공식접촉에서도 북측은 평화협정을 주장하면서도 비핵화에 대해서는 거부한다는 의사를 분명히 밝히고 있다.

III 국제사회의 대북제재 공조와 한미관계

1. 북한의 핵실험과 유엔 안보리 및 한·미·일·EU의 독자제재

북한의 제4차 핵실험이 있은 뒤 당시까지는 역대 최장기간인 57일 만인 2016년 3월 2일 미국 뉴욕 유엔본부에서 유엔 결의안 2270호가 15개 이사국 만장일치로 채택됐다. 이 결의안은 과거 3차례의 북한 핵실험에 대응해 안보리가 채택한 대북제재 결의 1718호(2006년), 1874호(2009년), 2094호(2013년)에 이은 핵실험 관련 4번째 대북제재 결의이다.

결의안 2270호의 주요 내용을 보면, 북한의 핵·미사일 개발에 사용되는 달러화와 물품의 유입을 전방위로 차단하는 고강도 대북제재 결의안으로 △무기거래, △제재 대상 지정, △해상·항공 운송, △대량살상무기(WMD) 수출통제, △금융거래 등 광범위한 분야에 걸쳐 기존 대북제재 조치들이 대폭 강화됐을 뿐만 아니라 새로운 조치들도 다수 포함됐다. 제4차 북핵 실험 직후에 채택된 유엔 결의안 2270호는 70년 유엔 역사상 비군사적 조치로는 가장 강력한 제재 결의로 평가되고 있다.

하지만 북한은 이러한 국제사회의 제재조치에도 아랑곳하지 않고 2016년 9월 9일 또다시 제5차 핵실험을 실시하였다. 북한 5차 핵실험에 따른 유엔 안전보장이사회의 새 대북제재 결의안이 협상에 난항을 겪으면서 핵실험일을 기준으로 채택까지 82일이 걸려 역대 최장 논의기간을 기록하였다. 마침내 11월 30일 유엔 안보리는 제5차 핵실험에 대해 결의인 2321호를 채택하였고, 이틀날 한·미·일 3국은 독자제재안을 발표하였다.

미국의 대북 독자제재 조치를 보면, 2016년 2월에 「대북제재법」을 제정하였고, 뒤이어 대북제재법 시행령을 담은 '대통령 행정명령' 13722호를 발표하였다. 또한 6월 1일 미 재무부는 「애국법」311조를 근거로 북한을 자금세탁우려대상 국가(jurisdiction of primary money laundering concern)로 지정하여 대북 금융거래 자체를 불법화하였다. 뒤이어 미 재무부는 북한주민의 인권침해를 이유로 들어 2016년 7월 6일과 2017년 1월 11일에 각각 김정은 위원장과 여동생인 김여정을 제대대상으로 지정하였다.

북한의 체제 불안정을 원치 않는 중국이 제재가 대량살상무기(WMD)와 관련된 품목으로 한정되어야 하며 북한주민들의 생활에 영향을 미쳐서는 안 된다는 원칙론을 고수하는 바람에 합의가 늦어진 것이다. 이에 대해 미국은 중국을 압박하며 강력한 결의안에 대한 중국의 동참을 유도한 것으로 보인다. 미국이 앞서 훙샹그룹(遼寧鴻祥實業集團)을 제재했듯이, 미국은 북한과 거래하는 중국 기업을 제재하는 이른바 '세컨더리 보이콧' 카드 등을 통해 중국을 추가적으로 압박할 가능성을 남겨두고 있다.

새로운 유엔안보리 대북제재 결의안 2321호의 특징은 기존의 안보리 결의안 2270호가 예외적으로 허용한 '민생 목적'의 북한산 석탄 수출마저 규제하기로 한 데 있다. 미·중은 북한의 연간 석탄 수출규모를 4억 90만 달러나 750만 톤 중 낮은 쪽으로 제한하기로 하고, 구리와 니켈, 아연 등 광물 수출과 헬리콥터, 선박 수출과 조각상 수출도 금지하여 북한경제에 타격을 주는 데 합의하였다. 이처럼 이번 제재의 특징은 대량살상무기 개발 의혹과 직접 관련되지 않더라도 북한의 대외경제 자체를 제한하려 한 데 있는 것이다.

표 1 안보리 결의 2321호 주요 내용

	주요 내용
WMD 재래식 무기 제한	• 재래식무기 관련 이중용도 품목 이전 금지 (7항) ※구체 목록은 제재위가 15일 내 결정
	• 북한에 대한 특별 교육 · 훈련 금지 분야(고등 산업공학, 고등 전기공학, 고등 기계공학, 고등 화학공학, 고등 재료공학) 추가 (10항)
	• 북한과의 과학 · 기술협력 금지(핵과학, 우주공학, 첨단제조공학 분야는 제재위 사전 승인시, 여타 분야는 제재위 사전 통보시 예외) (11항)
검색 및 차단	• 제재위가 의심선박의 기국취소(de-flagging), 특정항구 입항 명령, 입항금지, 자산동결 등을 할 수 있도록 권한 부여 (12항)
	• 북한인의 여행용 수하물도 검색 의무 대상임을 명확화 (13항)
	• 철도 · 도로 화물을 검색할 의무가 있음을 강조 (21항)
	• 제재 대상 개인의 공항 경유 금지 명시 (25항)
외교 관계	• 회원국 내 북한 공관 인력 규모 감축 촉구 (14항)
	• 회원국이 WMD 프로그램 또는 불법활동에 연루되어 있다고 결정한 북한 관료, 정부인사, 군인의 입국 또는 경유 거부 (15항)
	• 북한 공관 및 공관원당 은행 계좌를 1개로 제한 (16항)
	• 북한 공관원이 비엔나 협약에 따라 외교임무 이외 활동에 종사하는 것이 금지됨을 강조 (17항)
	• 북한 공관 소유 부동산 임대를 통한 수익 창출 금지 (18항)
	• 안보리에 의해 예방조치 또는 강제조치를 받고 있는 유엔 회원국의 경우 권리 · 특권의 정지가 가능함을 상기 (19항)
운송	• 북한에 대한 항공기 · 선박 대여 및 승무원 제공 금지(민생목적 예외 삭제, 제재위 건별 사전 승인시 예외) (8항)
	• 북한 내 선박 등록, 북한기 사용, 북한선박에 대한 인증 · 선급 · 보험 서비스 제공 금지(민생목적 예외 삭제, 제재위 건별 사전 승인시 예외) (9항)
	• 북한 항공기 이착륙시 화물 검색의무 강조 및 북한 행 · 발 제3국 기착 민간항공기에 필요 이상의 항공유를 제공치 않도록 주의 촉구 (20항)
	• 북한이 소유, 운영, 통제하는 선박에 대한 보험 및 재보험 서비스 제공 금지(제재위가 건별로 민생 및 인도지원 목적 종사로 결정시 예외) (22항)
	• 회원국 선박, 항공기에 북한 승무원 고용 금지 (23항)
	• 북한 선박의 회원국 등록취소 및 등록취소 선박의 재등록 금지 의무화 (24항)
대외 교역	• 북한 석탄 수출 상한선 설정(수출액 4억 불, 수출량 750만 톤 중 적은 쪽) (26/27항)
	• 수출 금지 광물 추가 – 은, 동, 아연, 니켈 (28항)
	• 북한의 조형물(statue) 공급 · 판매 · 이전 금지(제재위 건별 사전 승인시 예외) (29항)
	• 북한에 신규 헬리콥터, 선박 공급 · 판매 · 이전 금지(제재위 건별 사전 승인시 예외) (30항)

금융	• 회원국 금융기관의 북한 내 사무소·은행계좌 개설 등 활동 금지, 90일 내 기존 사무소·계좌폐쇄(WMD 연관성 조건 삭제) (31항)
	• 대북 무역에 대한 공적·사적 금융지원 금지(WMD 연관성 조건 삭제, 제재위 건별 사전 승인시 예외) (32항)
	• 북한 은행 또는 금융기관의 지시하에 또는 대리하여 일하는 개인을 적용 가능한 국내법과 국제법에 따라 북한 송환 목적으로 추방토록 결정 (33항)
	• WMD 개발에 사용되는 외화를 벌기 위해 북한 노동자가 해외에 파견되는 데 대해 우려 표명 및 회원국들의 주의 요청 (34항)
	• bulk-cash 금지 의무 재강조 (35항)
인권	• △북한 주민의 고통에 우려 표명, △주민의 필요가 충족되지 못한 가운데 핵·미사일 개발을 추구하는 북한을 규탄, △주민의 복지와 존엄성 보장 필요 강조 (45항)
제재 이행	• 전문가패널에게 보고서 연 2회 제출 요청 (43항) • 제재위가 UN 대북제재 이행관련 특별회의를 개최할 것을 지시 (44항)

* [ ] : 2270 대비 신규 제재 요소

2. 북한 핵무장에 대한 미국의 대응: 선제타격론과 직접대화론

2016년 9월 9일 북한의 제5차 핵실험이 '핵탄두'로 진행된 것이었다는 것이 드러나면서, 미국 내에서는 조심스럽게 대북 선제타격론이 제기되고 있다. 이를 촉발시킨 것은 미 대선을 앞둔 9월 16일에 미 외교협회(CFR)가 발간한 『미국의 한반도 정책』이라는 제목의 보고서이다.[5] 이 보고서는 "북한이 또다시 유엔 안보리 결의를 위반하려는 경우, 한국과 일본 등 동맹국들의 동의를 얻는다는 조건하에 북한 미사일 발사시설에 대한 타격이 가능할 수 있을 것"이라는 내용으로 사실상 선제타격론을 제기하였다.[6]

---

5 Charles L. Prichard and John H. Tilelli Jr.(Chairs), Scott A. Snyder(Project Director), *U.S. Policy toward the Korean Peninsula*, Council of Foreign Relations Independent Task Force Report No.64, p.13.

6 보고서의 원문은 다음과 같다. Conditional on support from allies Japan and South Korea, effort to prevent North Korea's vertical proliferation could include a U.S. strike on North Korea's long-range missile launch facilities(akin to recommendations made by Ashton B. Carter and Willim J. Perry before North Korea's 2006 long-range missile lauch) in the event that North Korea prepares once again to defy existing UNSC resolutions.

이와 관련하여 조시 어니스트 백악관 대변인은 9월 22일 정례브리핑에서 "북한에 대해 선제타격과 같은 특별한 계획을 갖고 있느냐"는 기자의 질문에 대해 "북한을 특정하지 않고 통상적으로 말한다면, 작전계획에 관한 일로서 우리는 선제적 군사행동을 미리 논의하지 않는다"고 답변하며, 선제타격의 가능성에 대해 긍정도 부정도 하지 않았다.

선제타격이든 예방공격이든, 그 결과를 결정하는 것은 상대방의 반격 의지와 능력으로, 북한의 능력과 의지로 볼 때 대북 선제타격이 이루어질 경우 전면전으로 확대될 가능성을 배제할 수 없을 것이다. 1993~94년 제1차 북한 핵위기 당시의 미국 측 추산에 따르면, 전쟁이 일어날 경우 한미연합군이 궁극적으로 승리하겠지만, 개전 초기 90일 이내에 한국군 약 50만 명과 미군 5만 명, 다수의 민간인이 희생되고 610억 달러 이상의 전비가 들어간다는 것이다.[7]

그렇다면 차기 트럼프 신행정부에서도 선제타격론이 유지될 것인가? 미국의 대북 선제타격에 대한 우려는 2016년 11월 미 대선에서 트럼프 후보가 당선되면서 증폭되고 있다. 대선을 앞둔 10월 11일, 한미경제연구소(KEI) 주최 토론회에서 트럼프 진영의 피터 후크스트라 전(前) 미 하원 정보위원장은 대북 선제타격론과 관련해 "어떤 방안도 테이블에서 내려놓지 않을 것"이라며 그 가능성을 열어놨다.[8]

하지만 대선에서 트럼프 당선이 확정된 뒤, 미 공화당계 인사 중에 대북 강경파로 잘 알려진 존 볼튼 전 유엔주재 미국대사는 11월 16일 한국국회 동북아평화협력의원외교단을 만난 자리에서 "군사적 행동이 한국에 미치는 영향을 잘 안다. 한국인은 절대로 군사적 행동에 동의하지 않을 것이라 불가능하다"고 말하면서 "대북 선제공격의 가능성은 제로"라며 선을 그었

---

7 Don Oberdorfer & Robert Carlin, *The Two Koreas—A Contemporary History*, New York: Basic Books, 2014, p.247.

8 『문화일보』 2016년 10월 12일.

다.[9]

북한의 핵무기 실전배치에 대해 이렇다할 해법이 나오지 않고 있어 미국 내에서 대북 선제타격론이 완전히 진정된 것은 아니다. 하지만 효과나 성공 가능성도 불명확한 상황에서 엄청난 피해가 초래될 것이 명확한 대북 선제타격론이 계속 힘을 얻어나가기는 어려울 것으로 보인다.

이처럼 대북 선제타격론의 가능성이 낮은 가운데, 새롭게 주목되는 것이 북·미 대화와 관련된 움직임이다. 2015년 10월 1일 북한 리수용 외무상의 유엔총회 연설에서 "미국이 동의한다면 정전협정을 평화협정으로 바꾸고 한반도에서의 전쟁과 충돌을 방지하기 위한 대화"를 제안하였다. 10월 3일 외무성 대변인 담화를 발표한 데 이어, 10월 17일에는 외무성이 성명 형식을 빌려 미국 측에 평화협정 체결 협상을 공식적으로 제안하였다.

이와 같은 평화협정 협상 제안은 2010년 1월 11일 북한 외무성이 성명을 통하여 "정전협정을 평화협정으로 바꾸기 위한 회담을 조속히 시작할 것을 정전협정 당사국들에 정중히 제의"한 지 거의 5년 9개월 만의 일이다. 같은 해 1월 18일에도 외무성 대변인이 담화를 발표하여 6자회담의 복귀와 평화협정을 동시 논의하자고 제안했지만, 이것을 마지막으로 북한은 평화협정 체결을 요구하지 않았다.[10]

그동안 북한이 한반도 평화협정의 체결을 요구하지 않았던 것은 평화협정 체결이 북한의 핵포기와 연계돼 있었던 것인 만큼, 핵무기 보유 의사를 공식적으로 표명한 이후 북한당국이 그러한 요구를 자제하고 있는 것으로 보인다. 또한 정전협정 파기를 선언한 마당에 평화협정 체결을 주장하는 것이 이치에 맞지 않는다고 판단했을 것이다. 그 대신에 북한은 핵보유국

9 『중앙일보』 2016년 11월 18일.

10 북한당국의 공식입장이 아닌 대미, 대남 평화공세 차원의 평화협정 체결 주장은 계속되고 있다. 2013년 5월 29일자 『로동신문』은 "정전협정은 조선반도에서 새 전쟁 발발을 막을 수 없다"라면서 "조선전쟁의 유물인 정전체계는 하루빨리 공고한 평화체제로 대체돼야 한다"고 주장하였다.

임을 자처하면서 핵무기의 실전 배치와 핵보유국의 기정사실화에 주력해 왔다.[11]

이처럼 북한이 새롭게 평화협정을 제안하자, 미국 측의 요구로 2015년 말 북·미 양측은 평화협정 논의를 위해 접촉을 가졌다. 이 자리에서 북한은 미국과 평화협정에 대해 논의하는 데는 동의하면서도 비핵화를 의제화하는 데는 반대하며, 결국은 2016년 1월 6일 제4차 핵실험을 감행하였다.[12]

2016년 2월 24일에는 왕이(王毅) 중국 외교부장이 '비핵화와 평화협정 논의의 병행'을 제안하자, 존 케리 미 국무장관이 "북한이 비핵화 협상에 응하면 평화협정도 가능하다"는 입장을 밝혔다. 북한의 제7차 노동당대회가 임박한 즈음에 『뉴욕타임스』는 사설을 통해 "7차 노동당대회 이후 북한이 (평화협정과 관련한) 대화를 세의해 올 경우 미국정부는 이를 거부하지 말고 응해야 한다"고 촉구하였다.[13]

실제로 북한의 제7차 노동당대회를 앞둔 5월 4일 클래퍼 국가정보국장(DNI)이 한국을 방문해 한민구 국방부 장관과 정보기관 고위인사들을 만나 한반도 평화협정의 논의 가능성을 시사한 바 있다. 외교안보부처 고위 당국자에 따르면 "클래퍼 국장과의 대화 내용 중에는 미국이 북한과 평화협정과 관련한 논의를 할 경우 한국이 어느 정도까지 양보할 수 있느냐는 취지의 문의도 있었다"고 설명했다.[14]

2016년 10월 21~22일 쿠알라룸푸르에서 열린 북·미 비공식접촉에서도 미국 측은 평화협정에 대한 북한 측의 입장을 직접 타진한 것으로 알려졌

11 조성렬, 『뉴 한반도비전: 비핵 평화와 통일의 길』, 백산서당, 2012, pp. 169-170.

12 Alastair Gale and Carol E. Lee, "U.S. Agreed to North Korea Peace Talks Before Latest Nuclear Test: Pyongyang rejected condition that nuclear arms would be on the agenda—then carried out atomic test," *The Wall Street Journal*, Feb. 21, 2016.

13 *The New York Times*, May 2, 2016.

14 『중앙일보』 2016년 5월 7일.

다. 미 국가정보국에서 북한정보총괄책임을 역임했던 조지프 디트라니와 로버트 갈루치 전 동아태차관보 일행은 북측의 한성렬 외무성 부상과 장일훈 주유엔주재 차석대사 등을 만나 탐색적 대화를 나눴다. 이번 북·미 접촉이 1.5트랙이기는 해도 평화협정 문제가 거론됐다는 점에서 주목하지 않을 수 없다.

트럼프의 당선 뒤 처음으로 11월 17~18일 제네바에서 최선희 외무성 미국국장, 장일훈 유엔주재 차석대사와 로버트 갈루치 전 동아태차관보의 선임보좌관을 지냈던 조엘 위트가 이끄는 38노스(38 North)팀이 접촉을 가졌다.[15] 이 자리에서 최선희 북한외무성 미국국장은 "북한은 트럼프 행정부의 정책 재검토 결과를 기다리며 지켜볼 것이며 대북정책 윤곽이 드러나기 전에는 양국 관계개선 혹은 협상 가능성의 문을 닫는 어떠한 행동도 취하지 않겠다"며 트럼프 행정부와의 대화 가능성을 열어놓았다.

3. 사드배치의 추진, 한일군사정보보호협정 체결과 한미관계

2016년은 한반도뿐만 아니라 동북아 안보정세에 커다란 영향을 미칠 수 있는 중대한 안보정책이 한국에서 결정된 한 해이다. 그것은 다름 아닌 주한미군 기지 내의 사드배치 결정과 한일군사정보보호협정의 체결이다. 이 두 가지 정책결정 모두 동북아의 전략균형에 영향을 미칠 수 있는 민감한 문제들로서, 북한의 핵위협이 가시화되면서 이에 대한 한·미·일 3국의 공동 대응차원에서 이루어졌다.

THAAD배치 문제는 2013년 10월 우리 군이 저고도미사일방어체계 Kill Chain, KAMD를 검토하는 과정에서, 미 국방부에 대해 고고도미사일 방어체계인 THAAD 관련 정보의 제공을 요청한 데서 비롯되었다. 이에 호응해 미국은 2014년 5월까지 한국 내에 THAAD배치 후보지의 실지조사를 실시하여, 같은 해 6월 주한미군사령관이 미 국방부에 THAAD배치

15 『중앙일보』 2016년 11월 18일.

를 요청하기에 이르렀다. 이에 따라, 그해 6월 18일, 김관진 국방부 장관은 국회에서 "미국 예산으로 주한미군이 THAAD를 도입하는 데 반대하지 않는다"는 답변을 내놓았다.

그러나 같은 해 7월 3일 서울에서 열린 한·중정상회담 이후 우리 정부 관계자의 발언이 신중해지기 시작하였다. 당시 발표된 한·중정상회담 의제에는 THAAD문제가 포함되지 않았으나, 8월 한국 통신사가 한·중정상회담 때 시진핑 주석이 박 대통령에게 THAAD문제의 '신중한 처리'를 요구했다고 보도된 것으로 미루어 이와 관련된 것으로 여겨진다.

2015년 2월 우리 언론들은 국방부 소식통을 인용하여 당시 시진핑 주석이 "한국은 주권국가의 당연한 권리를 행사하여 미군의 THAAD배치에 반대 의사를 나타내 달라"고 요청했다고 보도하였다. 중국 측은 이러한 한국 언론의 보도에 대해 부정하지 않았으며, 이에 내해 국내 일likes에서는 중국 측이 일부러 이 사실을 언론에 흘린 것이라는 분석이 나오기도 했다.

2015년 3월 중국의 한반도 사드배치 반대 입장 표명 이후 정부당국은 ▲미국의 요청이 없었고, ▲협의도 없고, ▲결정된 것도 없다는 3NO(No Request, No Consultation, No Decision)의 원칙론을 견지하였다. 그 뒤로 우리 정부는 공개적으로 의사표시를 하지 않은 채 '모호성 전략'(한민구 장관의 표현)을 유지하면서 배치방식과 최적장소 물색을 지속한 것으로 보인다.

그러다가 북한 4차 핵실험을 계기로 THAAD의 본격추진으로 정책방향이 선회하였다. 북한 4차 핵실험 뒤인 2016년 1월 13일 박 대통령은 對국민담화 및 내외신 기자회견에서 중국의 '건설적 역할'론과 함께 '사드 검토' 발언을 처음으로 제기한 것이다. 1월 25일 한민구 국방장관은 군사적 관점에서 사드배치를 검토할 필요가 있다며 진전된 입장을 표명하였다. 이에 대해 중국 외교부 대변인은 한민구 국방장관이 밝힌 당일 정례브리핑에서 사드문제에 대해 "유관 국가(한국)가 관련 문제를 신중하게 처리하기를 희망한다"고 즉각적으로 반응하였다.

한민구 국방장관은 배치결정 발표 사흘 전인 7월 5일 국회 답변에서 THAAD와 관련해 아무것도 결정된 바 없다고 부인하였다. 하지만 정부는 6월 22일 북한이 사거리 3,000km 무수단(화성10호) 미사일 발사에 성공하자, 보름 뒤인 7월 8일 THAAD를 남한지역에 배치하기로 결정했다고 발표하였고, 7월 13일에는 경북 성주지역이라고 지명을 밝혔다. 그 뒤 지역 주민들의 반발로 위치가 조정되기는 했으나 포대의 위치는 그대로 성주 부근으로 확정되었다.

그렇다면 한국에 사드 포대를 배치하려는 미국의 의도는 무엇인가? 미국은 탈냉전 이후 거부적 억제 전략을 중시하기 시작했다. 미국은 러시아와 핵군축 추진과 함께 상호확증파괴(MAD)에 따른 징벌적 억제전략이 한계에 달하자, 새롭게 거부적 억제전략에 따라 BMD 및 THAAD 전진배치를 적극적으로 추진하는 것이다.

특히 중국이 '적극방위전략'에 따라 도련선(島聯線)을 설정하면서 잠수함에 이어 항공모함 도입, 중거리 탄도미사일 배치 등으로 군사적 접근을 거부하자, 미·일 MD 및 THAAD 전진배치로 미사일전력의 무용지물화를 추진한 것이다. 이 때문에 일각에서는 THAAD 배치를 매개로 한·일 군사협력을 촉진하고, 나아가 한·미·일 MD동맹을 구축함으로써 장기적으로 한·미·일 지역동맹을 완성하려는 구상의 일환으로 보는 시각도 있다.

이처럼 THAAD배치 결정이 발표된 뒤 한·미 군사당국은 "북한의 핵과 대량살상무기, 탄도미사일 위협으로부터 대한민국과 우리(미국) 국민의 안전을 보장하고 한미동맹의 군사력을 보호하기 위한 방어적 조치로 결정하게 됐다"고 배경을 설명하고 있다. 이에 대해 미 의회 조사국의 보고서 『아·태지역의 탄도미사일방어: 지지와 반대』는 "사드배치 여부는 한국이 장차 어느 편에 설 것인가를 보여주는 리트머스 시험지"라며 그 의미를 전략적 선택의 문제라고 평가하고 있다.[16]

---

16 Ian E. Rinehart, Steven A. Hildreth and Susan V. Lawrence, *Ballistic Missile*

미국은 아시아재균형 전략의 일환으로 미·일 동맹의 강화와 함께 한·미·일 군사협력체계를 구축하려고 하고 있다. 이를 위하여 지역전략의 측면에서 한·미·일 MD체계의 통합을 촉진시키고자 하고 있다. 이것은 북한의 핵·미사일 위협만을 대상으로 했던 한·미·일 3국 안보협력을 중국을 견제하는 데까지 확대하려는 것으로 중국 측은 평가하며 강력하게 반발하고 있다.

이와 관련해 2014년 12월 한·미·일 3국이 북한의 핵·미사일 관련정보에 한정해 체결한 「정보공유 약정(MOU)」은 지역MD의 출발점이 아닌가 주목을 받았다. 2016년 1월 22일에는 미군시스템을 매개로 한 한·일 양국 군대 실시간 정보공유(한국군 정보전달시스템과 미국 Link-16의 연내 연결)에 합의되었으며, 12월에는 한·일 양국 사이에서 군사정보보호협정(GSOMIA)이 체결되었다. 한·미, 미·일에 더해 한·일을 잇는 한·미·일 정보통합의 가능성이 더욱 높아지게 된 것이다.

이와 같은 한·일 안보협력은 한미동맹과 미일동맹을 단순히 연결하는 것을 넘어, 일본의 독자적인 지역전략 차원에서 추진되고 있는 것으로 보인다. 2010년 일본은 자국이 주도하는 준텐죠(準天頂, Sub-Zenith) 측위위성 공동개발사업에 참여할 것을 요구했다가 한국의 거부로 단독개발로 전환한 바 있다. 한·일 간 군사정보보호협정(GSOMIA)은 2012년 6월 체결 직전까지 갔다가 취소된 뒤 재추진되어 마침내 2015년 12월에 체결되었다.

일본이 요구했던 한·일 상호군수지원협정(ACSA)은 아직 본격적으로 논의되고 있지는 않지만, 일본정부는 여전히 이를 희망하고 있다. 이와 관련해 2011년 1월 10일 김관진 당시 국방장관과 기타자와 도시미(北澤俊美) 일본 방위상이 GSOMIA와 ACSA에 대해 본격적으로 협의하기로 이미 합

Defense in the Asia-Pacific Region: Cooperation and Opposition, April 3, 2015, p.12. 해당부분의 원문은 다음과 같다. "the proposed THAAD deployment has become a litmus test for Seoul's alignment between Beijing and Washington."

의한 바 있다.

이는 미국 측의 한·미·일 국방장관회담 정례화 요구와도 관련이 있다. 한·일 군사협력의 진전 차원에서 한·일 국방장관회담이 개최되어 오고 있다. 그 뒤 2015년 10월 20일에도 한·일 국방장관회담이 열렸다. 2014년 5월 31일과 2016년 6월 4일에는 아시아안보회의 참석을 계기로 국방장관 회담이 열렸다. 그 밖에도 2008년 이후 한·미·일 국방차관보, 심의관급 방위실무자회의(DTT)를 개최해 오고 있다.

하지만 한·일 간 안보협력의 범위를 둘러싸고 결정적인 인식차이를 드러내고 있다. 2016년 6월 한·일 국방장관회담에서 한민구 국방장관이 "유사시 북에 들어갈 때는 동의받아야…" 한다고 말한 데 대하여, 나카타니 겐(中谷 元) 방위상은 "자위대가 한국영역 활동시에는 동의받을 것"이지만, 북한영역에 대해서는 "한·미·일이 협력할 문제"이며 "일반적으로 말하면, 한국의 유효지배가 미치는 범위는 휴전선 남쪽으로 일본은 이해한다"라고 주장했다.

또한 전시작전통제권을 한미연합사령관이 갖고 있는 한, 유엔군사령관의 권한으로 주일미군과 공동작전이 가능하며 주일미군의 후방지원을 맡은 자위대 참여도 가능하다. 이때 한국군의 발언은 제한받을 수밖에 없다. 한반도 유사사태가 발생할 경우 한미연합사령관은 미군과 유엔군, 자위대의 협력관계를 추인할 것으로 보인다. 다만, 한국 대통령이 통수권을 행사하여 반대할 경우에는 자위대의 후방지원활동을 제한할 수는 있다.

IV 트럼프 정권 출범 이후 한반도 정세와 한미관계 전망

트럼프 미 행정부의 출범 이후 모습을 드러내고 있는 초강대국인 미국의 대외전략 변화는 먼저 북핵문제를 비롯한 한반도문제의 해결에도 커다란 영향을 미칠 것으로 보이며, 다음으로 한미동맹에도 크고 작은 도전이 될 수밖에 없을 것이다.

먼저, 트럼프 행정부의 등장은 북핵문제의 해결방향에 커다란 변화를 가져올 것으로 보인다. 틸러슨(Rex Wayne Tillerson) 미 국무장관 내정자는 1월 11일 미 상원외교위원회 인준청문회에서 "북한과 같은 적들이 국제규범에 순응하기를 거부하기 때문에 세계에 중대한 위협이 되고 있다"며 북한을 '적'으로 규정했다. 하지만 백악관 홈페이지에는 "북한과 같은 국가의 미사일 공격에 대비하기 위해 최첨단 미사일 방어시스템 개발계획을 추진할 것"이라고 밝히고 있다. 북한을 '적'이라고 규정하면서도 핵·미사일 위협에 대처하기 위해 선제타격을 언급하지 않고 적극방어를 내세운 것은 주목된다.

그렇다면 북·미 관계는 더욱 악화되어 파국으로 치달을 것인가? 트럼프 미 제45대 대통령은 대통령선거 기간 중에 북한문제의 해법과 관련해 좌충우돌적인 언행을 보였는바, 2016년 1월 선거유세 중에 김정은에 대하여 '미치광이(maniac) 같다'고 평가한 데 이어, 같은 해 2월 CBS 방송에 출연해 중국으로 하여금 김정은을 사라지게 만들도록 압박하겠다고 언급하였다. 반면, 2016년 5월 로이터통신 인터뷰에서 북핵문제를 놓고 김정은과 대화할 수 있다고 말했고, 6월 미 애틀란타 유세에서는 "김정은이 미국에 온다면 햄버거를 먹으며 만나겠다"며 대화 가능성 제시했다. 그는 북·미 대화를 시작하는 것에 문제가 없다고 하면서도, 반드시 대화가 이뤄질 것이라는 말은 아니라며 애매한 태도를 취했다.

트럼프 미 대통령은 북핵문제 해결을 위해 중국에 압력을 행사할 것을 요구하며 "우리는 중국을 통제할 수 있다…중국이 핵문제를 해결하지 않는다면 강력한 무역제재를 가해야 한다"고 주장하였다. 그는 2016년 2월 미 CBS 방송에 출현해 중국으로 하여금 어떤 형태로든 김정은을 사라지게 만들도록 압박하겠다고 발언하였고, 6월 미 CNN 방송에서도 중국이 북한에 대한 통제력이 없다고 말하지만 식량제공 등 중국은 북핵문제를 해결할 '완전한 통제능력'이 있다고 주장하였다. 2016년 9월 미 버지니아 비치 유세에서 적대적이고 미국을 존중하지 않는 북한의 점증하는 핵위협 해결에 중국이 나서야 한다고 강조하였다.

김정은 정권의 등장 이후 미국은 군사적 압박과 동시에 강력한 쌍무적, 다자적 대북제재를 추진해 오고 있으나, 과거 위기조성 후 대화로 전환된 사례가 있어 쉽게 단정짓는 데는 주의가 필요하다. 실제로 트럼프 당선인이 선거유세 중에 언급했던 대북정책은 △북·미 직접대화, △중국의 결정적 역할이라는 점에서 대화전환의 가능성을 배제할 수 없다.

특히 주목되는 것은 2017년 1월 20일 취임사에서 트럼프 대통령이 "우리 생활방식을 누구에게 강요하지 않겠다"고 밝힌 데 이어,[17] 백악관 홈페이지의 6대 국정과제에서 "국익에 기초한 대외정책은 외교적 방식으로 추진할 것이며, 오래된 적들이 친구가 되려고 한다면… 우리는 이를 환영하며, 적들을 찾아 해외로 나가지는 않을 것"이라고 밝히고 있다는 점이다.[18] 다시 말해, 북한의 핵·미사일이 직접 미 본토를 위협하지 않는 한 군이 북한 내정을 간섭한다든지 먼저 공격에 나서지 않겠다는 방침을 밝힌 것으로 읽히는 부분이다.

트럼프 미 대통령은 공화당 주류들과도 약간 다른 정책노선을 표방하고 있어 2017년 1월 20일 행정부 공식 출범 이후에도 그대로 유지될지는 단정할 수 없다. 트럼프 행정부 출범 후 한반도문제를 다룰 미 국무부 동아태 차관보가 임명되고 미 의회 인준을 거쳐 새로운 정책을 수립할 때까지 보통 수개월이 걸린다. 2009년 1월 20일에 출범한 오바마 행정부 때도 새로운 동아태 차관보가 미 의회의 인준을 거친 게 6월 25일이고, 검토작업

---

17 Donald Trump, "Trump's full inauguration speech transcript, annotated," *The Washington Post*, Jan. 20, 2017.

18 The White House, "Let's Make America Great Again, Together," https://www.whitehouse.gov.

을 거쳐 새로운 한반도 정책이 나온 것은 9월에 들어서이다.

현재 우리 정부와 미 행정부의 공식적인 입장은 대북제재를 엄격하게 이행·관리하여 북한을 강하게 압박함으로써 북한 스스로 진정성 있는 비핵화 대화에 나오도록 한다는 것이다. 하지만 트럼프 신행정부가 미 국무부 동아태차관을 임명한 뒤 새로 수립된 한반도정책이 기존과 달리 대북압박의 기조가 아니라 북한과 평화협정 논의에 나서는 것일 경우, 우리 정부가 구축해 놓은 대북압박을 통한 비핵화 정책의 근간이 흔들릴 가능성도 배제할 수 없다.

지금까지 한국정부의 입장은 북·미대화가 이루어지더라도, 반드시 남북대화와 병행해야 한다는 것이다. 그렇기 때문에 개성공단 폐쇄 등으로 남북관계의 개선 여지가 좁아진 상태에서 북·미 대화를 지지할지가 변수로 작용할 것으로 보인다. 특히 한국은 2017년도 조기대선을 앞두고 있어 미국이 일방적으로 북·미대화를 추진할 경우, 우리 정부의 입장에서 △끝까지 이를 반대하거나 △'통미봉남'이라는 비난을 우려해 시차를 두면서 남북대화를 추진하는 두 가지 가능성이 존재한다.

트럼프 미 대통령이 '미국 우선주의'를 내세우고 있으며 포퓰리스트라는 특성이 있는 점을 고려했을 때, 현재 북한에 억류 중인 미국 국적자 2인의 석방문제가 북·미대화의 단초가 될 수 있다. 과거 북·미협상이 철저히 1:1 교환이었다는 점을 고려할 때 미국이 자국민에 대한 석방의 대가로 대북 인도적 지원을 포함시킬 가능성이 있다. 지난 2014년 11월 클래퍼 국가정보국장(당시)이 평양을 방문해 오바마 미 대통령의 친서를 전달하고 북한에 억류 중이던 미국인 2명의 석방을 이뤄낸 사례가 있기 때문이다.

만약 북·미 직접대화가 성사된다면 그 핵심의제는 북한의 핵·미사일 문제가 될 것이 분명하지만, 회담목표를 둘러싸고 북한과 미국 간 입장차가 좁혀지지 않고 있어 당분간 서로의 입장차를 확인하는 형태로 전개될 전망이다. 미국은 북·미대화 목표를 한반도 비핵화에 두면서 중국 왕이 부장이 제시한 '비핵화 ⇄ 평화협정'을 제시할 가능성이 있다. 북한은 이미

개발한 핵무기 보유를 인정받는 대신 핵실험 유예, 핵탄두 소형화 중단의 입장을 제시할 것으로 예상된다. 물론 미국이 북한을 '합법적(de jure)' 핵보유국으로 인정할 가능성은 전혀 없으나, 미 본토까지 공격할 수 있는 북한의 핵·미사일 능력 강화를 막기 위해 '증강 유예'를 조건으로 단계별 협상을 전개할 가능성이 여전하다.

끝으로, 트럼프 행정부의 등장이 초래할 한미동맹의 변화에 대해 전망해 보기로 한다. 대선 기간 중 트럼프는 한국의 안보무임승차를 비난하며 방위비 분담금을 100% 올리라고 주장하면서 그렇지 않으면 주한미군을 철수하겠다고 압박했다. 하지만 남한 내의 미군 주둔이 미국의 국익을 보호하기 위한 역외균형자 역할이 큰 만큼, 실제로는 방위비 분담금 때문에 주한미군을 철수시킬 가능성은 극히 낮다고 봐야 할 것이다.

트럼프 행정부는 한미동맹뿐만 아니라, 미일동맹, 더 나아가 북대서양조약기구(NATO)의 개혁에도 나설 것으로 보인다. 트럼프 대통령은 줄곧 NATO의 개혁 필요성을 거론해 왔다. 뿐만 아니라 월스트리트저널(WSJ)은 이란의 지역패권을 견제하기 위해 수니파(Sunnih) 국가들이 주축이 된 중동판 집단군사동맹체제를 만들려는 구상이 있다고 보도하고 있다.[19]

이와 관련해 2017년 2월 28일 트럼프 대통령은 취임 후 가진 첫 연방의회 상하원 합동연설에서 나토와 태평양동맹 등 파트너들의 방위비 분담 증액을 공개적으로 촉구했다. 그는 "우리는 북대서양이든 중동이든, 태평양이든 우리의 파트너들이 전략적, 군사적 작전 양 측면에서 모두 직접적이고 의미 있는 역할을 맡기를 바란다"면서 "아울러 모두 공정한 몫의 방위비를 내길 바란다"고 강조했다.[20]

한국의 방위비 분담금은 2018년까지 금액이 정해져 있기 때문에 아직

---

19 Edwin Mora, "Trump in Talks with Arab Allies to Form Anti-Iran Coalition," *The Wall Street Journal*, Feb. 15, 2017.

20 Donald Trump, "Donald Trump's Congress speech (full text)," *CNN.http://edition.cnn.com/2017/02/28/politics/donald-trump-speech-transcript-full-text*, Feb. 28, 2017.

미 신행정부는 한국에 대해 방위비분담 증액요구를 하지 않고 있다. 하지만 2018년에 시작될 방위비분담금 협상에서 미국은 방위비분담금 증액을 강력히 요구할 가능성이 있다. 만약 미국의 요구가 관철되지 않을 경우 전시작전통제권 이양 및 주한미군 추가철수를 제시할 가능성도 배제할 수 없다. 이럴 경우 전시작전권의 한국군 이양 논의는 오히려 북·미대화와 함께 한반도 평화협정 논의의 기폭제가 될 수도 있다.

하지만 아직 미국의 한반도정책이 확정된 것이 아닌 만큼, 향후 한미관계가 어떻게 전개될지 속단하기는 어렵다. 오히려 실리(實利)를 중시하는 트럼프 행정부의 성격상 새로운 한미동맹이 과거와 같이 공동가치에 기반한 가치동맹을 추구하던 것을 넘어 이익 공유의 호혜동맹으로 재규정하려 할 가능성이 있다. 그럴 경우에 과거와 달리 과도한 군사적인 역할을 요구하기보다 방위비분담금이나 한미FTA와 같은 경제적인 쟁점에 국한될 가능성이 있다.

전반적으로 볼 때, 트럼프 미 행정부의 출범과 조만간 등장할 한국 신정부의 관계는 도전과 기회의 양 측면을 모두 갖고 있다. 한편으로 트럼프 신행정부가 한국 신정부와 충분한 협의 없이 대북 선제공격을 추진하거나 전술핵무기의 남한배치를 강행하고 한국에 대한 방위비분담금 대폭 증액 및 한미FTA 재협상을 요구할 경우 한미관계는 이전보다 악화될 소지가 있다.

다른 한편으로, 미국 신행정부가 북·미대화의 가능성을 열어놓고 6자회담의 조기재개를 통한 북핵 해법 모색 등 한국 신정부와 협력하여 군사적 긴장완화의 길로 간다면 한미관계는 한 단계 발전할 수 있는 기회를 맞이하게 될 것이다. 결국 향후 한미관계는 미국의 일방적인 주장과 관철이 아닌 한국 신정부와의 협력정신하에 소통과 협의가 이루어졌을 때 새로운 발전의 기회를 맞이할 수 있게 될 것이다.

동북아 안보정세 평가

루웨이(陸偉, 통지대학)

I 동북아 안보정세

2016년도 동북아 정세는 냉전의 먹구름이 자욱한 가운데, 심각한 변화와 새로운 현상이 동시에 나타났다. 동북아 역내 경제일체화가 낮은 수준으로 조정 및 지속되면서 발전을 위한 에너지가 축적되었고, 일대일로 구상이 시행됨에 따라 중국은 동북아지역의 중심적인 위상을 회복하였다. 이러한 중국의 부상을 억제하기 위해 미국과 일본 등 역내·외 국가들은 지정학적 경쟁을 확대하였다. 동북아지역의 복잡한 국면은 북한의 핵실험과 함께, 우크라이나 사태 이후 미국과 러시아의 신(新)냉전 양상이 동북아 역내까지 영향을 미쳤기 때문에 나타났다. 그리고 이러한 지정학적 경쟁은 순식간에 시발점과 기폭제로 작용하며 동 지역의 전통적인 안보 딜레마를 진흙탕으로 몰아넣었다. 동북아 안보정세를 지속적으로 악화시키는 요인은 다음과 같다.

1. 미국의 아·태 재균형 전략 심화 및 합동군사훈련을 통한 대북 압박

2011년 오바마 정부가 아·태 재균형 전략을 추진한 이래로, 미국의 상대적인 국력이 약화되고 중동 및 우크라이나 위기 등 역외 요인으로 인한 제약이 증가하였다. 그럼에도 불구하고 미국의 아·태 재균형 전략은 변하지 않았을 뿐만 아니라 심지어 더욱 많은 자원을 투입하였다. 2016년 9월, 애슈턴 카터(Ashton Carter) 미 국방장관은, 미국의 아·태 재균형 전략 시행에 있어 많은 인력과 장비 투입에 집중한 첫 번째 단계, 2015년 이후 무기의 질적 향상과 동맹국과의 관계 확대를 위해 노력한 두 번째 단계를 거쳐 현재는 기존의 성과를 굳건하게 유지하는 것을 기반으로 F-35(스텔스 전투기), P-8(해상초계기) 등 선진적인 최첨단무기들을 아·태지역에 배치하는 세 번째 단계에 진입했다고 밝힌 바 있다. 특히 현 단계에서 미국은 차세대 전략폭격기, 무인잠수정, 대공 및 사이버공간에 필요한 신기술을 대대적으로 발전시켜 왔다. 그러나 현재 미국의 재정 악화, 군비 감축 및 국내 경제소생으로의 전략적 중심 전환 등 현재의 상황을 고려해 보면, 아·태 재균형 전략의 지속가능 여부는 아시아 역내 동맹국의 부담 증대가 관건이다. 역내 동맹국의 부담을 증대함으로써 미국의 전략적 부담을 경감하기 위해서는 동맹국의 안보에 대한 약속과 자주국방 역량의 제고가 반드시 필요하다. 이를 위해 미국은 다양한 안보 조치와 동맹국에게 신뢰를 줄 수 있는 행동을 전개하고 있다. 동북아 역내에서 한미일 합동군사훈련 등이 더욱 확대되고 빈번하게 실시되는 이유가 바로 여기에 있다.

주지하다시피, 한반도에서는 매년 봄과 여름에 고질적인 긴장감이 조성되어 왔고, 최근 들어, 이러한 긴장감이 더욱 고조되고 있다. 이러한 긴장감의 배경에는 매년 3월 실시되는 키 리졸브(Key Resolve)/독수리 훈련(Foal Eagle)과 8월 실시되는 을지훈련(Ulchi Freedom Guardian)이 있다. 합동군사훈련 기간 동안 미국은 강력한 군사력을 선보임으로써 북한에 일촉즉발의 경고와 함께 전쟁도 불사하겠다는 의지를 드러낸다. 양측의 이러한 긴박한 형세나 전쟁 일보직전의 움직임은 역내 정세를 더욱 악화시킨다. 북한이 핵실험, 미사일 발사 등을 통해 이러한 긴장 국면을 더욱 가속화함으로써 한반도 안보 국면은 악순환에 빠지게 된다.

2016년 역시 예외는 아니었다. 훈련 규모나 북한에 대한 위협이 더욱 증대되며 새로운 특징이 나타났다. 2016년 3~4월에 실시된 키 리졸브/독수리 훈련에는 1.5만 명의 미군과 30만 명의 한국군이 참가하였다. 미국은 전투항공여단, 해병기동여단 및 핵항공모함인 존 스테니스호(CVN-74), 공중급유기 등 다양한 최첨단장비들을 투입하였다. 이는 2010년 천안함 사태 이후 실시된 합동군사훈련 중 최대 규모이자 가장 공격적인 훈련으로 볼 수 있다. 특히 이번 훈련에서는 선제타격, 거점제거라는 특성이 나타났다. 이를 통해 전시에 한미 연합군이 북한에 신속하게 침투하여 핵·미사일기지 등 핵심설비를 파괴하는 동시에 북한 최고위층을 제거하겠다는 의지를 엿볼 수 있다. 북한이 제5차 핵실험을 강행한 이후, 한미 양국 해군은 한반도 동해 연안에서 예행연습이 아닌 최초의 해군합동훈련을 실시하였다. 미사일구축함, 잠수정 및 해상초계기 등이 동 합동훈련에 투입되었다. 그 전에는 B-1B 전략폭격기 2대가 괌에서 출발하여 오산 공군기지 인근에서 저공비행을 시행하기도 했다. 한국의 연합뉴스는 B-1B기 한국에 착륙한 것은 매우 이례적인 사례이며 북한에 경고를 보낸 것이라고 평가하였다.[1] 이에 대해 북한은 더욱 강력하게 맞대응하였다. 조선중앙통신은 3월 4일, 김정은이 북한인민군에게 언제든 핵을 발사할 수 있도록 준비하라고 지시했다고 보도하였다.[2] 9월에 실시된 합동군사훈련에 대해 북한인민군 참모총장은 북한의 혁명무장 역량이 이미 '결전의 태세'에 진입했다며 북한에 대한 한국과 미국의 군사적 타격 시도를 억제할 수 있다고 성명을 발표하기도 했다. 미국의 의도는 매우 명확하다. 수차례 군사훈련을 통해 북한이 국내 경제 회복에 역량을 집중하지 못하게 하고, 지속적인 대항을 통해 역량을 소모하게 함으로써 결과적으로 북한정권을 붕괴시키는 데 그 목적이 있다. 이는 북한도 역시 잘 알고 있는 사실이다. 따라서

1 한국과 미국은 한반도 동부 해역에서 합동군사훈련을 실시함. http://www.xinwenlb.com/xwpd/20160926_49638.html.

2 신화사 평양지국에 따르면, 김정은은 언제든 핵탄두를 발사할 만반의 준비를 다하라고 지시함. http://news.xinhuanet.com/mil/2016-03/04/c_128772703.htm, 2016-03-04.

군사훈련을 둘러싼 심리전과 선전전은 이미 임계점에 도달했다고 볼 수 있다. 발전에 관계없이, 격렬한 설전이 스모킹건이 되어 직접적인 군사적 충돌로 전환될 가능성이 점차 증대되고 있다.

2. 김정은 체제의 기본적인 안정과 북한 핵실험의 가속화

2016년 5월, 북한은 1980년대 이후 처음으로 노동당 당대회를 개최하였다. 김정은의 지도자 위상을 확립하는 것이 본 대회는 가장 중요한 목표였다. 김정은이 정권을 계승한 이래로, 북한의 모든 사업은 김정은의 위세와 명망을 제고하기 위해 시행되었으나 당대회의 결의가 없었다. 36년 전 개최된 제6차 당대회에서 김정일이 공식적으로 등장하면서 그가 북한을 이끌 지도자라는 사실이 확인되었다. 제7차 당대회를 앞두고 70일 전부터 북한은 충성운동을 전개하며 대중들에게 김정은에 대한 충성을 요구하였다. 7차 당대회에서 김정은은 최고지도자에 올랐으며, 북한노동당 위원장에 선출되었다. 북한노동당 중앙정치국 상무위원이자 최고인민회의 상임위원회 위원장인 김영남은 2016년 5월 10일, 평양시에서 대중들에게 "제7차 당대회는 당과 국가의 역사에 빛나는 정치적 대사로, 대회는 전 당원, 전 군인, 전 인민의 하나된 의지와 염원을 반영하여 김정은 동지를 북한노동당 위원장으로 천거한다. 이는 북한 대중들에게 김정은에 대한 숭고한 충성과 절대적인 믿음을 나타내는 것이며 당과 혁명, 조국과 민족의 만 백년 역사를 보장하는 혁명적인 경사"라고 밝혔다. 제7차 당 대회의 개최는 지난 4년 동안 이루어진 김정은 체제가 기본적으로 완성되었음을 나타낸다.

당대회에서 사람들이 관심을 가진 이슈는 북한이 핵보유를 견지하고 핵보유국으로서의 합법적인 지위를 모색하는 것이었다. 김정은은 연설 중, 북한은 "책임 있는 핵보유국"으로서 핵확산금지조약을 수호하고 핵무기를 먼저 사용하지 않겠다며 핵보유국임을 자처하였다. 핵 역량의 발전이 변치 않는 장기적인 국가전략임을 재확인함에 따라 북한이 핵노선을 진행할 수록 운송 및 장거리공격 역량의 제고가 향후 중점적으로 추진할 목표라는 사실이 분명해졌다.

2013년 3월, 김정은은 북한노동당 중앙위원회 회의에서 핵무기의 질적 · 양적 제고를 위해 노력하는 동시에 더욱 정밀하고 소형화된 핵무기와 발사설비를 제작해야 한다고 언급하였다. 기술적인 측면에서 핵무기 완성도를 검증하기 위해 2016년 들어서며 두 차례의 핵실험을 강행하였다. 주목할 만한 사실은, 4차 핵실험 이후 북한은 성명을 통해 미국의 극악무도한 적대정책을 종결하지 않는다면 하늘이 무너지더라도 핵개발을 중단하거나 포기하지 않을 것이라고 천명했다는 점이다. 이는 북한이 핵무기를 더 이상 외교적으로 흥정하기 위한 카드로 보지 않고, 전략적 수요와 핵심적인 국가신분을 유지하기 위한 수단으로 인식하고 있다는 사실을 증명한다. 즉 과거에 정치, 외교, 경제적인 목적에 의해 추진된 핵개발이 이제는 국가적 지위와 국가 안보 유지를 위한 목적으로 전환되었다는 의미이다.

북한의 빈번한 핵실험은 국제적인 핵비확산체제에 직접적인 도전이 되었다. 동북아 안보정세에서 어쩌면 우리는 핵을 보유한 북한을 어쩔 수 없이 수용해야 할 수도 있다. 북핵실험 이후 유엔 안보리의 제재 결의와 한미일 공동의 강력한 대응으로 볼 때, 국제사회의 인내와 신임은 이미 더 이상 남아 있지 않다. 중국을 포함한 역내 관련 국가들 역시 북핵실험이 초래한 위험과 한반도 비핵화의 긴박함에 대해 의견을 같이하고 있으며 북한의 지속된 "사고치고 대화"하는 습관적인 행태가 변할 가능성도 없기 때문이다. 외부의 제재는 물질적, 금전적인 측면에서 북한의 핵보유를 어렵게 하는 요인이 되었으나 정신적으로 북한은 여전히 굴복하고 있지 않나. 오히려 핵을 가지겠다는 능력과 적대적인 의지만 더욱 증대되었을 뿐이다. 따라서 제재만 가할 뿐 문제를 해결하는 새로운 생각이 없다면 북핵문제의 얽히고설킨 실타래를 풀기는 쉽지 않다.

3. 미국의 한국 내 사드배치, 표면적으로는 북한을 향하지만 실제로는 중국을 겨냥

4차 핵실험 이후 얼마 되지 않은 3월 4일, 한국과 미국은 공동조사팀을 구성하여 사드배치 관련 협상을 시작했고 4개월 후인 7월 8일에 사드배치 결정을 공포하였다. 전 세계에서 가장 선진적인 미사일 방어체계 중의 하나인 사드는 대기층을 통과하여 요격하는 중단거리 미사일로, 고도로 발사하는 미사일은 방어하지만 저고도로 발사하는 미사일은 방어하지 못하는 특징을 가지고 있다. 이로 인해 북한의 미사일체계를 방어한다고 하지만 폭탄으로 모기를 잡는 격이라 할 수 있다. 기술적인 측면에서 볼 때, 남북 간 충돌이 발생할 경우 북한은 장거리 화포나 로켓포를 이용해 한국을 위협할 것이다. 한반도의 직선거리가 900km도 되지 않은 상황에서 사드는 근본적으로 불필요한 체계이다.

사드는 과연 누구를 겨냥하고 있는가? 사드의 탐지거리, 특히 X-밴더 레이더의 탐지거리는 한반도 방어 범위를 초월하여 아시아 대륙까지 포괄한다. 중국의 동북, 화북, 화남 지역은 물론 러시아의 극동지역까지 레이더로 탐지가 가능하다. 이 경우, 미국은 이 지역에서의 미사일 실험이나 비행 유무를 실시간으로 모니터링할 수 있다. 평시에도 관련된 중요한 정보를 수집하는 데 편리할 뿐만 아니라 전시에도 정찰에 매우 유리하여 중국이 방어적인 반격 전략을 시도할 경우 다양한 층위에서 공격을 차단하는 동시에 중국의 전략적 회복 역량을 감퇴시킬 수 있다. 따라서 미국의 아태 재균형 전략에서 군사적 선택의 범위를 확대시킴으로써 중미 간 전략적 균형을 파괴한다. 이는 러시아도 마찬가지이다. 미국은 이미 일본에 X-밴더 레이더를 설치하였고, 향후 사드를 한반도에 배치할 예정이다. 즉 동북아에 미국 주도의 미사일방어체계가 구축될 것이고, 이는 평행관계에 있는 한미동맹과 미일동맹을 상호 간의 정보 공유와 전략적 협의에 의해 네트워크가 형성된 삼국동맹 체계로 변화시키는, 소위 "아시아판 나토"가 형성되는 계기가 될 것이다. 이미 인민일보의 한 평론에는, "미국의 한국 내 사드배치는 북핵 및 미사일 위협에 대한 방어뿐만 아니라 북한의 핵개발 프로젝트를 더욱 자극함으로써 한반도 긴장 국면을 가속화시키고 지역의 전략적 균형을 파괴하는 동시에 중국과 러시아의 강렬한 반대를 초래할 것이다. 이는 동북아 역내 안보와 안정에 심각한 위협을 야기한다"고 지적한 바 있다.[3]

4. 아베 정권의 참의원 선거 승리, 개헌 임박

2016년 7월, 일본의 제24회 참의원 선거 결과, 자민당 및 집권 파트너인 공명당이 과반수 이상의 의석을 확보하게 되었다. 이는 이번 참의원 선거를 포함해 2012년 중의원 선거, 2013년 참의원 선거, 2014년 중의원 선거에 이어 네 차례 연속 전국단위의 선거에서 승리한 것이다. 더욱 중요한 점은, 이번 승리로 인해 개헌을 위한 77석과 비개선의석(선거를 치르지 않는 의석)인 88석을 더해, 개헌에 필요한 2/3 이상의 의석(162석)을 확보하였고, 중의원에서도 이미 2/3 이상의 의원들이 개헌에 찬성한다는 입장을 표명하였다. 이는 개헌을 위한 국회의 동의를 받아야 하는 문턱을 넘어섰다는 의미이다. 당시 아베 총리는 자민당이 창당했을 당시부터 개헌과 개정된 헌법을 통한 정책 시행이 목표였다고 언급하였다. 아베의 개인적인 입장에서 보면, 이는 자신의 조부의 염원을 실현할 최고의 기회를 맞이한 것이다.

참의원 선거의 승리 이후, 아베 내각은 개헌을 위한 논의에 들어갔고, 각 정당들은 개헌에 합의했다. 지금까지 개헌에 찬성하는 의원이 2/3 이상이 되었더라도 무엇을 수정할 것인지, 어떻게 수정할 것인지에 대한 합의가 이뤄지지 않은 상황이었다. 더욱이 개헌의 최대 관문인 국민투표에 대해 개헌 찬성 세력은 충분한 자신감이 없었다. 선거 당일 일본미디어협회의 출구조사 결과, 개헌에 찬성한다는 응답자와 반대한다는 응답자는 각

3 鍾聲: "値得警惕的危險之擧—部署薩德危脇的是東北亞和平", 『人民日報』, 2016年 7月 29日, 第3版.

각 33%와 32%였고, 36%의 응답자가 불확실한 입장을 표명하였다. 이 조사 결과에서 알 수 있듯, 개헌 여부는 영국의 브렉시트만큼이나 더욱 불분명하다고 볼 수 있다.

아베는 개헌에서 비교적 명확한 우위를 가지고 있다. 먼저, 아베는 비교적 충분한 시간을 가지고 찬성 세력을 만들었다. 현재 자민당 내에는 아베에 도전할 만한 정치적 인물이 없다. 아베는 2018년 9월에 수상 임기가 만료되는데, 자민당 내부에서 이미 자민당 총재의 임기를 연장하자는 목소리가 높아짐에 따라 2022년, 심지어 그 이후에까지 집권할 가능성도 배제할 수 없다. 자민당의 반대세력인 민진당과 비교해, 아베가 주도하는 자민당이 "투표정치"를 더욱 잘 활용하는 모습을 보이고 있다. 이번 참의원 선거에서도 자민당은 경제개혁이라는 아젠다를 통해 민심을 얻었고, 개헌이라는 말은 꺼내지도 않았다. 반면 민진당은 오히려 개헌 저지를 핵심 아젠다로 선정함으로써 민심과 동떨어진 모습을 보였다. 마지막으로 일변도의 참의원 선거가 일단락됨에 따라 일본 정계의 일체화 현상이 극에 달했다는 것이다. 여야 불균형이 더욱 심해짐에 따라 아베는 현재 하고 싶은 것을 마음대로 할 수 있는 가장 행복한 시기를 맞이하였다. 일본의 참의원과 중의원 모두 아베의 자동거수기로 전락했다. 개헌 방안뿐만 아니라 향후 아베가 제시하는 모든 법안들에 걸치레만 하는 모습을 보일 수 있다.

일본의 극우민간단체이자 개헌 세력의 가장 큰 후원그룹인 일본회의의 다쿠보 다다에(田久保忠衛) 회장은 지난해 11월 제1차 집회에서 "만약 우리가 참의원 선거에서 승리한다면, 진정한 아베가 나타날 것"이라고 지적하였다.[4] 그가 말한 "진정한 아베"란 개헌을 통해 일본의 군사력에 대한 제약을 벗어버린 아베를 의미한다. 선거에 승리한 날 밤, 아베는 일말의 지체도 없이 자민당은 개헌에 관한 초안을 각 당과의 토론 기반으로 간주할 수 있다고 밝혔다. 아베가 말한 것은 자민당이 2012년 대외적으로 공개한

4 本当の安倍晋三が出てくる, https://twitter.com/search?q=%23.

개헌 초안이다. 이 초안은 헌법 제9조를 수정한 것으로 자위대를 군대로 전환하고 수상에게 3군을 통솔할 수 있는 권한을 부여한다는 내용을 담고 있다. 다만 국가 교전권 포기 조항과 전쟁과 무력에 의한 위협 또는 무력 행사는 국제분쟁을 해결하는 수단으로서 포기한다(현재 헌법 중 "영원히"라는 표현은 삭제)는 조항은 여전히 남겨져 있었다. 그러나 아베 정권은 헌법 제9조의 해석에 대해 이러한 모든 원칙은 일본의 "UN이 모든 주권국가에게 부여한 자위권 행사 권리"를 막을 수 없다고 명시하였다. 이는 사실상 헌법 제9조의 전쟁 포기 조항을 없앤 것이라고 할 수 있다.

아베의 정치적 지혜를 통해 일본의 유권자들에게 제출한 헌법은 평화의 의미가 철저하게 퇴색된 외투에 지나지 않는다. 대외적인 업무의 관여 확대는 "적극적인 평화주의"라는 표현으로 둔갑하였다. 아베는 심지어 이를 "아름다운 일본"을 만들기 위해 반드시 필요한 "아름다운 헌법"으로 포장하였다. 현재 국민투표 결과가 매우 큰 불확실성에 직면해 있지만, 일단 국민투표가 시작되면 여론조사에서 나타난 결과보다 더욱 높은 지지를 얻을 것이다. 헌법적 제한이 없게 되면, 일본은 정당하게 자위권을 행사할 수 있게 될 뿐만 아니라 군사적으로 미국의 진정한 조력자가 된다. 또한 대외적으로 군사적인 간섭을 공개적으로 할 수 있게 되며 다른 군사대국과 같은 역할을 자행할 것이다. 이러한 변화는 지역 안정, 특히 중일관계나 한일관계에 잠재적인 영향을 초래할 것이다. 따라서 지역안보질서의 측면에서 보면, 일본의 "정치대국화", "군사대국화" 실현은 예측하기 어려운 위험을 초래할 수 있다.

II 동북아 주요 국가관계

2016년, 동북아 역내 대국들의 관계는 지속적으로 조정되었다. 역내 주요 이슈들을 둘러싸고, 대국 간 상호작용과 게임이 전개되면서 긍정적인 요인도 나타났지만 가시적인 진전을 보이긴 어려웠다. 대국관계가 낮은 층위를 벗어나지 못한 상황에서, 변화가 싹트기 시작했고, 기회를 모색하거나 현 국면을 돌파하려는 특징을 보였다. 중일, 중한, 한일 등 일부 양자관계가 이러한 변화에 영향을 미친 것으로 나타났다.

1. 중일관계

동북아 국가들의 양자관계 가운데, 중일관계의 발전이 가장 어렵고, 전망 역시 쉽지 않다. 지난 1년 동안, 양국의 정상회담은 다자회의가 개최된 시점을 이용해 이루어졌으며 일시적인 일정이 대부분이었다. 고위급 대화는 산발적으로 이루어졌으며 상시화나 체계화되기에는 역부족이었다. 위기관리 메커니즘 구축 역시 빈 수레가 요란한 격이었다. 민간의 문화교류는 다소 증가하였으나 소규모의 개별적인 교류에 지나지 않았다. 가장 뚜렷하게 나타난 중국인들의 일본 관광 역시 폭풍구매의 단계를 지나 난관에 부딪치며 재차 대대적으로 발전하기에는 쉽지 않아 보인다. 양국의 경제무역 거래도 정치적인 관계가 악화되며 타격을 받았다. 양자 무역이 감소했으며 일본의 대중국 직접투자가 급격하게 감소하였다. 전반적으로 보면, 낮은 수준의 안정적인 상태를 유지하는 것으로 평가할 수 있다.[5]

중일관계가 소원해진 현상은 양국 국민들의 상대방에 대한 인상을 통해 증명된다. 중국국제출판집단과 일본의 NPO가 공동 실시한 제12차 중일관계 여론조사에서 중국인의 70.8%와 일본인의 70.4%가 중일관계를 중요 혹은 비교적 중요하다고 대답하였다. 그러나 현재의 중일관계에 대해 중국인들은 나쁘다와 비교적 나쁘다고 평가한 비율이 전년 대비 11%p 증가한 78.2%로 나타났다. 반면, 중일관계에 대한 일본인들의 인식은 지난해와

---

5 張季風, “2015-2016年 日本經濟與中日經貿關系現狀, 問題與展望”, 『中國社會科學網』 http://www.cssn.cn/zk/zk_zkbg/201606/t20160613_3067081.shtml.

유사한 71.9%를 기록하였다. 양국관계의 발전추세에 대해, 중국에서는 변화가 매우 크다고 답한 응답자 비율이 41.1%에서 50.4%까지 증가하였고, 일본의 응답자들은 역시 24.7%에서 33.3%로 증가한 것으로 나타났다. 91.6%의 일본 응답자가 중국에 호감을 가지고 있지 않다고 응답하였고, 중국 역시 76.7%의 응답자가 일본에 호감을 가지고 있지 않다고 응답하였다. 중일관계에 대한 전망에 대해서도 19.6%의 중국인만이 관계가 호전되었다 혹은 상대적으로 호전되었다고 대답하였고, 일본인 응답자 가운데 8.8%만이 동일한 인식을 가지고 있었다. 양국관계의 발전을 저해하는 요인으로, 중국인들은 영토 분쟁, 해양자원 분쟁, 역사 문제 등을 주요 원인으로 인식하였다. 상기 세 가지 요인을 선택한 비율은 각각 65.3%, 30.9%와 27.2%였다. 일본 응답자들의 66.6%, 35.4%와 23.0%가 동일한 원인을 문제라고 인식하였다. 영토분쟁을 둘러싼 군사충돌에 대한 위협이 2015년 대비 증가한 것으로 나타났다. 군사충돌이 발발할 것이라고 선택한 응답자는 전년 대비 21% 증가한 62.6%인 것으로 나타났다.[6]

중일관계가 지속적으로 좋지 않은 현상은 우연이 아니다. 본질적으로 보면, 2010년 이후로 중일관계가 재악화된 이유는 양국의 힘겨루기, 안보이익, 인식 재정립 등 다양한 요인이 중첩되고 축적되며 한꺼번에 폭발한 결과라고 할 수 있다.[7] 이러한 복잡한 요인들이 초래한 낮은 층위의 양국관계는 장기적으로 지속되었다. 문제는 일본이 이러한 갈등을 해결하기 위한 노력을 지속하지 않음으로써 양국관계를 극복하기 위한 긍정적인 요인이 축적되지 못했다는 것이다. 오히려 중국을 억제하고 한술 더 떠 중국을 포위하려는 세력을 규합하는 태도를 멈출 기미를 조금도 보이지 않았다. G7, G20, 동아시아정상회담과 아시아안보회의 등 다자회의에서 남중

---

6 『第12回日中共同世論調査結果』, http://www.genron-npo.net/world/archives/6365.html.

7 張蘊嶺, "多視角下的中日關系", 『日本學刊』, 2016年 第2期, pp.1-11.

국해 문제를 부채질하며 중국이 남중국해에 도서를 건설하는 것은 군사지역의 거점화를 추진하는 것이라고 지적하였다. 또한 남중국해에서 미일 합동순찰을 전개하는 행동은 물론, 다른 국가들과 공동으로 양자 혹은 다자 훈련을 실시하였다.[8] 남중국해 중재안이라는 황당한 일에 개입하여 중국을 압박하는 모습을 나타냈을 뿐만 아니라 필리핀, 베트남, 인도 등의 국가에 무기 수출 및 원조를 확대함으로써 이들이 중국의 군사적 조치에 대항할 역량을 제고할 수 있도록 보조하였고,[9] 중국의 해외기지 건설 프로젝트를 제지하여 중국의 해외진출 전략에 제동을 걸었다. 이와 동시에 중일 간 경제의존도가 나날이 증대되는 가운데 일본은 국내경제 발전에서 출발하여 중국 주도의 무역 규범 형성을 제지하기 위한 견제를 진행하였으나 경제 분야에서 중국과의 협력 기회는 포기하기 않았다. 따라서 한중일 FTA 협상이 지지부진하게 되었고, 이는 삼국 정상회담 재개에 유익한 분위기를 창출하였다.

일본이 지속적으로 중국을 포위하기 위한 세력을 확장하는 것에 대응하여 중국 역시 외교적으로 첨예하게 대립하는 행동을 개시하였다. 그러나 중국의 정책 결정층은 “두 개의 백년” 목표를 실현하기 위해 주변의 평화 및 안정을 유지해야 한다는 공감대를 형성하였다. 중국은 중국이 부상하는 과정에서 일본이 최대한 긍정적인 에너지를 발휘하여 중국에 부정적인 손실을 가하지 않게 해야 한다는 사실을 인지하였고, 이에 주변외교 목표의 실현이 중요한 과제로 떠올랐다. 이로부터 중국의 대일정책에는 미묘한 변화가 발생하였고, 일본에 대한 반대에서 안정 도모로의 전환을 강조하였다. 중국에 반대하기 위한 목적에서 나타난 것이 아니라면, 일본이 제

8 「稲田朋美防衛相、中国人工島に対し「日米共同巡行作戦」明言　カーター米国防長官と会談　中国の東·南シナ海進出で「懸念」共有稲田朋美防衛相、中国人工島に対し「日米共同巡行作戦」明言　カーター米国防長官と会談　中国の東南シナ海進出で「懸念」共有, http://www.sankei.com/world/news/160916/wor1609160017-n1.html.

9 “日本環中國軍售效果幾何”,『國際先驅導報』, 2016年 9月 23-29日, 第8版.

시한 협력 건의에 긍정적으로 수용하고 적극적으로 협력하여 중일관계가 낮은 수준에서 안정적인 추세를 나타냈다. 이를 통해, 일본이 향후 심각한 도발행위를 전개하지 않는다면 중국은 안정을 새로운 중일관계 조성의 출발점으로 간주하고, 이를 기반으로 신창타이 시대에 평화안정, 상호존중, 양성경쟁, win-win 등이 포함된 과도기 중일관계의 원칙을 수립할 것이다. 중일 양국은 이와 같은 방침을 점차적으로 발전시키는 동시에, 장기적이고 평화적인 이행, 점진적으로 양호한 프로세스 등을 통해 우호적이고 상호 신뢰하며 상호 보완할 수 있는 이상적인 목표에 다가가야 한다.[10]

2. 중한관계

상대적으로 높은 수준의 전략적 상호신뢰와 전략적 협력의 측면에서 말하자면, 중한관계는 의심할 여지없이 파동이 가장 크다. 박근혜 정부가 들어선 이래로 양국이 "특수한 관계"를 추진하기 위해 노력한 결과, 비약적으로 발전했다. 2013년, 박근혜 대통령은 취임 4개월 만에 중국을 방문하였고, 시진핑 주석 역시 한국을 방문한 최초의 지도자가 되었다. 불과 몇 년 사이에, 양국은 다양한 분야에서 밀접하게 교류를 진행했다. 2015년도 양국의 무역액은 2,758억 달러에 이르렀고, 이는 중일 무역액에 비해 불과 20여 억 달러 적은 수치였다.[11] 중국은 한국의 최대 무역 파트너로, 한미, 한일 간 무역총액을 합한 것보다 많은 수치를 기록했다. 동시에 민간교류 역시 나날이 심화되었다. 한국을 방문한 중국 관광객 수는 연일 새로운 기록을 창출했다. 특히 주목할 만한 점은 양국이 전략적인 측면에서 협력을 했다는 사실이다. 한국은 미국이 주도한 TPP에 참여하지 않은 반면, 미국의 반대를 무릅쓰고 중국이 주도한 AIIB에 가입하며 창립국이 되었다. 2

---

10 吳懷中, "安倍路線下的日本與中日關系", 『日本學刊』, 2016年 第3期, p.33.

11 中國海關統計, "2015年1-12月進出口商品主要國別(地區)統計", 『國際貿易』, 2016年 第2期, 第70期.

차 세계대전에 대한 역사인식에서도 중국과 일치된 모습을 보였고, 일본 아베 정권의 침략역사 부인에 대해서도 강경하게 비판하며 일본에 공동으로 대응하는 국면을 이끌었다. 2015년 9월, 박근혜 대통령은 미국의 반대에도 중국의 대일항전 70주년 전승절에 참가함으로써 중한 "특수관계"가 최고조에 이르렀다. 경제무역 협력을 강화하여 중국의 경제발전으로부터 창출되는 이익을 공유하는 것이 한국이 중한 "특수관계"를 추진한 중요한 요인이었다. 그러나 한국은 또 다른 전략적 고려가 있었다. 즉 중국을 통해 북한에 영향력을 행사하여 한국의 방식으로 북핵문제, 북한문제 및 한반도 통일 등의 문제를 해결하고자 했다.[12] 이는 상술한 기대들을 중국이 충족시키지 못한다면 한국이 "친중" 노선을 견지할지 여부가 매우 불확실하다는 것을 의미한다.

두 번째 핵위기 이후, 한국의 대북정책의 기조는 북한붕괴였다. 북한에 강경한 노선을 취하는 새누리당 후보로 선출된 박근혜 대통령 역시 당의 기조와 동일한 대북정책을 추진하였다. 김정은 정권의 전복이 대외정책의 최대 목표였고, 북한의 사회제도 전환을 시도함으로써 한국 주도의 한반도 통일을 위한 견실한 기반을 닦았다. 그러나 한국이 오늘날 직면한 중요한 문제는, 북한의 핵 역량이 제고되고 생존력이 증대됨에 따라 한국이 구상한 흡수통일이 지속되기 어려울 뿐만 아니라 오히려 안보적인 측면에서 북한의 핵타격이라는 거대한 위협에 직면하게 되었다는 점이다. 한국은 북한의 새로운 지도자 등장을 기회라고 인식했다. 한국의 시각에서 볼 때, 김정은 정권은 기본적으로 불안정하며 대내외적으로 공포정치와 핵실험을 강행함으로써 국제사회의 인내에 공공연하게 도전한 셈이다. 이러한 내우외환의 상황에서 중국이 정책만 바꾼다면 북한은 유지되기 어려운바, 어쩔 수 없이 북한은 한국이 바라는 대로 체제를 전환할 것이라고 기대하였다. 그러나 제4차 핵실험 이후, 박근혜 정부의 대중국정책은 물론

12 平岩俊司, "中韓関係の「変動」と北朝鮮", 『国際問題』, 2016年10月, p.17.

이와 관련된 대북한정책, 대북핵정책, 대일본정책 및 대미정책에서 중한 관계의 발전에 좋지 않은 부정적인 변화가 발생했다. 대표적인 사례가 바로 한국 내 사드배치 문제이다. 한국은 사드배치 문제에 소극적, 피동적인 입장에서 적극적, 주도적인 입장으로 전환하였다. 이러한 입장 변화는 중국이 북한을 더 이상 효율적으로 영향을 미치거나 통제할 수 없다는 실망감에서 비롯되었다고 할 수 있다.

사드문제는 동북아지역에서 중한 양국의 전략적 딜레마를 더욱 두드러지게 하였다. 중국의 전략적 딜레마는 중국이 북한에 더욱 강력한 제재를 실행함으로써 북한이 가진 핵 야심을 억제한다고 할지라도, 한국의 입장에서 보면 이는 가시적인 변화가 아니며, 이러한 상황에서 한국은 중국을 안보적으로 신뢰할 만한 협력 파트너로 생각하지 않고 미국 혹은 일본과의 안보협력 강화를 모색할 수 있다는 섬이다. 일단 압박이 과도하게 진행되면 북한은 중국의 이익에 손해가 될 수 있는 결정을 할 가능성도 배제할 수 없다. 혹은 정권이 붕괴되어 중국이 기존에 가지고 있던 안보 장벽을 잃어버릴 수도 있고 대량의 난민이 중국으로 유입될 가능성도 있다. 보충이 필요한 점은, 북한은 중국의 대리국이 아니며, 중국은 북한에 대해 결정적인 영향력이 없다는 사실이다. 한국의 전략적 딜레마는 경제적으로는 중국에 의존하고 있지만 안보적으로는 미국에 의존하고 있다는 사실이다. 1992년 양국이 수교한 이래로, 중한 경제관계는 질적 · 양적 모두 커다란 변화가 나타났다. 2015년에는 FTA가 발효됨에 따라 중국에 대한 의존도가 더욱 높아질 수밖에 없다. 중한 무역관계는 한국에 전 세계에서 가장 큰 시장에 진출할 기회를 제공하였을 뿐만 아니라 한국 경제에 가장 의지할 만한 성장 기반이 되었다. 경제는 중국에, 안보는 미국에 의지하는 상황에서 삼국이 상호 공존할 수 없게 되어 어느 한 쪽을 선택하게 된다면 경제 분야든 안보 분야든 한국은 결국 뼈아픈 희생을 치러야 한다. 더욱 중요한 사실은, 동북아지역에서 중한 양국이 직면한 전략적 딜레마가 여전히 지속될 뿐만 아니라 더욱 가속화되는 수세를 타나내고 있다는 것이다. 이는 오늘날 국제사회와 동북아 대국들이 북한의 핵실험을 제지할 방법을 마련하고 있지 못하기 때문이다. 오래지 않아, 중한관계는 더욱 커다란 도전에 직면할 수 있다. 중국은 북한의 도발과 미국의 재균형 전략 사이에서 세심하게 균형적인 결정을 내려야 할 것이고, 한국 역시 안보와 경제 사이에 선택의 기로에 설 것이다. 양국의 이러한 전략적 딜레마를 효율적으로 해소할 수 있는지 여부가 향후 중한관계의 미래를 결정할 것이다.

3. 러일관계

수많은 양자관계에서 러시아와 일본의 관계 극복을 위한 행동들이 큰 관심을 받고 있다. 이는 양국이 대화를 하겠다는 의지를 강하게 표명하고 있으며, 가능한 기회와 방법을 최대한 활용하여 고위급 접촉을 도모함으로써 정상 간 상호방문을 실현하기 위한 조건을 찾고 있기 때문이다. 2016년 5월, 도쿄에서 개최된 G7 정상회의 전, 아베는 서방 회원국들의 반대에도 불구하고 소치를 방문하여 푸틴과 비공식 정상회담을 가졌다. 9월에는 블라디보스토크에서 개최된 동방경제포럼에 참석하여 푸틴을 다시 만났으며 10월에는 2013년 2월 이후 최초로 모스크바에서 전략대화를 재개하였다. 이 전략대화에서 양국은 미일평화조약 체결을 위한 환경을 조성하였고, 푸틴이 12월에 일본을 방문하는 계기가 되었다.[13] 2013년 이래로, 양국 정상이 빈번하게 회동하였을 뿐만 아니라 차관급 평화조약 협상을 지속적으로 진행하였다. 특히 관심을 끈 것은 양국 국방부 장관과 외교부 장관이 참여하는 2+2 대화 기제를 수립했다는 사실이다. 러시아는 미국, 호주에 이어 세 번째로 일본과 대화 기제를 수립한 국가가 되었다. 2016년의 고위급 접촉은 최근 3년 동안 양국 고위급 접촉의 일부이지만, 다음과 같은 눈에 띄는 변화가 있었다.

13 「日露次官、北方領土など3年8か月ぶり戦略対話」, http://www.yomiuri.co.jp/politics/20161013-OYT1T50135.html.

먼저 경제와 영토가 분리된 투 트랙 해결 노선을 확립하였다. 푸틴과 아베는 경제협력과 평화조약 체결 추진이라는 두 가지 의제를 주로 논의하였다. 즉 일본이 러시아에 제기해 온 영토 반환 문제를 해결하고자 한 것이다. 소련과 일본이 외교관계를 복원한 1956년이나 소련이 해체된 이후까지 모스크바에서는 네 개의 섬 가운데 두 개만 일본에 인도하겠다는 입장을 유지해 왔다. 그러나 일본은 이를 받아들일 수 없었기 때문에 근본적으로 큰 의의가 없었다. 러일관계의 경색 국면을 타개하기 위해 아베 정부는 투 트랙 노선을 추진하였다. 즉 경제 및 정치관계와 도서분쟁을 별개의 사안으로 분리하였다. 아베는 푸틴과의 회담에서 이러한 노선을 제안하였고, 푸틴 역시 공감하였다. 스가 요시히데(菅義偉) 관방장관은 언론브리핑에서 "북방영토 문제에 관해, 양국은 과거와 다른 '새로운 사고'를 가지고 협상을 추진하는 데 동의했다"고 밝혔다.[14] 투 트랙 노선은 향후 러일관계 개선의 지도적인 방침이 될 것으로 전망된다.

다음으로, 경제협력 프로젝트를 구체적으로 실현하였다. 정상회담에서 일본은 러시아에 원유, 천연가스 등 에너지 개발, 극동지역 항구 건설과 농지 개발을 통한 산업 진흥, 상하수도관 등 인프라 건설 추진, 선진적인 의료시설 설립 등 8개 경제협력 계획을 제안하였다.[15] 양국이 지금까지 전개해 온 경제무역과 에너지 분야의 협력에서 볼 때, 상술한 협력 프로젝트는 실현될 가능성이 높았다. 문제는 양국이 경제적 이익만을 고려했을 때 이들의 협력 공간은 더욱 확대될 수 있지만 영토문제로 이어지는 것은 낙관적이지 않다는 점이다. 일본의 언론매체들도, "만약 경제협력에만 집중하게 되면 북방영토 문제는 차순위로 밀려나게 된다. 이는 경제협력이 주로 민간기업 사이에서 전개되고 있기 때문이다. 이들이 정부의 기대를 실

---

14 「菅官房長官「4島帰属問題解決する立場変わらない」日露首脳会談の「新たな発想」で」, http://www.sankei.com/politics/news/160509/plt1605090005-n1.html.

15 「日露首脳会談 首相、露に経済協力を提示 政治対話加速」, http://mainichi.jp/articles/20160507/k00/00m/010/078000c.

현시킬 수 있을지는 미지수"라고 지적하였다.[16]

2016년 한 해 동안 러일관계가 일부 진전되었다고 할지라도 여전히 다음과 같은 극복할 문제들이 있다. 먼저, 일본의 대외전략에는 여전히 자주성이 결여되어 있다. 일본의 대러시아정책 원칙은 지금까지 미국의 대러시아정책 노선에 동조하는 것이었다. 우크라이나 위기 이후, 일본은 서방의 러시아 제재 진영에 서서 푸틴의 일본 방문에 확답을 주지 않았다. 이는 일본의 대러시아정책이 독립성이 결여되어 있다는 사실을 방증한다. 이와 동시에, 동북아지역에서 지정학적으로 러시아를 억제하는 미일동맹의 기능에는 큰 변화가 나타나지 않았다. 오히려 러시아를 겨냥한 미국과 일본의 MD 구축은 러시아의 정치 · 안보 이익에 심각한 위협이 되고 있다. 향후 미국이 러시아에 대한 제재를 강화하는 조치를 취하면 일본은 미국의 발걸음에 동조할 것이고, 이는 러일관계의 지속적인 발전을 어렵게 할 것이다. 이와 함께 영토문제도 여전히 남아 있다. 영토문제는 미일관계 발전의 최대 난관이다. 물론 양국 모두 영토문제 해결에 적극적인 태도를 보이고 있다. 그러나 대다수가 립서비스에 그치고 있고, 이러한 립서비스가 마음 속 진정한 생각을 반영하지는 않는다. 일본은 근본적으로 두 개의 섬만 인도한다는 결정에 불만을 가지고 있는 반면, 러시아는 섬을 반환할 법률적 의무가 없다고 주장한다. G20 항저우 정상회의에서 푸틴은 두 개의 섬을 반환하겠다는 입장에는 변화가 없다고 언급했지만[17] 8월 러시아에서 발표된 여론조사에 의하면 56%의 응답자가 하나의 섬도 반환할 수 없다고 응답하였다.[18] 당연히 영토문제는 단기간에 해결되기 쉽지 않다. 마지막으로 일본의 정치대국화, 군사정상화가 러시아의 강력한 경계심을 초래할 것이다. 아베 정부가 집단적 자위권 행사, 평화헌법 개정, 군비 증

16 「日露首脳会談 極東振興策「切り札」 首相、対露協力8項目提示」 http://mainichi.jp/articles/20160508/ddm/003/010/137000c.

17 "美專家稱中俄聯盟日漸成形", 「參考消息」, 2016年 9月 14日, 第14版.

18 교토통신, 2016년 10월 14일자 보도.

대 등의 다양한 행위를 지속한다면, 역사적으로 형성된 일본에 대한 러시아의 불신이 더욱 가속화될 것이다. 일본의 군사대국화에 대한 러시아의 경계심과 위기감이 고조된다면, 양국의 전략적 신뢰 구축에 커다란 제약이 될 것이다.

4. 한일관계

상술한 양자관계 가운데, 한일관계만큼 돌발적이고 변동이 많은 관계도 없다. 박근혜 정부 이후, 영토문제, 역사문제, 위안부 문제 등의 인식 차이로 양국의 갈등이 절정에 이르렀다. 양국의 고위급 교류는 전면 중단되었고, 무역량이 감소했으며 민간 정서 역시 지속적으로 악화되었다. 그러나 박근혜 정부 후기에 들어서며 이러한 상황이 크게 전환되었다. 2015년, 세월호 참사와 메르스 사태의 영향으로 박근혜 정부에 대한 한국 국민들의 신뢰가 급격하게 하락하였다. 2015년 6월, 박근혜 대통령의 지지율이 34.6%까지 하락하며 거대한 정치적 압박에 직면하게 되었다. 대외정책에서도 미국이 아태 재균형 전략을 추진하고 친중 경사적인 정책의 전환을 독촉함에 따라 한국 국내에서도 대중, 대일 관계 균형에 관한 목소리가 고조되기 시작했다. 지지율 회복과 국내 정치세력의 비판을 완화시키기 위해 박근혜 정부는 부득이하게 정책노선을 전환해야 했다. 여기에 2016년 북한의 제4차 핵실험은 한국이 한미일 연합노선으로 회귀하는 결정적인 계기가 되었다. 4차 핵실험 이후, 중국이 사드배치를 반대하며 한반도 비핵화와 평화협정을 동시에 추진해야 한다고 주장하자, 한국의 많은 국민들이 중국의 태도에 크게 실망하였다. 대북제재에 대한 양국의 이견, 일부 인사들의 "친중(親中)" 경사적인 태도에 대한 비판, 정책결정층의 "중국과 연합해 북한을 제재한다"는 정책에 대한 재검토 등이 전개되면서 북핵 문제에서 한국은 중국이 아닌 미국, 일본과의 협력으로 전환하기 시작했다. 이로 인해 한국은 일본과의 관계 개선이 불가피했다. 이러한 요인이 박근혜 정부 후반기에 추진된 중요한 외교적 조치들에 반영되면서 한국의 대미, 대일 정책에 조정이 나타났다.

한미관계의 개선이 원래 상태로 돌아오는 것이라면, 대일정책의 조정은 다소 의외였다. “분리”는 박근혜 정부에서 전개된 대일본정책의 기본노선이자 주요 특징이다. 먼저, 역사문제와 다른 의제를 구분하여 인식하였다. 즉 역사문제를 한일관계 개선, 교류 및 협력 전개의 전제조건으로 간주하지 않았다. 다음으로 아베 정권과 일본 국민을 구분하여 인식하였다. 민간교류나 공공외교를 중요한 수단으로 삼아 관료, 경제계 인사, 학자들의 소통과 교류를 적극 추진하였다. 마지막으로, 경제와 안보를 구분하여 인식하였다. 경제와 문화 방면의 협력을 우선적으로 추진하고 안보협력에서는 신중한 태도를 보였다. 이러한 분리정책을 추진함으로써 양국관계가 급진전하는 모습이 나타났고, 고위급 교류가 전면적으로 회복되었다. 2015년 이후, 한국정부는 일본에 우호적인 시그널을 보내며 고위급 교류를 재개하자는 의향을 내비췄다. 2015년 3월, 한중일 외교부 장관 회의가 서울에서 재개되었고, 4월에는 한국과 일본의 외교부 장관과 국방부 장관이 참석하는 2+2 회의가 재개되었다. 5월에는 한일 재무장관회의가 재개되었고, 11월에는 처음으로 정상회담이 개최되었다. 역사문제에 대한 해결도 많은 관심을 받았다. 일본의 메이지 산업혁명 유산이 세계문화유산에 등재되는 문제에 대해 한국은 강제 징용된 조선 노동자들이 있었다는 사실을 인정한다는 조건으로 더 이상 반대하지 않았다. 더욱 중요한 것은 양국이 위안부 문제에 대해 2015년 말 신속하게 “최종적, 불가역적” 합의를 했다는 사실이다. 이는 양국이 가진 최대 난관을 극복했다는 의미이다. 2016년 8월, 광복절 기념행사에서 박근혜 대통령은 새로운 외교방침을 제시하며 “동북아 안보정세의 변화에 한국은 엄숙히 대응해야 하며 한일관계는 미래지향적이어야 한다”고 강조하였다. 불안정한 국제환경에 대응하기 위해 박근혜 대통령은 한일관계의 개선을 추진하겠다는 결심을 밝힌 것이다. 이는 박근혜 대통령 취임 이후 지금까지 볼 수 없었던 적극적인 태도로,[19] 일본

19 “韓國縱對中蜜月轉爲對日修復”, 「東京新聞」 8月 23日. 「參考消息」 2016年 8月 4日 第

과의 관계 발전을 한국 외교정책의 중요한 의제로 삼겠다는 사실을 표명한 것이라 할 수 있다.

한국과 일본이 역사문제에서 합의한 공동의 인식은 한 발 더 나아간 화해를 위한 조건을 창출하였다. 북한의 4차 핵실험 이후, 양국의 북핵 위협에 대한 인식, 북한의 정권교체 등에 대한 문제에 새로운 공감대를 형성하였다. 미국의 주도하에, 양국은 정보 및 인력 교류 등에서 새로운 모습을 보이며 협력을 추진하였다.[20] 2016년 10월, 한국은 4년 전 중단되었던 군사정보보호협정을 조속히 체결하여 기밀을 공유하겠다고 선언하였다.[21] 11월에 양국은 동시에 동 협정을 승인하였다.[22] 한일 간 화해는 한미일 동맹의 강화에 장애물을 제거한 것으로 이해할 수 있다. 북한의 4차 핵실험 이후, 한미일 삼국은 북한에 대한 제재와 정권교체에서 일관된 입장을 표명하며 유엔의 대북제재 독촉, 대북제재 방면의 통일된 행동 유지, 탄도미사일 방어체제(BMD) 구축 등의 협력을 강화하기로 합의하였다.

북한의 핵실험 속도가 가속화되고 북핵위협이 증대됨에 따라 미국과의 관계를 굳건히 하는 동시에 대일본정책을 조정함으로써 한미일 삼각구도의 빈틈을 보완하였고, 이를 기반으로 더욱 명확해진 공동위협에 대응하고자 했다.[23] 미국은 북한의 핵실험을 빌미로, 한미동맹을 더욱 강화하는 동시에 한미일 삼각동맹체계를 조속히 구축함으로써 한국을 아태 재균형 전략노선에 끌어들이고자 했다. 일본 역시 한국에 우호적인 태도를 보이며 미국의 중재를 통해 한일 간 협력을 재개하였다. 이로 인해 전후 질서를 재편하기 위한 일본의 움직임에 한국과 중국이 공동 대응했던 전략적 협력이 와해되었다. 북한에 대한 강경한 정책과 국가 안보 실현을 위한 전

18版에서 재인용.

20 林利民, 鄭雨, "朝鮮第四次核試與東北亞新變局", 『現代國際關係』, 2016年 5期, p.7.

21 "日韓防衛協定、協議再開へ…韓国政府方針", 「読売新聞」, 2016年 10月 27日.

22 교토통신, 2016년 11월 22일자 보도.

23 "小此木政夫「国際システムの中の日韓関係", 『国際問題』, 2016年 10月号, p.5.

략적 수단의 개선이 필요한 박근혜 정부는 한미일 삼각동맹, 특히 한미동맹에 더욱 가까워질 수밖에 없었다. 중국의 입장에서 보면, 북핵문제의 경우 국제사회의 대북제재에 찬성할 뿐만 아니라 미국의 한반도 사드배치 등 지역 안정에 영향을 미치는 행위를 결단코 반대할 수밖에 없다. 한미일 관계가 굳건해지는 것은 필연적으로 한중일 삼국의 관계에도 연쇄적인 반응을 동반하기 때문이다.

먼저, 한국의 일본과의 관계 조정은 중일 간 긴장관계의 완화에 유리하다. 이는 정체 상태의 중한일 협력에 새로운 계기가 되기 때문이다. 최근, 중일관계와 한일관계 모두 냉각기에 직면해 있었다. 중국이 중일관계의 개선을 위해 거시적인 국면을 고려하여 일본에 성의를 표시했음에도 불구하고 일본이 잘못된 역사 인식과 중국을 제재하려는 움직임을 나타냄에 따라 양국관계는 좀처럼 개선되지 못했고, 오히려 상호 간 직접적인 대응만 가속화되었다. 한국이 대일본정책에 융통성을 발휘하는 것은 객관적으로 교량과 촉매제 역할을 한다. 최근까지도 중국과 한국은 중대한 국제문제와 지역문제에서 비교적 양호한 전략적 협력 관계를 유지해 왔다. 한일관계가 개선되면 중일관계 역시 완화되는 현상이 나타날 것이다. 이는 양국 정상이 중요한 국제회의 기간 동안 정상회담을 준비하는 것으로 나타난다. 한국이 AIIB에 가입하고 중국과 FTA를 체결하는 동시에, 중국의 일대일로와 유라시아 이니셔티브의 연계를 적극적으로 논의함에 따라 일본 역시 가장 중요한 두 개의 이웃이 일체화된 시장을 가짐으로써 동반할 영향에 대해 고려할 수밖에 없다. 이는 어쩌면 일본이 더욱 적극적인 태도로 동북아 일체화 과정에 참여할 가능성이 높아진다는 사실을 의미한다.[24] 2015년 10월, 중한일 삼국의 정상회의가 서울에서 개최되었고, 삼국은 당해 지역의 평화, 협력, 발전 도모, 높은 수준의 중한일 FTA 체결 추진, 한

24 石源華 · 張弛, "韓國朴槿惠政府對日政策的調整", 『現代國際關係』, 2016年 第1期, p.41.

반도 국면을 통제하기 위한 노력 등에 합의하였고, 정기적으로 삼국 정상회의를 개최하는 데 동의하였다. 비록 삼국의 FTA가 실질적인 협의를 달성하지는 못했으나 삼국의 정상이 함께 걷고, 평정심을 기반으로 한 교류를 지속한다면 삼국 간 FTA협상에 적극적인 태도가 나타날 것이다. 1년에 한 차례씩 정상회의가 개최된다면 이 자체로도 관계개선이 상징적으로 나타난다. 향후 일본의 지도자가 중국과 한국의 정책적 마지노선에 도전하지만 않고 순차적으로 지도자 회의를 개최한다면, 중한일 삼국관계는 교류 과정에 이해 증진 및 신뢰 강화를 점진적으로 실현할 수 있다. 이를 통해 삼국이 더욱 우호적인 방향으로 발전할 수 있을 것으로 기대된다.

한편, 한국과 일본이 화해하고 한국이 미국에 더욱 의존함으로써 중국에 소원해질 가능성이 있다. 이는 일본의 아베 정권이 군비 증대, 헌법 개정 및 남중국해 · 동중국해 문제에서 더욱 강력한 입장을 취하는 것으로 연계될 수 있다. 중한일 삼각구도에서 한국과 일본이 공동으로 중국에 대응하는 국면이 나타나기 어려울 뿐만 아니라 지난 몇 년 동안 일본의 역사인식 문제 등으로 인해 한국과 중국이 공동으로 일본에 대응하는 국면 역시 다시 보기 힘들 것이다. 북한의 핵실험 제재, 한반도 평화 수호는 중국과 한국의 공통된 이익이다. 또한 일본이 역사를 부정하고 전후 국제질서를 전복하려는 의도를 저지하는 것 역시 중국과 한국의 공통된 임무이다. 중국은 어떠한 일을 처리하는 방법에서 한국과 갈라지거나 대립하는 것을 원하지 않을 뿐만 아니라 이로 인해 냉담해지거나 소홀해지는 것 또한 원하지 않는다. 최근 형성된 우호적인 전략적 협력 관계가 상술한 문제들로 인해 곡절을 겪는 것은 더더욱 원치 않는다.

한국과 일본이 미국의 중재나 북핵실험에 대한 충격으로 함께 나아가기 시작했지만 다음과 같은 요인들로 인해 한일관계의 개선에는 여전히 비교적 큰 불확실성이 존재한다. 먼저, 역사문제는 한일 간 넘을 수 없는 장벽이다. 역사 부정은 일본 대국화 노선의 중요한 기반으로, 역사를 부정해야만 비로소 개헌, 나아가 유엔 상임이사국 진출 등의 길을 걸을 수 있다. 이

문제에 대해, 한국 국내의 청중비용(audience cost)은 정책결정층이 결정을 선회할 여지를 더욱 높게 만들 수 있다. 위안부 문제를 예로 보면, 한일 양국 정부는 모두 원만하게 해결했다고 발표했지만 주한국일본대사관 앞 위안부 피해자 문제의 상징인 소녀상 철거 여부 등은 여전히 해결되지 않고 있다. 한국 국내에서는 일본이 위안부 강제 징용에 대한 법적 책임 인정을 거부하고 있다며 불만의 목소리가 더욱 높아지고 있다. 2016년 10월 3일, 아베는 중의원 예산위원회에 참석하여 한국의 위안부 피해자들에게 사과할 마음이 추호도 없으며 오히려 박근혜 정부가 합의 사안을 제대로 이행하지 않는다고 비판하였다.[25] 다음으로, 북핵문제의 심각성과 미국의 정책 조정에 따라 일본의 대한국정책 역시 조정될 가능성이 있다. 역사문제에 대한 정책적 위상, 정치대국화 노선의 선택 등은 전환되기 쉽지 않을 뿐만 아니라 적어도 한국을 위해 크게 전환될 가능성은 매우 낮다. 지난 몇 년 동안, 한국이 국제무대나 동북아 역내에서 많은 발전을 이루었지만, 이는 일본의 외교적 고립노선, 경제적 위축, 종합적인 국력의 상대적인 쇠퇴 등의 추세와 맞물려 나타난 것이다. 따라서 동아시아에서 일본의 정치적 영향력이 제대로 발휘되지 않는다면 이는 자연적으로 한국의 입장에서 전략적으로 중요한 의의를 가지게 될 것이며, 이로 인해 한일 간 경쟁은 결코 완화되지 않을 것이다. 마지막으로 경제무역 관계에서 한일 양국에는 특수한 제로섬 게임(zero-sum game)이 존재한다. 중국과 일본, 중국과 미국, 중국과 한국은 경제적으로 각기 다른 상호보완성을 가지고 있다. 반면, 한국과 일본은 자동차 제조업 등의 분야와 같이 산업적으로 중복되는 부분이 많다. 비록 일본의 기술 수준이 조금 더 높을 수 있으나 이는 언제든지 대체 가능하다. 이러한 대체 가능성은 한국의 발전과 경쟁의식을 자극하여 양국이 제로섬 관계를 형성할 가능성을 제고시킬 수 있다.

25 "安倍拒絕道歉令韓政府陷窘境", 「參考消息」, 2016年 10月 5日, 第1版.

III 결론

2016년은 동북아 안보 국면과 주요국의 관계가 상호 연계된 한 해로 평가할 수 있다. 냉전의 잔재와 유산과 안보 딜레마는 역내 주요 이슈와 국가 간 관계에서 지속적으로 축적되었고, 이로 인해 나타난 새로운 현상과 형태는 향후 동북아 역내 질서의 변화 방향을 대략적으로 예상할 수 있게 한다. 중국의 종합적인 국력과 국제적인 영향력이 제고됨에 따라 동북아의 지정학적 구조는 점차 양강(중국과 미국) 경쟁, 다자(중국, 미국, 한국, 러시아, 일본) 게임, 약소국(북한)의 위세 등 복잡한 양태를 나타냈다.[26] 만약 돌발적인 사건이 발생하지 않는다면, 이러한 권력구조는 비교적 오랜 기간 동안 안정적으로 지속될 것이다. 그러나 지정학적 경쟁과 권력에 대한 저항이 지속될 가능성이 얼마든지 있고, 심지어 한반도 정세, 영토 및 영해 분쟁, 일본의 군사화 등으로 인한 지정학적 리스크가 발생할 가능성도 존재한다. 그러나 우리는 동북아 안보정세에 지나치게 비관적일 필요는 없다. 냉전 후 동북아지역이 상대적으로 안정적인 질서를 유지해 온 경험으로 볼 때, 지역제도의 구축과 전략적 상호신뢰의 조성은 권력에 대한 대응으로부터 초래되는 지정학적 리스크를 해소하거나 감소시킬 수 있는 효율적인 방법이다. 중국의 입장에서 보면, 운명공동체 조성을 목표로, 친선혜용의 이념을 관철하고 일대일로를 착실히 추진하며 동북아 FTA협상을 가속화할 필요가 있다. 동시에, 중미 간 신형대국관계 구축에 주력하고 러시아, 한국 등과 전략적 협력 동반자관계를 보다 발전시킬 필요가 있다. 중일 간 위기관리감독 메커니즘을 조속히 구축하는 한편, 신뢰는 증대시키고 의심은 해소하는 방안을 지속적으로 추진해야 한다. 또한 동북아의 주요 의제에 대해 권력 투쟁이나 지정학적 경쟁이 아닌 공감대를 형성하

26 祁懷高 · 李開盛 · 潘亞玲 · 吳其勝, "未來十年東北亞地緣政治構造的變化及其影響", 『世界經濟餘政治』, 2016年 第8期, pp.130-156.

는 노선으로 전환할 필요가 있다. 이는 중국의 두 개의 백년 목표 실현을 위한 안정적인 주변 환경 조성에 필요할 뿐만 아니라 중국이 책임 있는 대국으로서의 역할을 수행하기 위해서도 필요한 모습이다.

동아시아 정세와 한일관계

조양현(국립외교원)

I 2016년의 한일관계

1945년에 히로시마와 나가사키에 원폭이 투하되면서 일본은 패망했고, 한국은 일본의 식민지배로부터 해방되었다. '일의대수(一衣帶水)'에 비유되는 한일관계이지만, 제2차 세계대전의 종전이 양국에 주는 의미는 이렇게 상반된 것이었다. 광복을 맞이한 지 71년이 되지만, 한일관계에는 여전히 갈등적 요소가 양국관계의 안정적 발전을 위협하고 있다. 왜 전후의 한일관계는 순탄한 안정 궤도에 이르지 못하고, 갈등과 반목을 반복하는 것일까? 해방 이후 한일관계는 어떻게 변화해 왔고, 앞으로 어떠한 관계가 기다리고 있는 것인가? 바람직한 한일관계의 구축을 위해 우리에게 요구되는 노력은 무엇일까? 본고에서는 전후 한일관계사라는 거시적 시점에서 한일관계의 구조변화와 동아시아 파워 밸런스 변화라는 요인을 중심으로 한일관계를 진단하고, 트럼프 신정부 출범이 동아시아 질서에 미칠 영향을 전망하고, 이를 바탕으로 한일관계의 전략적 중요성을 제시해 보고자 한다.

'가깝고도 먼 나라'라는 말로 대표되듯이 해방 이후 우리의 대일 인식은 이중적이었다. 일본은 우리에게 '청산의 대상'이자, 냉전체제에서 살아남고 경제를 발전시키는 데 없어서는 안 될 '준동맹국'이었다. 세계적인 냉전체제가 해체되면서 한일관계가 이완되었다고는 하지만, 경제와 안보 분야에서 양국 간에 원활한 의사소통이 되지 않으면 쌍방이 손해를 보는 관계에 있다는 데는 변함이 없다. 또한 급변하는 국제정세를 감안할 때 양국은 상충하는 이해관계를 최소화하고 신뢰관계를 구축해야 하는 절박한 상황에 있다.

그럼에도 불구하고 작금의 한일관계는 여전히 과거사 문제에 좌우되어 요동치는 불안정한 구도에서 자유롭지 못하다. 작년 말에 일본군 위안부 문제의 해결 방안에 합의하기까지 약 4년 가까이 한일 간에 정상회담이 개최되지 않았고, 외교 마찰은 경제, 사회, 문화 분야에 파급되어 양국 간의 투자와 교류를 위축시켰다. 일본을 보는 우리의 태도는 전에 없이 냉각되었고, 일본에서는 반한(反韓) 감정의 확산과 함께 한류(韓流)가 급속히 퇴조하였다. 금년 들어 한일관계가 일정부분 개선되었지만, '화해치유재단'의 설립과 운영을 둘러싼 정치과정은 과거사 문제의 민감성을 보여준다.

한편 최근 수년간 한·일관계의 악화는 일본군 위안부로 대표되는 과거사 문제 외에, 부상하는 중국에 대한 한·일 간의 인식 차이, 즉 동아시아 파워·밸런스 변화라는 구조적 요인이 연동되어 있다. 미·중 간의 세력전이, 중·일 간의 경쟁구도, 일본의 지역강국화 등 동아시아 안보질서의 지각변동은 한국 외교에 새로운 도전을 불러왔다. 실제로, 박근혜 정부 전반기를 통해 한·일관계가 냉각되고 한·중관계가 강화된 데 대해 일본은 민감한 반응을 보였다. 일본은 한국 외교의 무게중심이 '한·미·일 관계'에서 '한·미·중 관계'로 옮겨가고 있으며, 한·중 양국의 접근이 '일본 외교의 고립' 내지는 '반일 연대'로 이어지는 것은 아닌가 하고 경계심을 감추지 않았다. 한국 사회에서의 '중국 중시'와 '일본 경시'의 대조적 경향과, 안보와 역사를 둘러싼 상충하는 이해관계가 한국의 대일외교에 어려움을 가중시켰다. 한국은 미국, 중국, 일본과의 관계를 어떻게 조정할 것인가라는 난제를 안게 된 것이다. 이는 대한민국의 건국 이후 우리 외교가 걸어왔던 것과는 다른 경험이라는 점에서 새로운 도전이다.

II 한일관계 변화의 주요 요인

1. 한일관계의 구조변화와 과거사 문제

탈냉전 이후의 한일관계는 '냉탕-온탕'의 사이클이 반복되어 왔다. 그 과정에서 한일 간에는 상호배려가 사라지고, 영토 · 과거사 문제와 안보 · 경제 · 민간 교류 간의 분리대응기조(정경분리원칙)가 훼손되는 사례가 늘어나고 있다. 위안부, 교과서, 야스쿠니 등 역사인식 문제와 독도 문제를 축으로 한일관계의 대결 구도가 선명해졌다.

이는 양국 정부가 1965년의 한일기본조약에 기초하여 한일관계를 관리하던 이른바 '1965년 체제'가 시대적 한계에 직면했음을 의미한다. 과거사와 영토 문제의 입장 차이를 간직한 채 안보와 경제 논리를 우선하여 타결된 한일회담은 냉전기를 통해 한반도 안정화 및 한국의 경제 발전, 나아가 동아시아의 평화와 안정에 기여했지만, 이제는 과거사 문제가 오히려 핵심 쟁점으로 등장하여 한일관계의 발전을 제약하고 있다.

냉전의 해체로 한일 간의 안보 연대감이 약화되고 상대적 국력의 격차가 줄어들었다. 민주주의와 시장경제로 양국의 정치경제체제가 수렴하고, 한일관계에서 시민단체 등 비정부 주체의 역할이 확대되고, 한일 간 교류의 형태는 다양해졌다.

한국에서는 민주화 이후에 여론과 시민단체가 외교정책에 미치는 영향력이 커지면서 외교 현안이 국내정치의 쟁점으로 부상하는 경우가 늘어났다. 헌법재판소와 대법원 등 사법 당국이 일본군 위안부 문제와 징용 피해자 보상 문제 등에서 한국정부와 일본 기업에 해결을 요구하는 판결을 내림으로써 외교 당국의 협상은 더욱 어려워졌다.

일본 정계에서는 '강한 외교'를 주장하는 전후 세대의 보수 정치인들이 주류로 등장하면서 역사수정주의와 영토내셔널리즘이 힘을 얻었고, 반성과 사죄를 기본으로 하던 일본정부의 대외 태도가 바뀌었다. 보수 성향의 정치가들이 외교를 입박하면서 일본 외교의 전통이었던 정경분리원칙이 훼손되는 경우가 늘어났다.

이와 같은 구조적인 변화를 배경으로 진행된 '외교의 정치화'는 외교 당국의 역할 주변화 및 효율성 저하라는 문제를 초래하였다. 양국에서 과거사와 영유권 문제와 같은 외교 현안이 정치 이슈화되면서 외교 당국의 현안 장악력이 현저히 약화되었다. 한일 양국 간에 과거사와 독도 문제의 대응에 많은 외교 자원이 투입되고, 외교보다 '내교', 즉 여론 대책에 많은 자원이 소모되는 악순환이 구조화되었다.

2. 동아시아 파워 밸런스 변화와 한일관계

2010년대 들어 남중국해 문제 등을 둘러싸고 미중 간의 갈등이 표면화되면서 미국의 아태전략은 중국에 대한 견제적 요소가 강화되었다. 미·중·일 간의 전략적 경쟁관계가 심화되는 상황은 주변국과의 우호협력관계를 통해 한반도의 안정과 평화를 확보하고자 하는 한국에게 큰 도전으로 다가오고 있다.

미·일 간에는 중국 견제라는 공통의 이해관계를 토대로 안보와 경제 분야에서 상호협력이 강화되고 있다. 2015년에 미·일 양국이 아베 총리의 방미를 통해 안보와 경제 분야에서 "부동의 동맹"을 확인한 것은, 중국의 부상을 배경으로 미국의 '아시아 재균형' 정책과 아베 내각의 '적극적 평화주의' 간에 공통의 이해관계가 있기 때문이다. 미일관계에서 자위대와 미군의 공동대응 역량강화 차원에서 공동훈련·연습의 확대, 시설의 공동 사용, 우주 및 사이버 분야를 포함하는 정보 공유 및 공동의 정보 수집·정찰 활동의 확대를 추진하고 있다. 미·일 양국은 TPP를 통해 높은 수준의 무역 자유화와 시대 선점적 규칙 만들기를 진행시켜 중국의 대외 영향력을 견제하고, 미·일 양국의 경제적 우위를 유지하고자 하였다(다만, 목하 미국 대선 정국을 관찰하건대, 차기 미국정부하에서의 TPP 정책은 재검토될 가능성이 커졌다).

이와 같이 동아시아에서 '미·일 대(對) 중' 패권경쟁이 구조화될수록 한국의 대외관계는 미 · 중 · 일 간의 전략적 대결 구도와 연동되는 성격이 강해질 것이다. 한 · 미 · 일/한 · 일/한 · 미 안보협력(GSOMIA, 집단적 자위권, THAAD), 무역자유화 혹은 지역금융기구(TPP, 한 · 중 · 일 FTA, AIIB), 역사인식(일본군 위안부, 야스쿠니참배 등) 등 안보, 경제, 역사 관련 제 현안에 대한 한국의 대응은 미 · 중 · 일 3국간 전략게임의 자기장 속에서 한국의 포지션 선택으로 해석되는 경우가 늘어날 것이기 때문이다.

작년 말의 한 · 일 간의 위안부 문제 타결 및 금년 들어 북한에 의한 핵실험은 향후 한 · 일 및 한 · 미 · 일 공조를 강화하는 계기가 될 가능성이 크다. 2008년 세계금융경제위기 이후 미국 경제력의 쇠퇴가 두드러진 반면, 중국은 대규모의 재정지출을 통해 세계경제의 회복을 견인하였다. 그런데 최근 미국의 경제력이 회복세를 보이는 데 반해, 중국 경제는 지난해 6.9% 성장하는 데 그치면서 25년 만에 '바오치(保七)', 즉 7%대 성장 사수에 실패했다. 중국이 '중속(中速) 성장'과 함께 수출에서 내수로, 전통 제조업에서 첨단산업으로 전환하는 구조개혁을 추진하고 있어 한국 경제는 과거와는 차원이 다른 '중국발 위기'에 직면했다는 분석이 있다. 한국의 수출 중에 25% 이상을 차지하는 중국의 비중은 여전히 절대적이지만, 국민들 사이에서 중국 경제에 대한 비관적 전망이 우세해질수록 미국, 일본과의 관계 강화를 요구하는 목소리가 커질 수 있다. 이러한 맥락에서 한 · 일 혹은 한 · 미 · 일 간에 FTA나 통화스왑 등의 논의가 재개될 수 있을 것이다.

또한 2016년 들어 북한 핵실험에도 불구하고 중국의 대북정책에 변화가 없다고 판단될 경우, 한국 내에서 미국, 일본과의 안보협력 논의가 탄력을 받을 가능성이 커졌다. 그동안 한 · 일 양국은 북한의 핵 · 미사일 위협에 대한 군사협력의 필요성에는 공감하면서도 과거사에 막혀 협력의 속도를 내지 못했다. 이제는 위안부 문제가 한 · 일 외교 현안에서 제거된 만큼 북핵 관련 한 · 일 / 한 · 미 · 일 간 안보협력이 다시 논의될 수 있다. 최근 북한 핵과 미사일 위협에의 대응 차원에서 한미 간에 고고도미사일방어체계(THAAD : 사드)의 한반도 배치가 결정되었는데, 한국형 미사일방어체계

(KAMD)와 미국의 MD와의 상호운용성 강화가 추진될 수 있다.

집단적 자위권의 행사를 전제로 하는 일본의 안보법제는 2016년 3월에 시행에 들어갔다. 일본이 중국·북한 위협론을 내세워 미국의 안보 파트너로서 자리를 잡아갈수록 한·일 및 한·미·일 안보협력 강화에 대한 미국의 이해관계는 커질 것이다. 오바마 정부는 재정적 압박하에서 중장기적으로 중국의 위협에 대응하기 위해 아시아태평양에서 호주, 인도, 동남아 국가들과의 안보협력을 강화해 오고 있는바, 향후 한국에 대해 미국 주도의 안보연대에 참여하도록 압력이 거세질 수 있다.

또 한국과 일본 간의 군사협력 문제도 논의될 수 있다. 2014년 12월에 한·미·일 3국은 북한의 핵과 미사일 위협 등에 대응하기 위한 3국 간 정보공유약정을 체결한 바 있다. 미국은 이를 구속력을 갖는 협정으로 격상하기를 희망하고 있는바, 그 대응이 우리 외교의 현안이다.

이와 같은 일련의 외교안보 현안은 미중과의 관계설정이라는 중장기적인 한국 국가전략의 향배를 좌우하는 문제인바, 그 결정과정에서 필연적으로 수많은 국내외의 논쟁을 유발할 것이다. 탈냉전 이후 한국 외교의 핵심 과제는 정권의 이념성향을 불문하고 한미동맹의 강화, 한중협력의 확대, 한일관계의 개선, 남북관계의 안정화 및 통일기반의 조성이라는 목표 간에 상충적 요소를 최소화하고, 우리의 영향력과 조정력이 극대화되는 전략공간을 만들어 가는 데 있다. 북한의 도발이 증가하는 상황에서 우리의 대북 억제력 제고를 위해서는 한·미·일 간에 대북 공조를 강화해야 하지만, 이 경우에도 한중 간에 북한과 관련한 정책대화를 병행하여야 한다는 주장이 제기될 것이다. 대외관계 설정에서의 급격한 방향 전환은 동북아에서 '한·미·일 vs 북·중·러'라는 신냉전 구도의 출현을 조장하고, 결과적으로 북한의 의도에 말려들어 한반도 비핵화와 통일기반 조성에 역행할 수 있기 때문이다.

3. 아베 내각의 장기집권 및 개헌의 가시화

지난 7월 10일에 치러진 일본 참의원 선거는 정권 선택의 선거는 아니었지만, 아베 내각에 대한 신임투표로서 개헌 관련 의석수 확보 여부 등 다양한 의미를 갖는 선거였다. 자민 · 공명 연립여당은 70석(각각 6석 증가한 56석, 5석 증가한 14석)이라는 절대안정다수를 확보하여, 비개선 76석을 합해 146석을 차지하여 참의원의 과반수(122석)를 크게 상회하며 압승하였다.

2012년 말에 제2차 아베 내각이 출범한 이래 특정정보보호법, 안보법제, 소비세 연기 등과 같이 여당에 불리한 재료가 많았음에도 불구하고 연립여당이 압승했다. 이는 아베 내각의 정책기조에 대한 신임을 의미하는바, 아베 내각은 정국 운영을 주도하고 경제, 정치외교, 의료복지 등 제반 분야에서 각종 정책을 강력하게 추진할 수 있는 기반을 획득했다. 야당은 아베 내각에 의한 개헌 가능성을 지적하면서 국민의 불안감을 자극하는 전략을 폈지만, 국민의 대다수는 경제문제를 우선시하고 있으며 아베노믹스로 불리는 경제 활성화 정책의 효과가 불확실함에도 불구하고 현 정책기조를 선호하고 있는 것이 다시 한 번 확인되었다.

아베 총리는 제2차 내각 출범 후 지난 7월 선거까지 국정선거에서 4연승을 거두었다. '일강다약(一强多弱)'의 정당구도가 지속되고, 자민당 내 '포스트 아베' 추진 동력의 약화, 야당의 약체화 등으로 2018년 이후까지 아베의 장기집권 시나리오가 가시화했다. 중참 양원에서 연립여당의 절대다수 확보로 정권기반이 공고해지고, 2018년 9월의 자민당 총재 임기까지는 물론 당규 개정 여부에 따라 정권 연장의 가능성이 커졌다.

금번 선거에서는 중참 양원에서 개헌 지지세력이 3분의 2에 도달할지 여부가 또 하나의 관심사였다. 7월 선거에서 전후 최초로 이를 실현했다는 점에서 정치사적으로 특별한 의미가 있다. 중의원에서 연립여당이 2/3 이상의 의석을 확보한 상황에서, 금번 선거 결과 참의원에서 개헌을 지지하는 4당이 77석을 획득하여 개헌 발의에 필요한 2/3의석(242석 중 162석)에

육박하는 161석을 확보하였다. 이로써 아베 정권은 개헌논의 활성화를 위한 의회 환경을 손에 넣었고, 전후 일본 정치에서 불가능해 보이던 개헌이 가시권에 들어왔다. 오는 9월 임시국회에서 자민당은 헌법심사회에서 헌법안을 검토하고, 이르면 내년 정기국회에 개헌안 상정을 추진할 가능성이 있다.

개헌을 위해서는 연립여당 내의 개헌안 합의, 국회 헌법심사회에서 각 당의 의견 조율 및 토론, 국민투표에서 과반수 확보가 확실시되는 환경 조성 등 3개의 관문이 존재하는바, 의회 내의 개헌 논의가 바로 개헌을 의미하는 것은 아니다. 그렇지만 일본 사회에서 개헌이 터부시되던 시기는 지났으며, 향후 한국은 빈번히 일본 내 개헌 논의를 접하게 될 가능성이 커졌다. 우리는 일본이 개헌을 한다고 바로 전전의 군국주의 일본으로 회귀한다는 피해의식을 버리고, 탈냉전 이후 일본 사회의 장기적 변화 속에서 개헌 논의를 냉철히 지켜볼 필요가 있다.

한편 외교안보 분야에 눈을 돌리면, 제2차 아베 내각 출범 이래 국가안정보장회의(NSC)/관저 주도의 전략외교라는 대외정책 기조 및 행태는 향후에도 유지될 것으로 예상된다. 미 · 일동맹 일체화를 토대로 중 · 일관계 안정화를 추구하고 특히 연말까지 러시아와의 영토협상을 가속화할 가능성이 있다. 제2차 아베 내각 출범 이후 중일 양국은 2010년대 들어 악화된 중 · 일관계를 안정화하여 전략적 호혜관계를 추구하는 데 합의하였다. 그렇지만 최근 동중국해, 남중국해 문제로 양국이 대립하는 경우가 증가하고 있는바, 중국의 해양진출에 다자회의 및 다자연대로 적극 대응하면서 중 · 일관계를 안정화하는 투 트랙 전략을 취할 것으로 예상된다. 한편 오는 12월에 예정된 푸틴 대통령의 방일을 앞두고 양국 간에는 북방영토 교섭이 진행 중인 것으로 보인다. 오바마 대통령의 히로시마 방문과 G-7 정상회의, 그리고 11월에 개최될 가능성이 남아 있는 한중일 정상회의에 이어, 일본 외교의 또 하나의 성과가 될 가능성이 있다.

4. 미국 신정부 출범과 미·일동맹에의 영향

보호무역주의와 고립주의 성향이 강한 도널드 트럼프가 '미국 우선주의(America First)'를 내걸고 차기 미국 대통령에 당선되면서 국제정치경제의 불확실성이 커졌다. 공화당 내의 '비주류'에 의한 정권 교체는, 2차 세계대전 이후 미국이 자유무역주의와 민주주의 그리고 동맹을 토대로 구축해 온 세계질서는 물론, 버락 오바마 행정부가 추진해 온 '아시아 재균형' 정책에 적지 않은 변화를 초래할 것으로 예상된다. 탈냉전 이후 미일관계는 미국의 아·태지역 전략, 특히 대중국정책과 긴밀하게 연동되어 전개되어 왔다. '오바마-아베' 시기에 미일동맹의 재편·강화와 환태평양경제동반자협정(TPP)의 추진을 양대 축으로 하여 밀월기를 구가하였던 미일관계는, 트럼프 정부 출범을 계기로 상당 부분 재조정될 가능성이 있다.

안보정책과 관련해서 트럼프는 미국의 군사적 개입을 최소화한다는 고립주의의 입장에서 오바마 정부의 '아시아 재균형' 정책을 비판해 왔다. 트럼프는 '힘을 통한 평화(peace through strength)'를 제시하고, 오바마 정부 때에 도입된 '국방 시퀘스터(sequester)'라는 연방정부 예산의 자동삭감 조치의 폐지와, 육·해·공군과 해병대 전력의 대폭적인 강화를 주장하고 있다. 이는 트럼프의 안보관이, 해외주둔 미군 축소를 추진한 리차드 닉슨 정부 때의 '신아시아정책'보다 '힘에 의한 우위'를 추구한 로널드 레이건 행정부의 대외전략에 가깝다는 점을 보여준다. 즉, 군사적 개입의 자제를 주장하지만, '위대한 미국의 부활'에 필요한 글로벌 전방전개의 거점으로서 그리고 중국과의 교섭에서 우위에 서기 위한 레버리지로서 아시아에서의 동맹의 가치를 부정하는 것은 아니다. 따라서 트럼프의 비개입주의는 전통적인 고립주의와 달리 선택적 관여가 될 수 있다는 점에서 '신고립주의'라고 할 수 있다.

아태지역에서 미국의 동맹국들이 트럼프의 안보관에 대해 불안해하는 이유는 그의 인식과 발언에 경제적 어프로치가 두드러진다는 점에 있다. 트럼프는 역내 동맹국들의 '안보 무임승차'를 비판하고, 방위비 분담금 인상 요구와 미군 철수 및 핵무장 용인 가능성을 시사하고 있다. 그는 "미국은 세계의 경찰이 될 수 없다. 우리는 일본과 한국을 방어하는 데 그들은 돈을 안 낸다"고 했다. 또한 트럼프의 일차적 관심은 경제 · 무역 분야에 있는 반면, 군사 · 안보 면에서 대중국 헤징에 대한 관심은 낮은 것으로 보인다. 기업가 마인드가 강한 트럼프가 비용 위주로 접근하여 아 · 태지역의 안보문제를 미국의 사활적 이해관계에서 제외시킬 경우(통상과 안보의 트레이드 오프), 역내 동맹국들은 북핵, 동중국해(센카쿠, 대만해협), 남중국해 문제 등에서 심각한 안보 공백에 노출될 수 있다. 예를 들어, 북핵문제와 관련하여 비핵화가 아니라 비확산을 중심으로 북미 대화가 진전된다든가, 중국이 미국의 경제 요구를 수용하고 미국이 중국의 해양 진출을 일정 부분 양해하는 선에서 빅딜(통상과 안보의 트레이드 오프)이 있을 수 있다는 등의 우려가 대표적이다.

트럼프 신정부가 일본에 대해 동맹의 분담금 증액을 압박할 경우, 일본은 '아태지역 안보의 초석'인 미일동맹을 유지하기 위해 미국의 요구를 일정 정도 수용할 가능성이 크다. 다만, 이 경우에도 중국의 해양진출에 대한 미국의 실효적 대응, 센카쿠열도에 대한 미일안보조약의 적용, 북핵 관련 확장억지의 실효성, 북한 비핵화 문제의 정책 우선도 등과 관련하여 일본이 느끼는 안보 불안감을 미국이 불식해 주지 못할 경우, 미일동맹의 신뢰성이 훼손될 수 있다.

반면, 트럼프의 러시아에 대한 우호적인 인식은 일본의 대외관계에 유리한 재료로 작용할 수 있다. 트럼프 정부가 미 · 러관계의 개선에 나설 경우, 일 · 러관계의 개선에 적극적인 아베 내각의 외교적 지평을 넓혀줄 것으로 보인다. 우크라이나 사태 이후 오바마 정부가 주도한 국제적인 대러제재 조치는 일 · 러 간 평화조약 협상 및 일본의 러시아 극동지역 경제협력 진출 관련 교섭에 제약 요인이었다. 미 · 러관계의 해빙은 이러한 제약의 일부를 해소해 줄 것으로 기대된다. 일 · 러관계와 미 · 러관계가 동시에 개선될 경우, 오바마 정부 시기에 두드러진 '미 · 일 대 중 · 러' 관계라는 대결구도가 이완될 가능성이 있다.

대통령 선거전에서 피력된 트럼프의 안보관은 정책화 과정에서 상당 부분 현실에 맞게 조정될 가능성이 크다. 미국 행정부는 정책 실현을 위해 의회와의 협력을 필요로 하며, 군사 개입을 지지하는 공화당 주류의 입장이 투영될 수 있다. 트럼프 정부의 외교안보라인의 주요 후보로 거론되는 인사들(뉴트 깅리치 전 하원의장, 마이클 플린 전 국방정보국(DIA) 국장, 존 볼턴 전 유엔대사, 제프 세션스 상원의원, 루디 줄리아니 전 뉴욕시장, 크리스 크리스티 뉴저지 주지사 등)의 대부분은 트럼프와 달리 국제주의자이고 강경보수파이다.

중장기적으로 볼 때 2010년대 이후 중국의 공세적 해양진출에 따른 미중 간 패권경쟁 구도가 정착되어 가는 추세임을 감안한다면, 트럼프 정부 시기에도 미국은 아태지역의 전략적 중요성에 대한 제고를 토대로 종래의 '역외균형(offshore balancing) 전략'을 유지할 개연성이 크다. 트럼프 정부 출범을 계기로 아·태지역의 동맹구도에서 미일 간에 클린턴 정부 초기의 '동맹 표류'와 같은 논쟁이 재현되거나 오바마 정부 초기에 제시된 대중국 유화정책이 시도될 가능성을 전적으로 배제할 수는 없지만, 데탕트 시기의 '닉슨 독트린'과 같은 극적인 변화가 나타날 가능성은 크지 않다.

5. 보호무역주의와 통상마찰의 증가

한편, 경제통상 분야에서 미국 신정부는 아시아 국가들에 대해 동맹국 여부를 막론하고 양자적 접근을 통해 환율 및 무역역조의 시정, 시장개방 등을 압박할 것으로 예상된다. 트럼프는 중국에 대해서 위안화 평가 절하 문제, 기후변화 문제 등을 지적하고, '환율조작국' 지정과 중국산 수입품에 관세 45% 부과 가능성을 시사한 바 있다. 일본에 대해서는 "수백만 대의 차량을 보내며 항상 우리들을 공격하고 있다," "미국의 일자리를 빼앗고 우리의 돈을 빼앗고 있다"고 비판했다. 이를 두고 일본에서는 트럼프의 대일 인식이 1980년대 미·일이 무역마찰로 대립하던 시기에 머물러 있다는 지적이 제기되었다. 또한 트럼프는 일본에 대해 환율조작을 경고하고 있는데, 이것이 엔저를 기조로 하는 통화량 확대정책(아베노믹스)에 부정적인 영향을 미칠 수 있다는 우려가 있다.

미국 신정부의 출범을 계기로 세계적인 무역자유화에 대한 역풍이 예상된다. 트럼프는 "자유무역협정이 미국의 일자리를 빼앗아갔다"면서 북미자유무역협정(NAFTA)과 한미자유무역협정(KORUS)의 전면적 수정 내지는 폐기를 주장하고, TPP에도 반대하고 있다. 트럼프의 당선으로 TPP가 미 의회의 비준을 통과할 가능성은 희박해졌다. 이처럼 미국의 상황이 비관적인데도 최근 일본 여당은 TPP의 의회 비준을 통과시켰다. 이는 아베 내각이 TPP를 미일동맹의 상징이자 '아베노믹스'의 핵심 동력원으로 간주하고 있음을 의미한다. TPP가 폐기될 경우, 아·태지역의 무역질서에서 '미·일 대 중국'의 대결구도가 이완되고, RCEP, 아시아태평양 자유무역지대(FTAAP) 등을 통한 지역경제통합에서 중국이 유리한 위치를 차지할 가능성이 있다.

무역자유화의 전략성을 인식하고 다자주의를 중시한 오바마 정부와 비교할 때, 트럼프 정부의 대외경제정책은 안보보다 경제를 중시하고, 미국 중심의 일방주의적인 접근이 두드러진다고 할 수 있다. 트럼프의 중국 인식에는 아태지역에서 미·중 간의 패권경쟁이라는 전략적 관점에서 중국 위협론을 제기하기보다는, 미국 경제와 중산층의 부활을 위해 중국의 불공정한 무역관행을 바로잡겠다는 의도가 강하게 느껴진다. 트럼프 정부는, 세계무역기구(WTO)와 같은 국제적 기준에 저촉될 소지가 있더라도 레이건 정부 때의 '수퍼 301조'와 같은 일방적인 무역보복조치를 동원할 가능성이 농후하며, 미국과 동맹관계에 있는 한국, 일본 등도 이러한 보호주의의 역풍을 피하기 어려울 것으로 보인다.

III 일본 국가전략의 향배와 한일협력의 의의

미국 대선에서 일반적인 예상과 달리 트럼프가 힐러리 클린턴을 제치고 승리하자, 일본 외교는 당혹감 속에서 '대(對)트럼프 외교'의 전략 모색과 트럼프 당선사 및 그 측근들과의 인맥 만들기에 발 빠르게 움직이고 있다. 지난 11일에 기시다 외상 직속의 '미일경제연구회 2016(日米経済研究会 2016)'은 자유무역추진을 위한 미일의 역할을 강조하는 제언을 내놓았다. 아베 총리는 지난 17일 오후(현지시간) 미국 뉴욕에서 트럼프 당선자와의 비공식 회담을 가진 후 "트럼프 당선자가 내가 전폭적으로 신뢰할 수 있는 지도자라는 것을 느꼈다"고 강조하였다. 회담 결과는 공개되지 않았지만, 미일동맹이 아·태지역의 평화와 안정에 불가결하다는 점이 논의된 것으로 짐작된다.

탈냉전 이후 일본이 추구해 온 국가전략인 이른바 보통국가노선이 향후에도 유지될지, 혹은 새로운 방향전환이 시도될지는 트럼프 정부 출범 후의 미일관계의 전개에 달려 있다고 할 수 있다. '트럼프-아베'의 새로운 미일관계가 안보와 경제 면에서 과연 일본이 원하는 방향으로 나아갈 수 있을지를 예견하기에는 아직은 불투명성이 많다. 그렇지만 트럼프 정부의 아태전략에 중국 견제적 요소가 유지되는 한, 미일동맹을 기축으로 하는 보통국가화 노선이 지속될 가능성이 크다. 반면 미국 신정부가 종래의 역외균형전략에 근본적인 수정을 통해 미·중·일 간의 전략적 삼각관계가 재조정되거나 아태지역에서 중국의 영향력 확대가 결정적인 단계에 도달할 경우, 일본은 미·중과의 관계 재설정을 시야에 넣고 새로운 전략 대안을 모색할 수밖에 없을 것이다.

미국 신정부의 대외정책에 불투명성이 증가한 만큼 한·일 간의 전략적 협력관계의 중요성 역시 커졌다고 하겠다. 한국정부는 미국 신정부의 아태지역 전략에 한국의 입장이 최대한 반영될 수 있도록 트럼프 진영 핵심 인사 및 미 의회 주요 인사, 오피니언 리더들에 대한 공공외교를 강화해야 할 것이다. 이 과정에서 미국의 아·태지역 관여에 사활적 이해관계를 공유하고 있는 국가들과 연대하여 민주주의, 자유시장경제 그리고 미국과의 동맹관계가 이 지역의 안정과 평화를 위한 공공재라는 점을 역내국의 공통된 의견으로 전달하는 것이 효과적일 수 있다.

21세기 한반도와 동아시아의 평화·번영을 위해서는 시장경제와 민주주의의 기본가치 및 미국과의 동맹관계를 공유하고 있는 한일 양국의 우호협력관계가 불가결하다. 안정적인 한·일관계는 한·미관계와 함께 한국외교의 전통적인 지지기반이었다. 한·미·일 3국 간의 우호협력관계는 국제환경 변화라는 높은 '파고(波高)'에서 한국의 국익을 지켜내는 '닻'으로서 기능해 왔다. 만약 한·일 간의 긴장이 커지면, 미국의 동아시아 전략 역시 타격이 불가피하고, 한·미 동맹관계의 전략적 가치가 훼손될 수 있다.

정치경제체제를 공유하는 한·일의 협력관계는 양국의 국익은 물론 한반도와 동아시아의 평화·번영을 위한 지역 공공재라고 할 수 있다. 일본은 중국의 부상에 대응하여 동아시아에서 영향력을 유지·강화하고, 한국은 북한 및 통일 문제에 효과적으로 대응하기 위해서, 그리고 대량살상무기, 테러, 환경 등 비전통 안보 이슈와 국제금융경제의 불투명성 등 리스크 요인을 관리하기 위해 한일협력은 불가결하다.

최근 북한 핵·미사일 도발이 상시화되고 있는 상황에서 우리 대북 억지력 강화가 긴요하다. 이를 위해서는 한·미동맹 강화 차원에서 유사시 미군을 지원하는 일본과의 안보협력의 필요성이 커지고 있는바, 한·일 간 군사정보보호협정(GSOMIA), 상호군수지원협정(ACSA)에 대한 국내 이해를 증진시킬 필요가 있다. 한·일 간의 안보협력에 대해서는 우리 국민의 정서에 거부감이 강하게 남아 있는바, 한일 간 안보협력의 필요성과 객관적 사실에 대한 홍보가 선행되어야 한다. 북한에 대한 정보공유 등 대북 공조 외에, 재난 구조, 테러 등 비전통 안보 중심의 협력을 확대하고, 한·미·일 협력과 함께 한·중·일 협력 및 한·중 안보교류 확대를 통해 상호 투명성과 신뢰 제고가 현실적 방안이 될 것이다.

나아가 한일 양국은 지역질서의 안정화라는 차원에서도 전략적 협력을 추구해야 한다. 동아시아 국제관계가 미국과 중국을 중심으로 급속히 재편되어 'G-2' 질서의 출현이 회자되는 상황에서 이들 강대국의 영향력을 견제하고 역내국의 이해관계를 대변할 수 있는 것은 한국과 일본을 비롯한 역내 중견국가들일 수밖에 없다. 한일 양국은 지역질서가 미·중 중심으로 재편될 경우에 발생할 수 있는 불투명성과 리스크를 헤징하기 위한 다자연대를 인도, 호주, 인도네시아 등과 함께 구축하는 방안을 고민하여야 한다.

중일관계의 성격

왕징빈(王京滨, 오사카산업대)

I "국민도 정부도 서로 안 친한 관계"의 심화

일본정부가 2016년 3월 14일 공표한 "외교 관련 국민 여론 서베이"에 따르면 중국에 대해 호감을 지닌 일본국민은 조사대상의 14.8%에 불과했다. 또한 중일관계가 양호한 상태라고 답한 비율은 9.5%에 불과했다. 이러한 조사결과는 1978년 첫 조사 이래 가장 낮은 수준으로서, 중일관계에 관심 있는 우호적 인사들에게 커다란 충격을 주었다. 같은 해 9월 13일 미국의 퓨 리서치 센터(Pew Research Center)가 공표한 조사결과에서도 양국 조사대상 중 81%의 중국인과 86%의 일본인이 상대에 대해 부정적 인식을 가진 것으로 나타났다.

중일관계의 향방은 또한 "제12차 북경-동경 포럼"의 주요 어젠다 중 하나였다. 9월 23일 중국국제출판사와 일본의 언론 NPO는 동 포럼에서 "2016년 중일관계 여론조사"를 공동 발표하였다. 조사결과에 따르면 조사대상 중 78.2%의 중국인은 중일관계가 "나쁘다" 또는 "비교적 나쁘다"라고 응답하였고 이는 2015년에 비해 11% 증가한 것이다. 이에 비해 중일관계가 "나쁘다" 또는 "비교적 나쁘다"라고 응답한 일본인은 전체의 71.9%를 차지했다. 이 중 중국인은 영토분쟁(65.3%), 해양자원 갈등(30.9%), 역사문제(27.2%), 그리고 경제마찰(22.7%)을 양자관계 발전의 주요 장해요인이라 답했다. 일본인은 영토분쟁(66.6%), 해양자원 갈등(30.9%)을 중일관계의 장해요인이라 답했고, 또한 국민들의 불신뢰(31.5%)와 중국의 반일교육(23.0%)도 양국관계를 악화시키는 주요 원인이라 꼽았다.

사실상 일본정부는 미국 아시아재균형 전략의 선봉 역할을 계속 담당해 왔다. 각종 기회를 빙자해 중국을 봉쇄하고 타격을 준 것이 중일관계를 악화시킨 가장 중요한 원인이다. 하지만 민주주의 정치제도의 일본에서 국민들이 왜 그러한 문제들을 냉정하고 객관적으로 보지 못하는가? 이에 대해 본 글은 일본정부와 언론매체의 보도의 관점에서 해석한다. 이를 위해 우선 2016년 양국관계를 회고해 보자.

II 2016년 중일관계 회고

일본내각의 스가 요시히데 관방장관은 새해 초(1월 5일)에 중국이 남중국해, 남사군도에 인공섬 및 활주로를 만드는 것에 대해 "매우 의구심이 든다"라는 정부의 견해를 발표했다. 12일 그는 또한 자위대 함대를 파견하여 해상 경비 행동에 나설 수 있다고 밝힘으로써 중국 군함의 "센카쿠군도(중국명 조어도)" 해역 침입에 대해 항의하였다. 동월 22일 중국외교부 홍레이 대변인은 아베 내각이 시정방침 연설 가운데 "중일관계를 적극 개선시키겠다"고 언급한 것에 대해 높게 평가한다고 밝혔다. 30일 미국 힐러리 클린턴 전 국무장관의 공용메일 스캔들이 터졌다. 이 중에는 2012년 9월 전 국무장관 보좌관이 일본정부에게 "센카쿠군도 국유화" 이전에 중국정부와 협의하는 것이 필요하다고 밝힌 메일이 포함돼 있었다.

2월 19일 일본 나카타니 겐 방위상은 중국이 남중국해, 서사 융싱도에 지대공 미사일을 배치하는 문제에 대하여 일본정부도 상응하는 배치를 하였다고 인정하였다. 동월 29일 중일 외교부 부장급 회의가 동경에서 개최되었을 때 안보문제에 관련한 양국 간 견해차는 결코 이로 인해 감소되지 않았다.

3월 5일 일본 방위연구소는 "중국안전보장 보고서"를 발표하여 중국 군대가 동중국해, 남중국해 그리고 인도양, 서태평양에서의 활동범위를 확대함으로써 원거리 작전능력이 대폭 제고되고 있다고 지적했다. 11일 일본 기시다 후미오 외무상은 "국제개발백서"를 보고함으로써 중국을 가상적으로 삼고 아세안이 일본 해상항선에서 매우 중요한 위치를 차지하고 있다고 주장하면서 일본정부가 아세안 각국과의 기초시설, 법제건설 및 해양안보 등 영역에서의 협력을 적극 추진해야 한다고 밝혔다. 13일 중국 최고인민법원원장 저우창(周强)은 전국인대에서 최고법 업무보고 시 샤먼(厦门)해사법원이 민샤위(闽霞渔) 01971호 선박 충돌사건을 법에 따라 심사하고 있다고 밝힘으로써 조어도 해역에 대한 중국정부의 사법관할권을 행사했다. 이에 대해 일본내각의 스가 요시히데 관방장관은 14일 기자 브리핑을 통해 일본정부는 이미 외교적 루트를 통해 중국 측에 항의하였다고 밝혔다. 16일 자민당 자원에너지전략조사회는 중국이 동중국해에서 일방적으로 천연가스를 개발한 행위에 대해 "국제해양공약"에 따라 헤이그상설중재법원에 적당한 때에 제소할 것을 일본정부에게 건의할 것이라고 밝혔다.

4월 "이세시마G7포럼"의 전초로 G7의 외무장관이 회담을 거행하였고 12일에 연합성명을 발표했다. 성명은 비록 중국을 거론하지는 않았지만 "대규모 매립, 거점 구축 및 군사목적의 이용행위에 대해 자제"할 것을 언급하였고, 또한 "국제법에 따라 문제를 해결하며, 구속력 있는 관련 중재안이 하달한 결정을 완전히 이행할 것을 요구한다"고 밝혔다. 이는 필리핀이 중국에 대해 소위 "남중국해중재안"을 제기한 것을 반영한 것임이 틀림없었다. 이에 대해 4월 13일 중국 외교부는 10일 주중 각국 대사들과의 자리에서 중국정부의 "불만"을 전달했다.

4월 27일 기시다 후미오(岸田文雄) 일본 외무상이 4년 만에 중국을 방문했다. 양국은 중일한 동아시아 삼국 성상회담에 관한 협의를 한 것 외에도 또한 중일관계 개선에 관해서도 합의하였다. 하지만 그 후 동남아를 방문한 기시다 후미오 일본 외무상은 5월 3일 방콕에서 중국의 남중국해 문제에 관해 아세안 국가들이 "통일된 대응을 할 필요가 있다"고 밝혔다. 또한 태국이 "적극 역할하기를" 바란다는 일본정부의 입장을 밝혔다. 그의 이러한 행위는 "태도 바꾸는 게 전광석화처럼 빠르다"는 중국 미디어의 비난을 받았다.

5월 17일 일본 주중 신임대사 요코이 유타카는 북경 도착 후 바로 기자간담회를 개최하여 "새로운 시대 중일관계 구축"을 주제로 연설하였다. 6월 10일 일본 외무상 기시다 후미오는 "중일 간 해공(海空) 연락 체계"를 최대한 빨리 마련하기 위해 노력해야 한다고 밝힘으로써 중일관계가 한때나마 호전의 기회를 맞이했다. 하지만 6월 17일 중국함대가 가고시마 인근 해역을 넘어 공해항행을 시작하자 즉각 일본 조야의 비난에 직면했다. 6월 18일 일본 재무성은 새 영사관 건축에 필요한 국유지를 구매하려는 나야코 주재 중국 영사관의 신청을 받아들이지 않았다.

7월 들어 일본내각 고이치 관방부장관은 중국을 방문하여 중국과 다차원적 관계를 구축하고 싶다고 표명했다. 얼마 안 돼 중국 국방대학의 일행 50명도 일본 방위연구소를 방문했다. 이처럼 긴장상태를 완화하는 데 도움이 되는 교류활동이 채 식기도 전에 남중국해 중재안 결과가 나오면서 정상회담은 물 건너갔다.

8월 2일 일본 방위성이 '방위백서'를 공표하여 중국의 남중국해 건설행위를 위협이라고 공개적으로 칭했다. 8월 4일 아베 신조 내각이 재편되면서 저명한 우익인사 이나다 도모시가 방위성 대신이라는 요직에 올랐다. 다음날 중국 해경이 조어도를 순찰하자 일본 외무사무차관 스기야마 신스케는 주중일본대사 청융화를 긴급 소환했다. 8월 7일에는 중국해경선의 순항활동을 대상으로 일본 관리가 중국 외교관을 만나거나 항의의 뜻을 전달한 것이 하루에만 10번에 달했다. 이후 항의와 소환이 중일외교의 "다반사"가 되었다. 8월 8일에 네 번, 9일에 7번, 10일에 두 번, 17일에 두 번, 21일에 두 번, 9월 11일에 두 번, 24일에 두 번에 걸쳐 일어났다.

8월 18일, 왕이 외교부장이 중일한 삼국 외교부장관 회의 참석차 일본을 방문하여 니카이 도시히로 자민당 간사장과 회담했고 조어도 문제에 관해 의견을 교환했다. 8월 25일 양제츠는 토오야마 기요히코를 단장으로 하는 일본 초당파 국회의원 방중단을 맞이하여 중일관계의 건강한 발전을 중시하는 중국의 외교정책을 재천명했다.

9월 5일 시진핑 주석은 G20 정상회담 참석차 항주를 방문한 아베신조 일본 수상을 만났다. 비록 양국 정상은 전방위 대화를 강화하여 거시적 윈-윈을 이루자는 데 합의했지만, 중국은 일본에게 일본이 더 이상 지장을 초래하지 말 것과 중일관계를 조속히 정상발전의 궤도로 올리자고 촉구했다. 일본은 중국이 동중국해와 남중국해에서의 활동을 자제해 줄 것을 요청했고, 중국 공무용 배와 군대가 동중국해에서 행하는 활동에 대해 유감의 뜻을 표했다.

9월 22일 역사상 가장 큰 규모의 일본경제계 방문단이 중국을 방문했다. 하지만 중국의 중요 인사의 접대를 받지 못했다는 이유 하나만으로 "경제계 방중단은 중국정부에게 일본 기업이 중국을 떠나는 수속을 신속히 처리해 줄 창구를 개설해 줄 것을 요구했다"며 이를 일본의 각 신문과 미디어가 크게 떠들어댔다. 9월 26일 탕쟈쉔이 일본을 방문하여 야마구치 나츠오 공명당 부대표와 회담을 개최했고, 중일관계를 적극 개선하자는 데 합의했다. 다음날 탕쟈쉔이 나가노현을 방문하여 아베 슈이치 지사와 만났고, 우정의 나무를 심었다.

10월 24일 상하이사범대학에 중한 예술가들이 창작한 위안부 소녀상을 설치하였고 동 대학의 위안부 역사박물관을 위해 테이프 컷팅식을 가졌다. 이에 대해 요시히데 일본 내각 관방장관은 "유감을 표명했다".

11월 21일 에이펙정상회담 출석 차 페루를 방문한 시진핑 주석과 아베 신조 총리는 간단한 대화를 가졌고, 중일수교 45주년 및 중일평화우호조약 체결 40주년을 맞이하여 양국이 관계 개선을 위해 전면적으로 노력해야 한다고 밝혔다. 11월 30일 아키바 타케오가 북경을 방문하여 왕이 외교부장과 비공식회담을 가졌고, 이에 대해 일본은 "중국이 중일관계를 개선하려는 적극적 태도를 보였다"고 해석했다.

12월 9일 일본은 미국, 유럽연맹을 이어 중국의 시장경제지위를 인정하지 않겠다고 밝힘으로써 중국이 2001년 WTO 가입 후 15년이 되면 자동적으로 시장경제국이 될 것이라는 기대를 물거품으로 만들었다. 이에 대해 스가 요시히데 일본 관방장관은 "중일관계에 직접적으로 영향을 미치지 않을 것"이라고 밝혔다. 10일 중국 국방부는 일본 자위대 소속 두 대의 전투기가 꿍구해협을 비행하며 교란탄을 발사한 위험한 행위에 대해 성명을 발표했다. 11일 스가 요시히데 일본 관방장관은 "이것은 일중관계 발전을 방해하는 것"이라며 중국에게 엄정하게 항의하겠다고 밝혔다. 27일 일본은 대만의 창구조직인 '공익재단법인교류협회'를 '일본대만교류협회'로 개명한다고 선포했고 2017년 1월 1일부터 정식 발기하였다. 중국 외교부는 이에 대해 "불유쾌"의 뜻을 표명했다.

결국 대중관계를 처리하는 일본의 정책은 세상 물정과 유리되었고 자기고집적인 성격을 갖고 있었다. 본 글은 아베 신조가 2012년 말 제2차 내각 구성 이후 언론매체에 대한 통제력을 강화함으로써 일본의 각종 언론매체나 신문사로 하여금 정부의 뜻에 따라 중국을 모독하게 만들었다고 주장한다. 이는 나날이 우익화되는 일본의 정치 추세에 따른 것으로서, 중국위협론에 "여론과 민의"를 제공하고 있다. 일본 언론매체는 아베 신조 내각이 헌법을 개정하고 군사무장화의 길로 나가는 데 길을 열어주고 있다.

III 사례연구: 남중국해 이슈에 대한 편파보도로 본 중일관계

비록 일본의 경우 인터넷 매체나 TV 매체가 발달하지 않은 건 아니지만, 국민들은 여전히 신문에 대해 기본적인 신뢰감을 갖고 있다. 한 미국 학자는 이러한 매체의 형식을 수직형 매체(vertical media)와 수평형 매체(horizontal media)로 나눈 바 있다. 전자는 사회전체 즉 서로 다른 성격의 청중들을 대상으로 정보를 전달하는 것이고, 후자는 공동 관심사나 흥미를 지닌 청중들에게 정보를 전달하는 것이다. 이 중 수직형 매체로는 주로 TV와 신문이 있고, 수평형 매체에는 SNS, 인터넷 TV 등 매체가 있다.[1] 한 연구결과에 따르면 인터넷을 이용하는 일본 국민 중 매일 정치에 관심을 갖는 사람의 비중은 30%를 넘지 않는다. 90%에 달하는 일본 국민들이 인터넷에서 목소리를 내거나 '좋아요'를 누르지 않는다는 사실로 보자면 인터넷은 아직 일본 국민들이 정치에 참여하는 주요 방식은 아니다.[2]

일본 ABC협회의 데이터에 따르면 2016년 전국 5대 신문의 발행량이 전체적으로 크게 줄어들고 있다. 일본의 제1대 신문인 '요미우리 신문'의 반년의 발행량은 900만 부가 되지 않으며(895.5만 부), 제2대 신문인 '아사히 신문'도 641.1만 부(2014년에 비해 거진 100만 부가 줄었다)에 불과하다. 제3대 신문인 '마이니치 신문' 발행량은 305만 부이며, 제4대 신문 '닛케이 신문' 발행량은 272.3만 부이다. 제5대 신문 '산케이 신문'도 겨우 158.1만 부에 불과하다. 이러한 감소추세에 대해 비록 '뉴욕타임즈' 전 도쿄 지점장 마틴 패크러(Martin Fackler)는 일본 국민들이 언론매체에 대해 불신하는 탓이라고 밝혔지만,[3] 본 글은 그것의 원인은 일본 가정의 구조적 변화 그리고 인구 감소에 있다고 본다.

---

1 Shaw, D.L. *et al*.,"Strategies in the Emerging Papyrus Society: Agenda Setting, Agenda Cutting and Audience Agenda melding in the New Century," *Media Tenor Research Report*, 157, 2007, pp.108−114.

2 谷口将纪,『政治とマスメディア』(东京: 东京大学出版会, 2015), p.115.

3 Martin Fackler,『安倍政权にひれ伏す日本のメディア』(东京: 双叶社, 2016), p.216.

그림 1 일본 신문의 발행 및 보급 상황

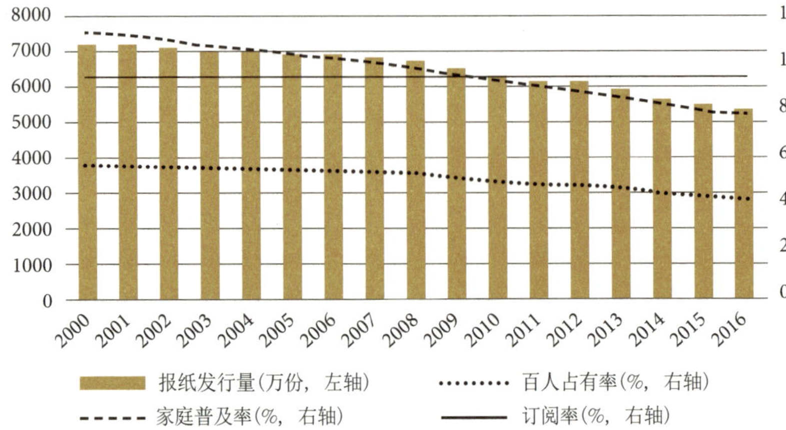

출처: 일본신문협회『调査データ: 发行部数』, http://www.pressnet.or.jp/(검색일: 2017년 4월 7일).

일본에서 종이신문은 여전히 국민의 여론을 형성하는 주요 언론매체다. 하지만 동시에 이러한 큰 신문들은 기본적으로 이미 아베 정권의 통제하에 있다. 즉 중일관계에 대한 신문의 보도 내용은 반드시 일본정부와 같은 입장에 서야 한다. 따라서 중국 남중국해 문제에 대한 편파적 보도를 통해 일본 국민들에게 전해진 소식은 필경 아베 정권의 외교정책에 기여하는 것이 된다.

표 1 일본 5대 신문의 남중국해 문제에 대한 보도 현황

	문장 수	그중 헤드라인	시기
요미우리 신문	27	11	7월 13~17일
아사히 신문	17	3	6월 5일~7월 27일
마이니치 신문	18	4	7월 10~17일
닛케이 신문	12	10	7월 13~23일
산케이 신문	26	13	7월 1~21일

출처: 필자 정리

우선 일본의 5대 신문의 남중국해에 관한 보도내용을 표 1로 정리하였다. 전체적으로 보았을 때 좌익 매체인 아사이 신문과 마이니치 신문의 보도량이나 헤드라인 보도량은 다른 우익 매체들보다 적었다. 요미우리 신문은 중재결과가 나온 지 며칠 후 전체 면을 할애하여 중국에 집중포화를 퍼부었다. 좌익이냐 우익이냐를 떠나서 모든 신문이 한 가지 원칙에 충실했다. 그것은 바로 언론매체와 정부가 "위기" 앞에서 대외적으로 "집결 효과"를 내야 한다는 것이다.

표 2는 아사히 신문의 보도에 대한 분석결과이다. 첫째, 아사히 신문은 중재결과가 발표되기 이전, 발표 시, 그리고 발표 후 이렇게 세 시기 동안 남중국해 중재에 대해 비교적 긴 시간을 들여 추적했다. 중재안이 나오기 이전의 보도 중에는 남중국해 문제의 국제화가 주요 목적이었다. 가령 6월 5일에는 신문 첫 면에 남중국해 문제에 대한 미국의 태도를 보도하였고, 또한 남중국해 문제를 아시아 안보정상회의(샹그릴라 회의)의 주요 의제로 삼아 보도하려고 했다. 아울러 중일 정상회담과 남중국해 문제를 연결하여, 남중국해 문제에 관한 일본의 역할을 강조하였다. 중재안 결과에 대한 보도에서는 다른 신문들과 마찬가지로 첫 면에서 큰 편폭을 들인 것 외에도, 중재결과에 대해서도 "중국의 권익이 부정되었다", "구단선은 법률적 근거가 없다" 등 단호한 표현을 쓰며 보도했다. 마지막으로 중재안이 나온 이후 아사히 신문도 일본정부와 같은 입장에 서서 중국이 "판결"을 준수할 것을 반복적으로 "요구"했다.

이러한 편파보도를 통하여 독자들은 어떠한 중국 이미지를 갖게 되었을까? 키워드 정리 및 분석 이후 본 글은 영토, 법률, 태도, 국제관계, 군사 등이 빈도가 비교적 높다는 것을 발견했다. 여기에서 도출해 낼 수 있는 중국의 이미지는 "국제법을 준수하지 않고 하고 싶은 대로 행동하는 크고 우둔한 대상으로서, 주변국가와의 영토분쟁에서 군사적 수단을 취할 가능성이 극히 크다"는 것이다. 이에 대해 일본과 미국은 큰 역할을 발휘하여 지역과 세계 평화를 위해 공헌해야 한다는 것이다. 사실상 중국을 "군사적 위협"으로 보는 것은 아베 정권이 헌법을 수정하기 위해 제시하는 핑계이다. 이것은 언론매체와 정권 간 관계에서의 "위기 논리"는 언론매체가 내생적(内生)이건, 외생적(外生)이건 간에 모두 강렬한 "집결 효과"를 산출한다. 또한 이러한 편파보도의 결과 일본 국민들은 중국에 대해 적대시하게 되고, 이렇게 형성된 민의는 또한 일본정부의 대중 "강경외교" 정책에 반영되게 되는 것이다.

표 2 아사히 신문의 남중국해 이슈에 관한 보도

	신문 제목	조간/석간	날짜	키워드 분류			
				영토(35)	법률(34)	각국 태도(24)	국제관계(19)
1	남중국해, 미국은 "국제법" 강조, 중국 겨냥, 중재판결 이전, 아시아안보정상회담	조간 1면	6월 5일	남중국해(7)	중재(국제) 판결	중국 불수용(8)	아세안 (6)
2	칼럼, 중국군함의 침입, 법률의 적용이 사람에 따라 달리될 수 없다	조간 15면	6월 17일	구단선(7)	국제해양 조약(8)	일본이 준수하라고 촉구함(5)	일중미 정상회담 (4)
3	남중국해 중재, 다음달 12일 판결	조간 13면	6월 30일	주권(6)	법률근거 없음(8)		역내 긴장(3)
4	중재결과, 중국 경계, 남중국해, 외교부장이 "긴장이 격화될 수 있다"고 발언함	조간 15면	7월 8일	인공섬(5)	실제지배(2)	중국과의 대화	G20 (2)
5	중일정상회담 협조 중, 작년 11월 이후, ASEM 기간	석간 2면	7월 12일	일본영토(3)	법률해결(2)		국제협상 (2)
6	남중국해, 중국해역 권익 부정, 독자적 국경선, "법률적 근거 무", 중재법정 판결, 인공섬의 정당성이 부인됨, 중국, 수용 거부	조간 1면	7월 13일				

7	구단선"위법", 중국 반응 격렬, 남중국해 문제	조간 2면	
8	남중국해, 해결의 기미가 안 보임, 미국이 중국에게 판결을 받아들이라고 촉구함	조간 3면	
9	남중국해 판결, 각국 전문가의 해설	조간 10면	
10	ASEAN 반응 불일치, 남중국해 판결에 대해 공동성명 미발표	조간 10면	
11	타이핑섬은 "암초", 대만의 격렬한 비판, 남중국해 실제 지배	조간 10면	
12	남중국해 판결 개요	조간 11면	
13	남중국해 판결, 중국은 반드시 법률질서를 준수해야 한다	석간 14면	
14	중국의 주요 언론들이 모두 판결을 비판함, 남중국해 이슈를 가지고 국내 불만을 전이시킴	석간 2면	
15	남중국해 판결 법관은 "공정하게 선발된 것"	조간 4면	7월 15일
16	남중국해, 중일 상호 버티기, 리 총리가 정상회담에서 "간섭하지 말라"고 언급	조간 1면	7월 16일
17	중일 각자 입장 선명, 남중국해 문제에 대한 중국의 입장 강경	조간 4면	
18	중일 정상회담이 냉정한 대화환경 창출	조간 14면	
19	중재판결이 "법적구속력" 지님	조간 4면	7월 27일

군사(15)	인물(8)	경제(4)	기타(13)
중국군함(4)	리커창(2)		대사관
ASEM(4)	아베 신조(2)		베트남
군사공격(4)	야나이 슌지		울란바토르
군비행기(2)	기시다 후미오		인민일보
미군	왕이		

출처: 아사히 신문 2016년 6월 5일~7월 27일

표 3은 요미우리 신문의 남중국해 중재에 대한 보도내용을 종합한 것이다. 더 많은 서로 다른 유형의 정보를 전달하기 위해 본 글은 키워드 분류를 하지 않았고, 보도내용 중 나온 키워드를 열거하는 방법을 사용했다. 큰 제목에서부터 요리우리 신문이 미국의 힘을 빌리려는 속내를 발견할 수 있다. "미국이 대중국 압력을 강화하다", "미국은 중국이 남중국해 판결을 받아들이라 촉구했다", "미국이 중국에게 판결을 존중하라고 요구했다"를 반복적으로 강조함으로써 남중국해 문제를 하나의 국제문제로 확대시켰을 뿐 아니라, 일본정부가 남중국해 문제에 개입할 정당한 이유를 제공해 주었다.

아울러 이러한 것들은 일본이 미국의 아태재균형 전략에서 전초기지의 지위를 갖고 있음을 반영한다. 요미우리 신문은 부제와 소주제를 통해 "국제법의 관점에서 보면 중국은 남중국해에 대해 주권을 가지고 있지 않다. 하지만 중국은 국제법을 준수하지 않는 국가이다. 따라서 세계 각국이 단결하여 중국을 고립시켜야 한다"는 정보를 전달하려 했다. 이 외에도 키워드를 통해 가질 수 있는 중국 이미지는 기본적으로 다른 신문들과 마찬가지다. 군사행동을 수반한 "해양확장"으로 역내 평화와 안정에 점차 위협을 준다는 것이다.

표 3 요미우리 신문의 남중국해 문제에 대한 보도

	큰 제목	부제, 소제목	조/석	면	기간	키워드			
1	남중국해, 중국 주권거부	구단선 "근거무", 중재결정, 국제법, 첫판정	조간	1	7월 13일	국제법 위반	구단선	군사 기지화	획기적 결정
2		중국 "불수용"	조간	1		중국 불수용	불공정	비합법	신공항
3		국가 간 분쟁 국제법 따라 해결	조간	12 특별판		무근거	국제법 근거	상설 국제 중재법정	국제해양조약
4		중국 입장 설득력 무	조간	14		아세안	방공식별구	매립 통한 섬 조성	믿을수 없음

5		필리핀의 대응이 초점	조간	1		필리핀 전면승소	구단선 법리 무	대국 횡포	지역전체문제
6	사설	중국 준수의무 있어	조간	3		구단선 법리 무	인공섬 EEZ	패권주의	군사화
7	중국 포위망	일본정부 "역사적 의의"	조간	3		국제 포위망	G7	G20	법률 구속력 있음
8	미국 중국에 대한 압박 강화	미대변인 중국에게 판결준수 요구	조간	13		미국 제7함대	항행의 자유	외교군사	아세안, ARF
9		아세안 입장 불일치	조간	13		베트남 지지	캄차카 반대		
10	강력 비난, 긴경 자태	인공섬 권리 인정 못 받다	조간	12		광폭한 해양 확장	군사 기지화	구단선	해양환경보호
11		국제법에 항거하는 "이상한 대국"	조간	1		해양강국전략	전면적 패소	군사 기지화	
12		대만, 타이핑다오 부인에 항의 성명 내	조간	1		총통부	타이핑섬	불수용	
13	미국이 중국에게 남중국해 판결 받아들이라 촉구	법률 구속력 가진다	석간	1		일본 정부 지지	미국 개입	아세안 일부 지지	남중국해 행위 규범
14		중국 "60여 개국이 중국 입장지지" 여론전 펼쳐	석간	1		인민 일보	추이텐카이	매체	불공정
15	남중국해, 미국이 중국에게 판결 존중 요구	중국 "압력에 굴복하지 않는다"	조간	6	7월 14일	중미 설전	남중국해는 미국에 중요	미국은 그냥 넘어가지 않을 것	국제 수의
16		중미 간 난감한 한국, 성명에서 중국 비판 피해	조간	6		한국 성명	자원 수입국	최신 미사일 방어	

17	중국, 여론전으로 대응	"70여 개국의 지지를 얻었다"고 주장	조간	14		필리핀과 베트남의 지지	70여 개국	여론전	방공식별구역
18	전문가 의견	구속력 한계, 영향 주시	조간	1		중대 판결	관할권 문제	미국이 필리핀 지지	법관
19		충돌 회피, 신뢰 배양	조간	1		유럽 견해	G7	국제법 지지	남중국해 군사화
20		정치화된 사건, 중국은 교훈 얻어야	조간	1		정치적 의지	황당무계	조약 탈퇴	지정학
21	남중국해 "평화적 해결"	아베 수상이 중국 총리에게 요구하다	조간	1	7월 16일	중국 군함선	첨각 열도	일본 개입	첨단경제대화
22		중일 의견 불일치, 정부와 국제사회가 함께 압력해야	조간	2		중일 정상 회담	의견 불일치	G20	남중국해 군사화
23		고립사태에 위기감 느끼는 중국	조간	2		ASEM	중국 포위망		
24		미일한, 판결에 "강력지지" 외교부부장 연합하여 중국에게 수용 요구	조간	6		미일한 회담	일한 판결 지지	남중국해 군사행동	
25	아시아 안보정상회의	성명 중 "남중국해" 언급 않고 "국제법 따라 해결"	조간	1	7월 17일	ASEM	분쟁 해결	중국의 해양전략 견제	중국 불수용
26	남중국해 중일 "상호 고통"	성명을 놓고 서로 지지국 쟁탈	조간	2		ASEM	국제 포위망 구축	G20	대화
27	사설	중국의 국제법 위배 허용할 수 없다	조간	3		중국 판결 무시	ASEM	해양질서 유지	정치적 혼란

이 외에도 각 신문사들은 "중재법정"과 "국제법정"의 구분을 모호하게 함으로써 일본 국민들로 하여금 중재결과가 진짜 법률적 결정이라고 잘못

이해하게끔 만들었다. 산케이 신문이 중재결과에 대해 "결정(裁定)" 혹은 "판단"이라고 표현한 것 외에, 다른 신문들은 모두 일괄적으로 "판결"이라는 법률적 전문용어를 사용함으로써 일본 국민들은 "중재법정"의 제3자들이 '싸움을 말리면서 고의로 한 편을 역성드는' 이러한 본질에 대해서는 전혀 알지 못하고 있다.

종합하면 아베 신조는 일본을 "오직 미국 한 나라에만 뒤지는 세계의 지도급 국가"라고 정의했을 뿐 아니라,[4] 그 자신도 "국제사회에서 일본과 일본인의 우월성을 증명할 수 있는 국가관과 역사관"을 가진 정치인이라고 스스로 여기고 있다.[5] 아베 신조 수상의 자민당 정권은 헌법 수정을 주요한 목적으로 삼고 있으며, 이러한 목적을 이루기 위해 "중국, 북한의 군사적 위협"을 미디어를 통해 조장하고 있는 것이다. 일본 미디어는 한편으로는 "위기 논리" 사고관이 갖고 있는 내생적 원인으로 인해, 다른 한편으로는 정부의 통제라는 외생적 원인 때문에 늘 중국의 군사적 위협, 해양확장, 패권주의 등의 부정적인 이미지들을 있는 힘껏 선전하고 있다. 남중국해 중재안 사건은 마침 일본정부와 언론매체로 하여금 물길을 트고 배수할 수 있는 아주 좋은 무대를 제공해 준 것이다. 하지만 일본정부와 언론매체의 상술한 행위들은 중일 양국 국민들 간 상호 적대 수준을 강화시킴으로써 중일관계를 계속적으로 악화시키는 원인이 되고 있다.

IV 결론

최근 들어 각종 여론조사는 중일 양국 국민들이 서로 호감을 갖고 있지

4 古贺茂明, 『国家の暴走: 安倍政权の世论操作术』(东京: 角川新书, 2014), p.19.
5 古贺茂明, 『国家の暴走: 安倍政权の世论操作术』(东京: 角川新书, 2014), p.24.

않으며, 또한 양국관계가 매우 나쁘다고 여기고 있음을 나타낸다. 이를 달리 말하면, 중일관계는 계속 악화되는 상황에 처해 있다는 것이다. 본 글은 아베 신조 제2차 내각 조성 이후 정부와 언론매체 간의 관계를 분석함으로써 일본정부가 언론매체에 대한 통제를 강화하고, 이윤으로 유인하거나 끌어안는 수단을 사용함으로써 언론매체들이 자민당 정권에 대해 발언하지 못하도록 만들고 있다고 주장한다. 아울러 중국에 대한 언론매체들의 편파보도 또한 중일 양국 국민들 간에 서로 부정적 인식을 갖게 만드는 원인 중 하나라는 것이다. 아베 신조는 자신의 오랜 꿈인 "헌법수정의 꿈"을 이루기 위해 중국의 군사적 위협 등을 명분으로 일본 국민들을 자극시켜 왔다. 따라서 중일관계의 악화는 본질적으로 아베 신조의 개인의 헌법수정 목표와 "국제사회에서 일본의 우월성을 증명하고," 일본을 군대를 지닌 "보통국가"로 만들려는 정치적 필요에 의해 초래된 것이다. 그러므로 중일관계의 긴장정세는 단기간 내 해소되지 않을 전망이다.

본 연구는 또한 다음과 같은 세 가지 정책을 제안한다. 첫째, 현재 아베 신조 내각의 우경화 과정이 날로 심화되고 있다. 중일관계 긴장의 실질은 일본 정치생태의 거시적 변화에 따른 필연적 결과이다. 따라서 중일관계의 개선을 일본정부에게 기대해선 안 된다. 중일관계의 악화 심화에 대비한 대응책들을 더욱 적극적으로 취할 필요가 있다. 둘째, 일본 국민들이 중국에 대해 호감도가 높지 않은 주요 원인은 언론의 편파보도에 있다. 이는 언론매체가 중국에 대해 긍정적 보도를 하는 것이 일본 국민들의 대중인식을 개선시킬 수 있음을 의미한다. 따라서 중국위협론을 약화시키는 동시에 중일 양국 간 윈-윈의 영역(중일 경제관계, 관광 등)의 협력관계를 강화시키는 것이 일본 매체의 "집결효과"를 분쇄하고, 편파보도를 바로잡는 길이 될 것이다. 셋째, "포스트 아베시대"의 중일관계를 맞이하기 위해 일본 청소년 세대들의 정치적 요구에 주목할 필요가 있다. 그들이 좋아하는 방식으로 중국의 긍정적 면모를 전파함으로써 미래 중일관계 개선의 목표를 실현할 수 있다.

또한 일본정치의 생태 또한 한번 생성되면 절대 변하지 않는 그러한 구조는 아니라는 점이다. 사회 내부에 존재하는 정치적 균형 메커니즘이 점차 나타나면서 변화될 수 있다. 본 글은 비록 일본 매체의 남중국해 중재안에 대한 편파보도를 분석했지만, 매체와 정부가 청중들에게 전파하는 중국 이미지 또한 다루었다. 하지만 이것이 편파보도와 중일관계 긴장과의 인과관계를 분명하게 설명하는 것은 아니다. 학술적 관점에서 보았을 때, 청중의 입장에서 언론매체의 편파보도가 미치는 영향에 대해 한층 더 깊게 연구하는 것, 그리고 이에 대해 경험적 연구를 진행하는 것이 매우 중요하다고 생각한다.

PART 3

한중 경제 · 사회

한중 경제협력 평가와 과제

중한 경제무역관계

한중 양국의 대중문화 교류

중한 양국의 인문교류

한중 경제협력 평가와 과제

양평섭(대외경제정책연구원)

I 서언

경제협력 확대를 위한 제도적 기반 조성에도 불구하고 2016년의 한중 경제협력이 1992년 수교 이후 가장 큰 어려움에 직면했다고 할 수 있다. 첫째, 2015년 12월 한중 FTA의 발효에도 불구하고 세계 교역과 중국의 성장률 둔화, 한국의 대중국 투자 둔화와 중국 진출 한국 기업의 판매 부진 등으로 2016년 한중 교역은 2년째 감소세가 이어졌다. 한국의 수출에서 중국이 차지하는 비중이 하락하고, 중국 수입시장에서 한국의 점유율도 하락하였다. 한중 FTA 활용도 역시 낮은 수준에 머물러 있어 관세인하에 따른 효과도 제대로 발현되지 못하고 있다. 이러한 다양한 원인으로 인해 2016년도 한중 교역 규모는 2012년 수준으로 후퇴하였다. 둘째, 한국 기업의 중국에 대한 투자가 증가세로 전환되기는 하였으나, 한국의 해외투자에서 중국이 차지하는 비중은 2015년에 9.6%에서 2016년에 9.4%로 하락하였다. 그러나 중국 기업의 한국에 대한 투자가 3년 연속 증가세를 이어가면서 양국 간 직접투자 불균형이 다소 해소되어 가고 있다. 셋째, 중국 외환시장에서 원화와 위안화 직거래가 시작되었고, 한중 무역에서 위안화와 원화 결재가 증가하는 등 통화와 금융 분야 협력은 안정되어 가고 있다. 넷째, 양국 정부 간 경제협력 사업 추진도 지연되고 있다. 2015년 한중

FTA가 발효되었고, 17개 분야에서 협력을 강화하기로 한 MOU를 체결하였으나, 이 중 일부 사업을 제외하고 실질적인 진전이 이루어지지 못하였다. 투자와 서비스 분야의 추가 협상, 한중 산업단지 등 한중 FTA의 후속 조치도 진전되지 못하고 있다.

2017년에도 한중 경제협력에 있어 불확실성이 커지고 있다. 미국 신행정부의 보호주의 강화에 따른 세계무역 위축 가능성, 중국의 구조조정에 따른 경기둔화, 경제외적인 갈등 등이 한중 경제협력에 부정적 요인으로 작용할 것으로 예상된다. 그러나 한중 FTA 협정 발효 3년차에 접어들면서 추가적인 관세인하가 이루어지고, 세계 경기도 2016년에 비해 소폭 회복될 것으로 기대되는 등 긍정적 요인도 존재한다. 따라서 2017년에는 한중 무역이 증가세로 전환될 가능성이 있으나, 중·미 간 통상 마찰과 비경제적 리스크의 영향으로 빠른 회복세를 기대하기는 어려울 것으로 예상된다. 한국의 사드배치 결정 발표 이후 실질적으로 중단된 정부 간 협의를 재개함으로써 양국 간에 추진되고 있는 경제협력 사업들을 구체화해 나아가야 한다. 또한 트럼프 행정부 출범 이후 미국의 중국에 대한 통상압력 강화가 한중 경제협력에 미칠 영향을 최소화하기 위한 노력이 필요하다.

II 2016년 한중 경제협력 평가

1. 무역 협력 평가

1) 개황

한중 교역액은 한국 통계를 기준으로 1992년에 64억 달러에서 2005년에는 1,000억 달러를, 2011년에는 2,000억 달러를 넘어섰고, 2014년에는 2,354억 달러에 달했다. 중국 통계를 기준으로 1992년에 50억 달러에서

2005년에는 1,000억 달러를 넘어섰고, 2010년에는 2,000억 달러를 넘어섰으며, 2014년에는 2,905억 달러로 증가하였다. 그러나 2015년과 2016년에 연속해서 감소세가 지속되고 있다. 2015년에는 한국 통계로는 2,274억 달러, 중국 통계로는 2,758억 달러로 감소하였다. 2016년의 양국 교역액은 2015년에 비해 7% 이상 감소하여 한국 통계로는 2,114억 달러, 중국 통계로는 2,545억 달러로 2012년 수준으로 후퇴하였다.

표 1 한중 수교 이후 한중 무역 현황

	한국 통계 (억 달러)				중국 통계 (억 달러)				교역 증가율(%)		무역수지 비율(%)	
	교역	대중 수출	대중 수입	무역 수지	교역	대한 수출	대한 수입	무역 수지	한국 통계	중국 통계	한국 통계	중국 통계
1992	64	27	37	−11	50	24	26	−2	43.6	54.9	−16.8	−4.3
1995	166	92	74	18	170	67	103	−36	41.9	44.9	10.6	−21.2
2000	313	185	128	57	345	113	232	−119	38.6	37.8	18.1	−34.5
2005	1,006	619	386	233	1,119	351	768	−417	26.7	24.3	23.1	−37.3
2010	1,884	1,168	716	453	2,071	688	1,383	−696	33.7	32.6	24.0	−33.6
2011	2,206	1,342	864	478	2,456	829	1,627	−798	17.1	18.6	21.6	−32.5
2012	2,151	1,343	808	535	2,564	877	1,687	−811	−2.5	4.4	24.9	−31.6
2013	2,289	1,459	831	628	2,742	912	1,831	−919	6.4	7.0	27.4	−33.5
2014	2,354	1,453	901	552	2,904	1,003	1,901	−898	2.8	5.9	23.5	−30.9
2015	2,274	1,371	903	469	2,758	1,014	1,743	−732	−3.4	−5.1	20.6	−26.4
2016	2,114	1,244	870	375	2,546	957	1,588	−631	−7.0	−7.7	17.7	−24.8

자료: 한국무역협회 무역통계 DB 및 CEIC

2) 한중 무역의 변화

2016년 한중 교역은 △ 교역 규모의 감소 △ 한국 수출의 대중국 의존도 하락 △ 중국 수입시장에서 한국의 점유율 하락과 한국 수입시장에서 중국의 점유율 상승 △ 한국의 대중국 무역흑자 및 흑자 비율 축소로 특징지어진다.

첫째, 2015년에 이어 2016년에도 한중 교역 감소세가 지속되었으며, 특히 한국의 대중국 수출은 2014년 이후 3년 연속 감소세가 지속되었다. 한중 교역은 2015년 이후 2년 연속, 대중 수출은 2014년 이후 3년 연속해서 감소세가 이어졌다. 한국 통계를 기준으로 한중 교역액은 2015년에 3.4% 감소한 데 이어 2016년에는 2,114억 달러로 전년대비 7.0% 감소하였으며, 한국의 대중국 수출은 2015년에 5.6% 감소한 데 이어 2016년에도 9.3% 감소하였고, 한국의 중국으로부터 수입은 2015년에 0.2% 증가한데 그친데 이어 2016년에는 3.6% 감소하였다. 중국 통계를 기준으로 2016년 한중 교역액은 2,545억 달러로 전년대비 7.7% 감소하였고, 이 중 중국의 대한국 수출액은 957억 달러로 동 5.6% 감소하였고, 한국으로부터의 수입액은 1,588억 달러로 동 8.9% 감소하였다.

2016년 한국의 대중국 수출 둔화는 주력 품목의 대중국 수출 부진에 기인하였다. 2016년 대중국 수출의 65%를 차지하고 있는 자본재(기계 및 부품류)의 대중국 수출이 전년대비 12.7%가 감소하였다. 특히 반도체와 평판 디스플레이, 자동차 부품, 조선 부분품 등 핵심 부품의 대중국 수출이 대폭 감소하였다. 반면 철강판, 기초 화학원료, 플라스틱 등 소재류의 대중국 수출이 안정되면서 원자재의 대중국 수출은 2015년 18.5% 감소에서 2016년에는 전년대비 0.7%가 감소한 데 그쳤다.

둘째, 2016년 한중 교역 둔화는 한국의 대중국 수출 부진에 기인하며, 이는 세계 교역 증가율 둔화가 한국의 대중국 가공무역 수출에 큰 영향을 미쳤기 때문이다. 2016년 한국의 대중국 수출 중 가공무역용 수출은 714억 달러로 전년대비 17.5%가 감소하였으며, 중국의 보세구 등을 경유하는 재수출용 대중국 수출액은 239억 달러로 전년대비 12.5% 감소하였다. 반면 중국의 내수시장에 판매를 목적으로 하는 일반무역용 대중국 수출액은 621억 달러로 전년대비 4.7%가 증가하였다. 그 결과 한국의 대중국 수출 중 중국 내수시장을 타깃으로 하는 일반무역이 차지하는 비중은 2015년 34.0%에서 2016년에는 39.1%로 대폭 상승한 반면, 가공무역이 차지하는 비중은 49.6%에서 44.9%로 낮아졌다.

셋째, 2016년에 들어 한국과 중국의 교역에서 상대국이 점하는 비중이 하락하였다. ① 양국 간 교역 감소로 한국의 교역에서 중국이 차지하는 비중은 2015년에 23.6%에서 2016년에는 23.4%로 소폭 하락하였으며, 중국의 교역에서 한국이 차지하는 비중도 7.1%에서 7.0%로 소폭 하락하였다. 한국 수출에서 중국이 차지하는 비중은 2015년에 26.0%에서 2016년에는 25.1%로 소폭 하락하였다. ② 한국은 2016년에도 중국의 최대 수입 대상국의 자리를 차지하고는 있으나, 중국 수입시장에서 한국이 차지하는 비중은 2015년에 10.9%에서 2016년에는 10.4%로 하락하였다. 한국 수입시장에서 중국이 여전히 1위를 차지한 가운데, 한국 수입에서 중국이 차지하는 비중은 2015년에 20.7%에서 2016년에는 21.4%로 상승하였다.

넷째, 한국의 대중국 무역수지 흑자 규모가 감소하여 한중 무역 불균형이 점차 축소되고 있다. 2016년 한국의 대중국 무역 흑자액은 375억 달러로 전년대비 20.1%가 감소하였다. 이에 따라 한중 교역에서 한국의 무역흑자 비율은 2013년 27.4%에서 2014년에 23.6%, 2015년에 20.6%로, 2016년에는 17.7%로 지속적인 하락세를 이어가고 있다. 중국 통계로도 중국의 대한국 무역 적자는 2014년 899억 달러를 정점으로 점차 축소되어 2016년에는 630억 달러로 전년대비 13.5%가 감소하였으며, 적자 비율도 2014년에 30.9%에서 2016년에는 24.8%로 대폭 하락하였다. 2016년도 한국의 대중국 무역 흑자는 원자재 교역에서 7.5% 증가한 반면 자본재 교역에서는 전년대비 20.4% 감소하였고, 소비재 교역에서는 대중국 적자가 4.4% 증가하였다.

2. 투자 협력 평가

1) 개황

중국은 한국의 가장 중요한 투자 대상국으로 자리 잡고 있으며, 중국에 있어서도 한국은 중요한 외국인 투자국 중 하나이다. 1992년 말에 2억 달러에 불과하던 한국의 중국에 대한 투자 잔액은 2016년 말에는 565억 달러로 증가하여, 한국의 해외투자의 16.0%로 미국(780억 달러)에 이어 2위의 자리를 차지하고 있다. 중국에 투자한 신규 법인 건수는 1992년 말 현재 278건에서 2016년 말에는 26,303건으로 전체 해외 신규 법인 건수의 37.8%(1위)를 차지하고 있다. 또한 중국 상무부의 외국인 직접투자 통계에 따르면 한국은 중국의 4대 외국인 투자국으로서 1995~2016년 말 기간 중

표 2 한국의 대중국 투자 현황

단위: 억 달러

연도	한국의 대중국 투자		중국 비중(%)*		중국 통계*** (투자액)
	신규 법인 수	투자액	신규 법인 수	투자액	
잔액**	26,303	564.5	37.8	16.0	-
2001	1,078	6.8	47.6	12.6	21.52
2002	1,433	11.4	54.9	27.8	27.21
2003	1,729	19.2	58.6	39.2	44.89
2004	2,231	25.0	56.2	36.3	62.48
2005	2,366	29.2	50.1	39.4	51.68
2006	2,389	35.2	43.4	29.4	38.95
2007	2,214	56.9	36.5	24.6	36.78
2008	1,365	39.3	31.7	16.3	31.35
2009	769	24.9	28.7	11.9	27.00
2010	918	36.6	30.0	14.8	26.92
2011	860	35.5	29.2	12.1	25.51
2012	741	40.5	26.6	14.0	30.38
2013	835	51.7	27.5	16.9	30.54
2014	723	31.8	23.7	11.3	39.66
2015	734	29.6	23.0	9.6	40.34
2016	695	33.0	21.3	9.4	47.51

주: * 중국 비중은 한국의 해외투자 중 중국이 차지하는 비중
** 잔액은 2016년 말 현재 잔액임.
*** 중국 통계는 중국 상무부가 발표한 한국으로부터의 외국인 투자 통계임.
자료: 한국수출입은행 해외투자통계 DB 및 CEIC(검색일: 2017.2.18.)

한국 기업의 대중국 누계 투자액은 674억 달러로 같은 기간 전 세계로부터 중국으로 유입된 외국인 투자액의 3.8%를 차지하고 있다.

2) 한중 투자의 변화

한국의 대중국 투자에서는 △ 한국의 대중국 투자가 3년 만에 회복세를 유지하였으나, 한국의 해외투자 대상지역으로서 중국의 위상이 낮아지고 △ 서비스 분야에 대한 투자가 증가하고 △ 중국 기업의 대한국 투자가 3년 연속 증가하면서 투자 분야의 불균형이 축소되고 있다.

첫째, 한국의 대중국 투자는 3년 만에 회복세를 유지하였다. 한국의 대중국 투자가 2014년과 2015년의 감소세에서 벗어나 2016년에는 증가세로 전환되었다. 2016년 한국 기업의 대중국 투자의 신규 법인 수는 695건으로 전년대비 5.3%가 감소였으나, 투자 실행액은 33억 달러로 동 11.6%가 증가하였다. 또한 중국 상무부의 통계에 따르면 2016년 한국의 대중국 직접투자액은 47억 5,100만 달러로 전년대비 17.8%가 증가하여 2012년 이후 6년간 증가세가 지속되고 있다.

그러나 한국의 해외투자 대상국으로서 중국의 위상은 낮아지고 있다. 한국의 해외투자 중 중국이 차지하는 비중은 2000년대 초반의 40% 수준에서 2015년에는 9.6%로, 다시 2016년에는 한 자리수인 9.4%로 하락하였다. 특히 제조업 분야의 해외투자에서 중국이 차지하는 비중은 2000년대 초반 60% 이상을 차지하였으나, 2015년에는 29.7%로, 2016년에는 28.8%로 하락하였다. 반면 베트남이 한국의 해외투자에서 차지하는 비중은 2015년에 5.2%에서 2016년에는 6.4%로 상승하였으며, 특히 제조업의 해외투자에서 차지하는 비중은 2015년에 15.3%에서 2016년에는 21.1%로 대폭 상승하였다. 이러한 결과는 최근 중국 내 비즈니스 환경 악화로 인해 미국 등 선진국에 대한 투자가 다시 확대되고, 노동집약적 산업을 중심으로 베트남 등 동남아 국가로 투자 대상지역이 전환되고 있음을 보여준다.

둘째, 2016년에 2014년 이후 지속된 제조업 분야의 투자 감소세가 3년 만에 회복세를 유지한 가운데, 서비스 분야에 대한 투자가 대폭 증가하였다. 한국의 대중국 제조업 분야 투자는 2013년에 44억 7,800만 달러에서 2014년에는 25억 6,600만 달러로 급감하였고, 2016년에 투자액은 24억 1,800만 달러로 전년대비 2.3%가 증가하였다. 업종별로는 식료품, 기초 화학, 전자 · 통신 업종에 대한 투자는 증가한 반면, 자동차, 전기 장비, 기계와 석유화학 업종에 대한 투자는 대폭 감소하였다. 특히 2016년에는 곡물가공 분야의 투자 증가로 식료품 분야의 대중국 투자가 2억 3,500만 달러로 전년대비 6.4배로 증가하였다. 액정 디스플레이 공장 설립 관련 투자들이 지속되면서 전자 · 통신 업종 투자가 전년대비 32.1% 증가하였다.

서비스 분야에 대한 투자는 2013년 이후 지속된 감소세에서 벗어나 2016년에는 증가세로 전환되었다. 2012년 13억 4,600만 달러에 달했던 서비스 분야 투자 역시 2015년에는 5억 8,700만 달러로 감소하였으나, 2016년에는 8억 1,900만 달러로 전년대비 39.5%가 증가하였다. 서비스업에서는 도소매업 분야에 대한 투자는 대폭 줄어든 반면, 금융 및 보험, 전문서비스업, 부동산 분야의 대중국 투자는 대폭 증가하였다. 세부적으로는 2016년에는 금융 리스업, 부동산 임대업, 전문 서비업 분야의 투자가 대폭 증가하였다.

셋째, 2016년 한국 기업의 대중국 투자 지역 분포에서는 동부 연해지역과 서부지역에 대한 투자는 증가한 반면, 중부지역과 동북지역 투자는 감소세가 지속되고 있다. 동부지역에 대한 투자는 2016년에 들어서 광둥성, 베이징, 장수성, 저장성 등에 대한 투자가 증가하여 전년대비 19.4%가 증가하였으며, 서부지역에 대한 투자도 2015년 감소세에서 증가세로 전환되었다. 반면 중부와 동북 지역에 대한 투자는 2015년에 이어 2016년에도 감소세가 지속되었다.

넷째, 중국 기업의 한국에 대한 투자가 3년 연속 증가하면서 직접투자 분야의 불균형이 점차 축소되었다. 2014년 이후 중국 기업의 한국에 대한 직접투자는 3년 연속 증가세가 이어지는 가운데, 미국에 이어 두 번째 외국인 투자국으로 부상하였다. 산업통상자원부에 따르면 2016년 12월 말 현재 중국의 대한국 투자 신고 건수는 10,418건으로, 투자 신고액은 102억 달러에 달하였다. 중국 기업의 해외진출과 더불어 2014년 이후 중국 기업의 대한국 투자가 급격히 증가하고 있다. 중국 기업의 한국에 대한 직접투자 신고액은 2014년에 11억 9,000만 달러로 전년대비 14.5% 증가하였고, 2015년에는 19억 8,000만 달러로 전년대비 66.3%가 증가하였으며, 2016년에는 20억 4,900만 달러로 3.6% 증가하였다. 투자 분야도 이전의 부동산과 무역업 중심의 투자에서 문화콘텐츠, 전기자동차, 로봇, 관광, 식품 · 고급 소비재 등으로 다양화되었다.[1] 그러나 중국의 해외투자에 비해 여전히 한국에 대한 투자는 상대적으로 부진한 것으로 평가할 수 있다. 2016년 중 중국의 비금융 분야 해외투자액은 1,700억 달러로 전년 동기대비 40.1%가 증가하였으며, 이를 기준으로 중국의 해외투자 중에서 한국에 대한 투자가 차지하는 비중은 2015년 1.6%에서 2016년에는 1.2%로 하락하였다.

3. 금융 · 통화 협력 평가

2016년 금융 · 통화 분야에서는 무역과 투자 분야에 비해 안정적인 협력이 이루어졌다. △ 상하이 외환시장에서 원-위안 직거래 개시 및 활성화 △ 한중 무역에서 원화 및 위안화 결재의 활성화 △ 자본시장에 대한 안정적 상호투자 등으로 특징지어진다. 2016년 2월에 G20 재무장관 · 중앙은행총재 회의 기간 중 개최된 한국 기획재정부 장관과 중국 인민은행장 간 회의에서는 2016년 6월 이전에 중국 내 원-위안 직거래 시장을 마무리하고, 최근의 국제 금융시장 불안에 선제적으로 대응하기 위해 통화스와프 만기 연장을 조기에 개시하기로 합의하였다.

1 2016년 말 현재 도착 업체 수는 6,390개, 도착 금액은 50억 4,200만 달러이다. 산업통상자원부 보도자료(2017.1.3.): 2016년 외국인 직접투자 동향

1) 원-위안 직거래의 활성화

2016년에는 중국 상하이 외환거래센터에서 원-위안 직거래가 이루어짐으로써 한중 통화 협력이 새로운 전기를 맞이하였다. 2014년 12월 1일에 한국에 원-위안 직거래 시장이 개설되었고, 2015년 10월 31일에 개최된 한중 정상회의에서 중국 내에 원-위안 직거래 시장을 개설하기로 합의하였다. 중국 내 원-위안 직거래를 위한 준비 작업으로 2016년 4월 12일에 한국은행은 하나은행 중국유한공사, 우리은행 중국유한공사 등 두 개 은행의 중국법인을 최초의 원-위안 청산은행으로 지정하였으며, 2016년 6월 8일 한국정부는 「외국환거래규정」을 개정[2]하기도 하였다. 이러한 준비를 거쳐 2016년 6월 27일부터 중국 상해 외환거래소에서 원화와 위안화 직거래가 시작되었다.

2016년 한국과 중국에서 원-위안화 직거래가 안정적으로 이루어지고 있다. ① 국내 외국환 은행 간 원-위안 일평균 거래액은 개장 초인 2014년 12월 8억 8,000만 달러에 불과했으나, 중개 수수료 인하, 외환 건전성 부담금 감면 등 직거래 활성화 지원 조치 이후 거래가 증가하기 시작하여 2015년에는 24억 7,000만 달러로 확대되어, 당해 연도 원-달러 일평균 거래량의 17%에 달하였다. 그러나 2015년 8월 11일에 중국 인민은행의 위안화 환율 결정방식 변경 이후 위안화 절하세가 지속되면서 2016년의 1일 평균 원-위안 직거래 규모는 19억 5,000만 달러로 전년대비 18.3%가 감소하였다. ② 2016년 6~12월 중 중국 상해 외환거래소의 원-위안화 직거래 규모는 46억 5천만 달러로 같은 기간 동안의 중국 내 전체 외환거래 규모의 0.12%에 불과하였으며, 월간 거래 규모도 2016년 6월 2억 4,100만 달러에서 9월에는 9억 3,700만 달러로 대폭 확대되었으나, 10월 이후 급감하기

2 △ 중국 내 은행 간 원/위안 현물환 및 파생거래, 원화 대차거래에 대해 신고의무 면제 △ 중국 내 은행을 통한 중국 기업 등의 원화 무역금융 및 무역관련 파생거래에 대해 신고의무 면제 △ 중국 시장에 원화 유동성 공급을 위해 원화 청산은행이 3조원까지 한국은행 신고 없이 국내 모행으로부터 차입 허용 등의 조치를 담고 있다.

시작하여 12월에는 5억 8,900만 달러로 줄어들었다.[3]

표 3 국내 원-위안 1일 평균 직거래 규모 (단위: 억 달러)

	2014.12	2015					2016				
			1/4	2/4	3/4	4/4		1/4	2/4	3/4	4/4
현물환(한국)	8.8	24.7	13.9	32.4	22.9	29.2	19.5	22.2	21.7	20.8	13.6

자료: 한국은행 보도자료(2017.1.19.); 2016년 중 외환시장 동향

2) 한중 원화 및 위안화 무역 결제 활성화

한중 무역에서 위안화와 원화 결제가 지속적으로 증가하고 있다. ① 한중 무역결제에 있어 위안화 결제액은 2015년에 67.7억 달러로 103%가 증가한 데 이어, 2016년 1~9월에는 79.3억 달러로 전년 동기대비 78.6%가 증가하였다. 이에 따라 한중 교역에서 위안화 결제 거래가 차지하는 비중도 2015년에 2.7%에서 금년 1~9월 중에는 5.2%로 대폭 상승하였다. ②

표 4 한중 교역의 주요 결제 통화 구성 (단위: %)

구분	통화	2010	2011	2012	2013	2014	2015	2016.1~9
대중 교역	달러	95.3	94.1	94.8	94.9	95.3	93.7	91.6
	위안화	0.1	0.2	0.3	0.7	0.9	2.7	5.2
	원화	1.5	1.6	1.4	1.4	1.4	1.5	1.8
대중 수출	달러	97.3	96.9	96.7	95.3	95.4	93.8	91.7
	위안화	0.2	0.6	1.0	1.6	1.7	3.1	5.5
	원화	0.8	1.1	1.0	1.5	1.7	2.1	1.8
대중 수입	달러	95.3	94.1	94.8	94.9	95.3	93.7	91.5
	위안화	0.1	0.2	0.3	0.7	0.9	2.7	4.7
	원화	1.5	1.6	1.4	1.4	1.4	1.5	1.8

자료: 한국은행 경제통계시스템(ECOS)

3 CEIC DB(검색일: 2017.2.14.)

원화에 의한 무역결제도 2015년에 1.5%에서 금년 1~9월 중에는 1.8%로 상승하였다. 특히 대중국 수입에서 원화에 의한 무역결제가 차지하는 비중이 2015년에 1.5%에서 금년 1~9월에는 1.8%로 상승하였다.

3) 한중 자본시장 투자 협력

2016년에도 한중 자본시장에 대한 상호투자가 안정적으로 이루어졌다. 첫째, 한국 자본의 중국 자본시장에 대한 투자도 확대되고 있다. ① 한국은 2014년 7월에 개최된 한중 정상회담에서 800억 위안의 위안화 적격해외기관투자자(RQFII) 자격을 부여받았으며, 2015년 10월에는 한국 기획재정부와 중국 인민은행 간에 RQFII 한도를 1,200억 위안으로 확대하기로 합의하였다. 이에 근거하여 2016년 12월 말 현재 중국 국가외환관리국의 허가를 획득한 한국 기업의 RQFII 한도는 737억 위안으로 중국정부가 허가한 RQFII의 13%를 차지하고 있으며, 홍콩(2,700억 위안)에 이어 2위를 차지하고 있다. ② 중국 국가외환관리국에 따르면 2016년 말 현재 한국의 적격해외기관투자자(QFII)는 17건에 쿼터액은 44억 4,800만 달러로 중국의 전체 QFII(278개 사) 쿼터액(873억 달러)의 5.1%를 차지하고 있다.[4]

둘째, 2016년 중국 자본의 한국 증권시장에 대한 투자가 소폭 위축되고

표 5 국가별 RQFII 한도 취득 현황(2016년 12월 말 현재) 단위: 억 위안

순위	국가	취득액(A)	회사 수	총한도(B)	소진율(A/B)
1	홍 콩	2,700	79개	2,700	100%
2	한 국	737	34개	1,200	61%
3	싱가포르	664	28개	1,000	66%
4	영 국	301	15개	800	38%
5	프랑스	240	7개	800	30%
합계		5,285	177개		

자료: 中國國家外換管理局. 2016a.

4 中國國家外換管理局. 2016b.

있다. 2016년 말 현재 중국인의 한국 상장 주식 보유액은 8조 7,010억 원으로 2015년 말 대비 6.8%가 감소하였으며, 전체 외국인 보유 주식에서 차지하는 비중도 2015년에 2.22%에서 2016년 말에는 1.81%로 하락하였다.[5]

표 6 중국인의 한국 상장 주식 보유 현황 (2016년 12월 말 현재)　　단위: 10억 원

구분	2013년 말	2014년 말	2015년 말	2016년 말	증감률(%)
중국	8,421	9,492	9,337	8,701	△6.6
전 세계	432,242	423,040	421,024	469,930	14.4
비중(%)	1.95	2.24	2.22	1.81	△0.41%p

자료: 한국금융감독원 보도자료(2017.1.17.)

III 한중 FTA 및 경제협력 사업 평가

1. 한중 FTA의 관세 인하와 활용도 평가

2015년 12월 20일 한중 FTA가 발효되면서 상품 분야의 관세 인하가 이루어졌고, 2016년 1월에 두 번째 관세인하가 이루어졌다. 특히 한국산 제품에 대한 중국의 수입 관세는 2015년 12월에는 평균 1.30% 포인트, 2016년 1월에 다시 0.83% 포인트 인하되었다. 한중 FTA 이용률이 낮은 가운데 세계 교역 둔화에 따른 영향으로 인해 한중 FTA가 한국의 대중국 수출 증대에 미친 영향은 미미하지만, 중국의 내수용 수입시장 개척에는 긍정적 요인으로 작용한 것으로 평가할 수 있다.

5 2016년 말 현재 금융감독원에 등록된 중국인 투자자 수는 579명으로 2015년 말 대비 77명이 증가하였다.

그림 1 분기별 한중 FTA 활용률(2016년, 백만 달러, %)

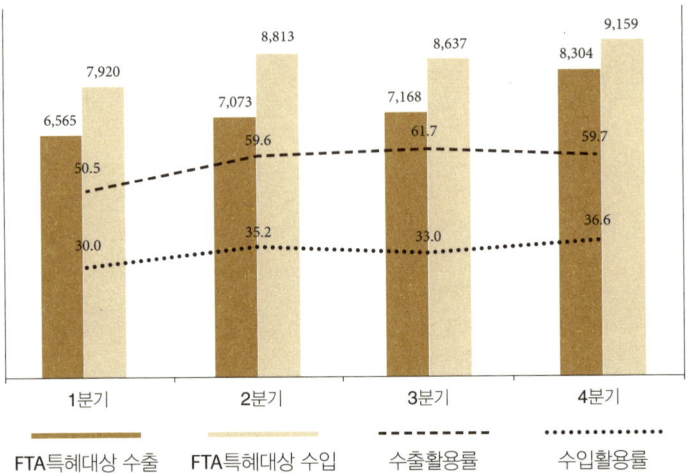

자료: 관세청

표 7 산업별 한중 FTA 활용률(2016년, %)

	수출	수입
합 계	33.9%	58.1%
화학공업제품	49.1%	73.8%
플라스틱 고무 및 가죽제품	26.2%	59.9%
철강금속제품	31.4%	64.1%
전자전기제품	15.0%	50.2%
잡제품	9.0%	40.8%
섬유류	21.6%	60.0%
생활용품	17.4%	51.9%
농림수산물	34.6%	54.4%
기계류	27.9%	49.9%
광산물	53.2%	40.8%

자료: 관세청

첫째, 한국 관세청 자료에 따르면 양국 간 무역에서 한중 FTA의 활용률(FTA 원산지 발급 실적/FTA 대상 품목의 수출입액)이 한국이 체결한 여타

FTA에 비해 낮은 수준이지만 점차 높아지고 있다. 2016년 한중 FTA의 수출 활용률은 33.9%로 상대적으로 낮은 수준에 머물러 있다. 관세청에 따르면 2016년 한국의 각국에 대한 수출에서 FTA 활용률은 평균 63.8%이며, 한·캐나다 FTA는 89.1%, 한·미 FTA는 72.5%, 한·아세안 FTA는 46.0%인 점에 비추어 볼 때 한중 FTA 활용률은 아직은 낮은 수준이다. 그러나 한중 FTA의 수입 활용률은 58.1%로서 한·인도, 한·EFTA(유럽자유무역연합) FTA보다 높은 수준을 유지하였다. 또한 2016년에 한중 FTA 활용률이 가장 높았던 업종은 화학공업제품으로 수출 활용률은 49.1%, 수입 활용률은 73.8%에 달하였다.

표 8 한중 FTA 대상 품목의 대중국 수출 관세율 및 수출 현황

	대한국 평균 수입 관세율(%)			인하 폭 (%P, C−A)	대중 수출액(억 달러)			대중 수출 중 비중(%)	
	2012	2015	2016		2015년	2016년	증감률 (%)	2015	2016
전 품 목	9.72	8.42	7.59	2.14	1,743	1,588	−8.9	100	100
한중 FTA 적용 대상 품목	**9.19**	**7.77**	**6.87**	**2.32**	**1,612**	**1,458**	**−9.5**	**92.48**	**91.83**
− 무관세 품목	−	−	−	−	855	763	−10.8	49.09	48.04
− 관세 인하 대상 품목	**10.10**	**8.54**	**7.55**	**2.55**	**756**	**695**	**−8.1**	**43.39**	**43.79**
* 즉시 관세 철폐	4.13	0.00	0.00	4.13	58	50	−14.3	3.32	3.13
* 5년 내 철폐	7.43	5.95	4.46	2.97	43	41	−4.4	2.46	2.58
* 10년 내 철폐	11.82	10.59	9.41	2.41	119	134	12.7	6.81	8.43
* 15년 내 철폐	11.03	10.33	9.59	1.44	199	194	−2.6	11.44	12.23
* 20년 내 철폐	19.66	18.76	17.78	1.88	86	68	−21.1	4.95	4.29
* 부분 철폐	12.06	11.51	10.96	1.10	251	208	−17.0	14.40	13.13
예외품목	15.90	15.90	15.90	0.00	131	130	−1.0	7.52	8.17

자료: 중국 해관통계를 이용하여 저자 작성

둘째, 한중 FTA가 2016년 한국의 대중국 수출 둔화세의 완화에 부분적

으로 기여한 것으로 추정된다. 중국 통계를 기준으로 2016년 한중 FTA 대상 품목의 한국의 대중국 수출액은 1,458억 달러로 전체 대중국 수출액(1,588억 달러)의 91.8%를 차지하였다. 이 중에서 한중 FTA 대상 품목 중 중국의 무관세 품목의 대중국 수출이 763억 달러로 48.0%를 차지하고 있으며, 한중 FTA에 따라 관세 인하가 이루어진 품목의 대중국 수출이 695억 달러로 43.8%를 차지하였으며, 동 비중은 2015년에 비해 0.4% 포인트 상승하였다. 특히 한중 FTA가 2016년 대중국 수출 둔화세를 완화시키는 제한적인 역할을 한 것으로 보인다. 2016년 한중 FTA 협정에 따라 중국의 관세 인하가 이루어진 품목의 경우 전년대비 8.1% 감소하여 중국의 한국으로부터의 수입 감소율(-8.9%)보다 소폭 낮은 수준을 유지하였다.

셋째, 관세 인하 혜택이 큰 중국의 내수용 수입시장 개척에 있어서도 한중 FTA가 제한적이지만 긍정적인 작용을 한 것으로 보인다. 중국 해관 통계에 따르면 2016년 한국의 전체 대중국 수출이 전년대비 8.9% 감소하였으나, 무역방식에 따라 구분해 보면 일반무역 수출은 전년대비 4.7% 증가하였고, 중국의 일반무역 수입에서 한국이 차지한 점유율은 2015년에 6.42%에서 2016년에는 6.91%로 0.49% 포인트 높아졌다. 이 중 한중 FTA 대상 품목의 대중국 일반무역 수출은 525억 달러로 전년대비 4.6% 증가하였고, 중국의 해당 품목 수입에서 한국이 차지하는 비중도 2015년 5.9%에서 2016년에는 6.4%로 높아졌다. 그러나 한중 FTA 대상 품목 중에서 본래 무관세 품목에서 대중국 수출이 9.9% 증가한 반면, 관세 인하 대상 품목의 대중국 일반무역 수출은 1.9% 증가한 데 그침으로써 한중 FTA에 따른 관세 인하에 의한 중국 내수시장 개척 효과도 제한적이었던 것으로 판단된다.

2. 한중 FTA 후속 사업 평가

2016년 비경제적 요인에 따른 한중 관계 악화로 인해 한중 FTA 협정에서 합의한 투자·서비스 분야의 후속 협상, 한중 산업단지 건설 등 후속 조치 분야의 협력에 있어서는 진전이 이루어지지 못하였다.

1) 한중 투자 및 서비스 분야 추가 협상

한중 FTA 협정을 체결하면서 발효 후 서비스와 투자 분야에서 네거티브 방식의 후속 협상을 개시하기로 합의하였다. 한중 FTA 협정 발효 후 2년 내 투자 · 서비스 분야 협상을 개시하고, 협상 개시 2년 내에 협상을 마무리하기로 합의한 것이다. 그러나 한중 FTA가 발효된 지 1년여 시간이 지난 현재 시점까지 서비스와 투자 분야의 후속 협상 자체가 시작되지 못하고 있다. 특히 한국의 사드배치 결정 이후 한중 양국 정부 간 협의 채널이 중단되면서 한중 FTA 후속 조치에 대한 협의가 진전되지 못하고 있다. 또한 투자 · 서비스 협상은 현재 중국정부가 추진하고 있는 중 · 미 및 중 · EU 투자협정의 지연과 비경제적 요인으로 인해 중국정부가 소극적인 입장을 취하고 있기도 하다. 중국은 FTA 추진에 있어 높은 수준의 FTA를 표방하고 있고, 진입 전 내국민대우 부여와 네거티브 리스트 제도를 전면적으로 시행할 것임을 밝히고 있어, 향후 한중 FTA 투자와 서비스 협상 타결에 있어 큰 문제는 없을 것으로 보인다. 다만 투자 · 서비스 협상에 있어 현재 진행 중인 중 · 미 및 중 · EU 협상 결과에 따라 협상이 이루어질 것이다. 트럼프 행정부 출범으로 중 · 미 BIT 협정 체결이 지연되고 있어 한중 FTA의 투자와 서비스 분야 협상에도 부정적인 영향을 미칠 것으로 예상된다.

2) 한중 산업단지 조성 협력 현황

한중 FTA 협정에서 중국의 옌타이(煙臺) · 장수성 옌성(鹽城)시 · 광둥(廣東)성과 한국의 새만금 지역을 한중 산업단지 조성 지역으로 지정하였으며, 2015년 10월에는 「한중 산업협력단지에 관한 MOU」를 체결함으로써 산업단지 협력과 관련한 협력 기반을 조성하였다. 이 외에도 한중 FTA 협정에서는 △ 한중 FTA 시범지구로서 중국의 웨이하이시와 인천 경제자유구역(IFEZ)을 지정하여, 시범 협력 사업을 추진하고, 환경 분야 협력을 강화하기 위한 수단으로서 양국에서 시범지대로서 환경 산업단지 조성에 협력하기로 하였다. 또한 2016년 4월에 중국 국무원이 발표한 「전면적인 동북 지구 등 노공업기지 진흥에 관한 의견」에서는 한중 FTA를 계기로 중국 동북지역에 한중 국제협력 시범구를 건설한다는 방침을 밝혔으며, 2016년 5월에 서울에서 개최된 제14차 한중 경제장관회의에서 동북지역에서 한중 국제협력 시범구를 추진하기로 합의하기도 하였다.

현재 한중 산업단지 조성에 관한 협의는 실무 국장급 회의를 통해 구체화하고 있으나, 실질적인 진전은 없는 상황이다. 그러나 중국 내에서는 지방정부를 중심으로 한중 산업단지에 대한 기본적인 법률 정비를 마치고 사업을 구체화해 가고 있다. 한중 산업단지 조성을 위한 재원조달을 위해 산둥성 옌타이시와 장수성 옌청시가 각각 10억 위안과 20억 위안의 초기 자본금 규모로 한중 산업단지 발전 기금을 조성하였다. 특히 옌타이시의 경우 2016년 8월에 한중 산업원구에서 상하이 자유무역구에서 시행되고 있는 개방의 실험을 적용하기로 결정하였으며, 한중(옌타이) 산업원 경제협력센터를 개소한 데 이어 10월에는 총 2.88㎢ 규모로 한중 유학생 창업원을 개원하였다. 광둥성 역시 2016년 3월 훼이저우(惠洲)시를 한중 산업원구 설치 도시로 선정하고 구체적인 실시 계획을 마련 중에 있다. 그러나 한중 FTA에서 한국의 새만금 지역을 한중 산업협력 시범지역으로 선정하였으나, 이 지역에 대한 중국 기업의 관심이 크지 않아 실질적인 진전이 이루어지지 못하고 있다.

3) 한중 FTA 이행 점검 회의 개최

한중 FTA 협정에서는 양국의 장관급을 의장으로 하는 공동위원회(joint commission)를 두고, 그 아래 13개 위원회, 2개 소위원회, 1개 작업반을 두어 이행 사항을 점검하도록 하고 있다.[6] 이러한 합의에 따라 2017년 1월

6 기술무역장벽(TBT) 위원회, 무역구제 위원회, 위생 및 식물위생 조치(SPS) 위원회,

13일 베이징에서 제1차 한중 FTA 공동위원회가 개최되었으며, 동 위원회에서는 △ 협정 이행을 점검 △ 서비스 · 투자, 정부조달 등 후속 협상 진전 방안 논의 △ 화장품 등 통상 현안과 전기차 배터리 등 투자기업 애로사항 논의와 더불어 상품, 서비스 · 투자, 관세, 경제협력, 비관세조치 등 분과별 위원회도 개최되었다. 동 회의에서는 전자적 원산지 자료교환 시스템 구축을 평가하고, 원산지 증명서상 기재 품목 수를 현행 20개에서 50개로 확대를 합의하였다. 아울러 한중 FTA 협정에 규정된 서비스 · 투자 및 정부조달 분야에서 후속 협상을 조속히 개최하는 방안에 대해 지속 협의해 나가기로 합의하였고, 한중 산업협력단지, 지방경제협력 등 한중 FTA를 기반으로 한 양국 간 경제협력을 강화하는 방안도 협의하였다.

3. 한중 국가 전략 연계 협력 평가

한중 양국은 2015년 10월 31일에 개최된 정상급 회담을 통해 △ 한국의 유라시아 이니셔티브-중국의 일대일로 △ 한국의 창조경제-중국의 대중창업 · 만중혁신 △한중 산업협력단지 조성 △ 제3국 시장 공동 진출 등 양국의 4개 분야 국가 발전 전략을 연계하기로 합의하고, 산업협력, 지방정부 간 협력, 통화 및 금융 협력 강화 등을 포함한 17개 협력 비망록(MOU)을 체결하였다. 그러나 양국 정상급 회의에서 합의된 협력사업 중에서 한국 외교부와 중국 상무부가 추진하고 있는 「한중 경제 · 무역 발전 공동 계획(2016-2020)」이 제21차 한중 경제 공동위원회(2016년 4월 20일 개최)에서 통과된 것을 제외하고 대부분의 사업에서 실질적 진전이 이루어지지 못하고 있다.

첫째, 한중 양국은 2015년 10월 31일에 개최된 정상급 회담에서 2020년

시식재산권 위원회, 싱품무역 위원회, 서비스무역 위원회, 금융서비스 위원회, 자연인의 이동 위원회, 투자 위원회, 관세 위원회, 환경과 무역 위원회, 경제협력 위원회, 역외가공지역 위원회, 원산지규정 소위원회, 통관 · 무역원활화 소위원회, 비관세조치 작업반 등이다.

까지 한중 간 중장기 경제 협력 목표와 협력 방안을 포함한 중장기 발전 계획을 작성하기로 합의하였다. 이러한 합의에 따라 2015년 한국의 외교부와 중국 상무부가 공동연구를 통해 「한중 경제협력 중장기 발전 계획(2016~2020)」을 작성하였으며, 동 계획은 2016년 4월에 개최된 제21차 한중 경제공동위원회에서 서명되었다.[7] 동 계획에서는 향후 양국이 중점적으로 협력해 나아갈 방향을 제시하였다. 산업협력에 있어서는 △ 한중 관계 발전을 반영하는 업그레이드된 산업 · 기술 협력 확대 △ 중국 제조 2025, 인터넷+ 등의 산업정책 연계 △ ICT 등 미래 성장 산업에서 R&D 협력 △ 창업 인력 협력 및 연구 인력 교류 활성화 등을 제시하였다. 금융 분야에서는 한국의 위안화 역외 센터(허브) 발전에 협력하기로 합의하였다. 지방 간 협력에서는 한중 산업단지 건설에 있어 양국 경제협력을 선도하는 개방형 경제시범특구를 지향하고, 한중 우호 주간 행사의 내실화와 사업 확대를 추진해 나가기로 하였다. 다자 및 지역 차원의 협력에서는 AIIB에서의 협력과 유라시아 이니셔티브 정책과 연계를 강화하고, ICT 및 의료 부문에서 일대일로 사업에 참여하는 것 등을 포함하고 있다.

둘째, 중국의 일대일로와 한국의 유라시아 이니셔티브를 연계시키기 위해 한중 양국 정부는 2015년 10월 30일에 「유라시아 이니셔티브-일대일로 간 연계 MOU」를 체결하였다. 협력 분야로는 경제정책 공조, 기반시설 연결, 무역 · 투자 활성화, 금융협력, 인적 교류 등 다방면에 걸친 경제협력을 확대하기로 합의하였다. 협력 방식으로 제3국 시장 공동 개척, 양국 정보 공유 플랫폼 구축, 투자 및 금융 지원 제공, 공동 연구 및 시범 사업 실시 등을 합의하였다. 그러나 두 전략의 연계에 대해 지속적인 협력을 재확인하는 정도의 의견교환이 이루어지고 있을 뿐이다. 이와 관련하여 2016년 10월 19일에 한국을 방문한 쿵쉬안유(孔鉉佑) 중국 외교부 부장조리와 한국 외교부 차관보 간 업무협의 회의에서 한중 FTA의 이행, 유라시아 이

7 외교부 보도자료(2016.4.20.)

니셔티브-일대일로 등 양국 발전전략 간 연계, 인문 유대 강화 사업 등에 있어서 양국이 적극 협력함으로써 양국 간 실질적인 협력을 지속해 나가기로 하였다.[8]

셋째, 2015년 10월에 한국과 중국 양국은 제3국 시장 공동 개척, 정보 공유 플랫폼 구축, 투자 및 금융 지원 제공, 공동 연구 및 시범 사업 실시 등을 합의하였다. 한국의 기획재정부와 산업부, 중국의 국가발전개혁위원회와 상부부가 공동으로 「제3국 시장 협력 진출에 관한 MOU」를 체결하여 제3국의 인프라, 플랜트 시장에 한국의 기술력과 디자인 역량, 중국의 금융 조달 능력 등의 장점을 결합하여 공동 진출하기로 합의하였다. 한국 산업부와 중국 상무부가 「한중 투자협력 기금 공동연구에 관한 MOU」를 체결하여 제3국 공동 진출을 지원하기 위한 기금 설치 방안에 대해 공동연구를 추진하기로 합의하였다. 현재 한국 내에서는 한국과 중국의 제3국 시장 공동 진출 방안에 대한 연구가 진행 중이며, 중국 상부부가 제3국 공동 진출 협력 기금(Fund) 조성 등에 대한 기본 방침을 작성하여 의견을 교환하기로 한 상황이다. 또한 공동 진출의 우선 대상 국가를 선정하여 시범적으로 현지에 대한 공동 조사 등을 실시할 계획이나, 아직까지 실현되지 못한 상황이다.

넷째, 한중 양국 정부는 신산업 분야에서 양국 간 경쟁을 회피하고, 중국의 '중국 제조 2025' 정책과 우리 '제조업 혁신 3.0 전략'의 협력을 강화하기 위해 「제조업 혁신 3.0 전략과 중국 제조 2025 간 연계 협력 MOU」를 체결하였다. 동 협정에서는 △ 양국 제조업 정책 교류 △ 친환경 제조, 스마트 제조, 로봇개발 · 활용 및 표준화, 디자인 분야 연구 △ 스마트공장, 친환경 공장 △ 공동 작업반 설치(국장급 실무 협의체) 등에 협력하기로 하였다. 그러나 현재까지 한국과 중국은 디스플레이, 반도체, 로봇 분야에서 양국 간 협력 가능성이 높다는 데 인식을 같이하고 동 분야에서 협력방안

8 외교부 보도자료(2016.10.19.)

을 모색 중이나, 실질적인 협력 성과는 나타나지 않고 있다.

IV 2017년 한중 경제협력 과제

2015년 한중 FTA의 발효와 각 분야의 협력을 추진하기로 한 MOU를 체결하면서 한중 협력이 새로운 단계에 진입할 수 있는 정책적 · 제도적 기반이 마련되었다. 중국의 입장에서도 한국은 무역, 투자, 금융, 국가 전략의 협력 등 다양한 분야에서 매우 중요한 협력 파트너이다. 그러나 2016년에 들어서 세계 경기와 무역의 둔화, 중국 경기의 둔화, 비경제적인 요인 등 다양한 요인으로 인해 양국 간 교역과 투자가 위축되고, 경제협력 사업들도 진전이 이루어지지 못하고 있다. 특히 비경제적 요인으로 인해 정부 간 협력 사업이 중단 또는 지연되고 있다. 2017년에는 한중 FTA 협정 발효 3년 차에 접어들면서 추가적인 관세인하가 이루어지고, 세계경제도 금년에 비해 소폭 회복될 것으로 기대되는 등 한중 경제협력에 긍정적 요인도 존재한다. 그러나 한중 경제협력의 불확실성도 커지고 있다.

트럼프 행정부의 보호주의 강화에 따른 세계 무역 위축 가능성, 중국의 리밸런싱에 따른 경기 둔화 가능성, 사드배치를 둘러싼 양국 간 갈등 등이 한중 경제협력에 부정적인 요인으로 작용할 것으로 예상된다. 특히 트럼프 행정부 출범 이후 중·미 통상마찰이 격화될 가능성이 커지고 있으며, 이는 한중 무역과 투자에 불확실성 요인으로 작용하게 될 것이다. 트럼프 행정부는 △ 중국을 환율조작국으로 지정 △ 중국의 불법 보조금에 대한 WTO 제소 △ 모든 행정수단을 통한 지적재산권 침해 등 불법행위 제재 등을 통해 중국에 대한 통상압력을 확대할 것임을 밝히고 있다. 특히 중국이 환율조작을 통해 대미 무역 흑자를 창출하고 있다고 주장하고, 중국을 환율조작국으로 지정하며, 중국의 불법행위에 대한 조치로서 중국산과 수입품에 45%의 관세를 부과할 것이라는 입장을 밝혔다. 미국이 중국을 환율조작국으로 지정하여 중국산 제품에 대해 징벌적 관세를 부과하는 경우 중·미 간 전면적 통상전쟁이 불가피할 것이다. 중·미 통상마찰이 첨예화될 경우 한국의 대중국 수출 둔화와 함께 가공무역 형태로 중국에 진출한 우리 기업에 대한 피해가 클 것으로 예상된다. 특히 한국의 대중국 수출 중 60% 이상이 재수출을 목적으로 한 것이어서 한국의 대중국 수출이 타격을 받게 될 것이다.[9] 향후 중·미 통상마찰이 증대될 가능성이 있으나, 극단적 대립 관계로 발전할 가능성은 크지 않다고 할 수 있다. 특히 반덤핑과 상계관세 등 전통적 방식으로 중국에 대한 무역 규제를 강화하는 경우 중·미관계와 한중관계에 대한 영향은 제한적일 것이다. 그러나 미국이 중국을 환율조작국으로 지정하고, 징벌적 보복 관세를 부과할 경우 한중 경제협력에 대한 영향은 매우 클 것이다.

또한 트럼프 행정부의 TPP 탈퇴 결정에 따라 일대일로 건설과 RCEP가 추진 동력을 받게 될 것이라고 예상된다. 특히 중국은 향후 주변국 → 일대일로 → 글로벌 지역으로 확대함으로써 글로벌한 FTA 네트워크를 구축한다는 목표를 설정해 두고 있다.[10] 향후 한중 양국은 동아시아 경제 통합에 우선순위를 두고 RCEP와 한·중·일 FTA 추진을 적극적으로 추진해 나갈 필요가 있다.

2017년에는 비경제적 리스크의 영향을 최소화하기 위한 노력이 절실히 필요하다. 한중관계의 비경제적 요인의 불안정성이 증폭되면서 경제협력에 부정적인 요인으로 작용할 것으로 예상된다. 중국은 사드배치가 중국

9 2016년 한국의 대중국 무역방식별 수출 구성은 일반무역(내수용) 39.1%, 가공무역(44.9%)과 보세무역(15.1%) 등 재수출용이 60%를 차지하고 있다.

10 중국은 △ 주변국과의 FTA를 통해 주변국 대시장 구축 △ 일대일로 연선 국가와의 FTA를 통한 일대일로 대시장 형성 △ 신흥국, 발전도상 대국, 주요 경제그룹, 일부 선진국과의 FTA 체결을 통한 글로벌한 FTA 네트워크를 구축한다는 3단계 발전전략을 제시하고 있다. 國務院(2015), 제2항.

의 핵심 이익을 침해하고 있어 경제적인 제재를 포함한 대응이 필요하다는 입장이다. 특히 사드가 배치될 경우 문화, 관광, 인적 교류[11]에 대한 영향은 불가피할 것으로 보인다. 다만 내년에는 한중 FTA 발효 3년차로 추가적인 관세 인하가 이루어지고, 한중 양국 교역이 중간재 중심으로 이루어지고 있다는 점을 감안하면 사드배치가 상품 무역에 미치는 영향은 제한적일 것으로 예상된다. 양국 정부 차원의 대화를 조속히 재개해야 한다. 특히 한국의 사드배치 결정 발표 이후 실질적으로 중단된 정부 간 협의를 재개함으로써 양국 간에 추진되고 있는 경제협력 사업들을 구체화해 나아가야 한다.

11 사드배치 결정 이후 중국 요우커의 한국 방문 규제 소문에도 불구하고 한국 방문객 수는 대폭 증가하였다. 한국관광공사에 따르면 2016년 한국을 방문한 중국인은 806만 명으로 전년대비 34.8%가 증가하였다.

중한 경제무역관계

류첸(劉騫, 통지대학)

I 서론

중한수교 이후 정치경제 분야에서의 더 높은 차원으로의 발전은 줄곧 양국의 공통된 바람이었다. 양국은 1992년 '우호적 협력관계'에서 2003년 '전면적 협력파트너관계'로 발전하였고, 2008년에는 '전략적 협력파트너관계'로 상승되었으며 다시 중한 자유무역지대의 설립으로 이어졌다. 중한 간 경제무역관계는 현재 끊임없는 발전을 거두어 양국 간 교역액이 2005년 1천억 달러를 돌파한 이후 2010년에는 2천억 달러를 돌파했다.[1] 1992년 중한수교 이후 중한 양국 간 상품교역액은 이미 50억 달러에서 2015년 2,273.8억 달러로 증가하여 50배 성장하였다. 또한 20여 년간 중한 양국 간 무역은 급속한 성장세를 지속적으로 유지하여, 현재 한국의 대중 무역 흑자는 469억 달러에 달해 한국 GDP의 16.6%를 차지하고 이는 한미 무역총액의 2배에 해당한다.[2] 그러나 2016년 중한은 경제무역 각 영역에서 서로 다른 정도의 정체, 심지어 퇴조 현상이 나타났고, 이러한 감소 추세는 매우 뚜렷하다. 주의해서 보아야 할 점은 이러한 상황이 중한 수교 이후 나

1 李永春, "2011年中韓關係述評及展望", 『亞太藍皮書』, p.197

2 澎湃新聞網, http://www.thepaper.cn/newsDetail_forward_1628974

타난 적이 없었던 현상으로, 1998년 아시아금융위기와 2008년 세계금융위기 기간 동안 중한 간 경제무역 영역에서의 협력과 발전 역시 일부 어려움과 도전에 직면하기도 했지만 전체적인 경제발전의 추세에 있어 현재와 같은 '역행' 추세는 결코 나타난 적이 없었다는 점이다. 중한 간 경제무역관계 경제데이터를 분석해 보았을 때 2016년 중한 간 경제무역관계 영역에서 나타난 퇴조 현상은 주로 중한 양국이 각자 경제영역에서 직면한 서로 다른 정도의 '난제'에서 초래된 것으로, 기본적으로는 경기하향단계에서 나타나는 정상적인 특징에 속한다고 볼 수 있다. 그러나 추세적으로 보았을 때 하강 속도와 폭은 예측되는 '정상' 범위보다 높다. 본 논문에서는 이러한 현상의 원인으로 중한 경제무역관계 배후에 있는 '푸쉬 핸드(push hand)', 즉 중한 간 정치관계에서의 '사드'배치와 북핵문제로 인해 나타난 커다란 의견 차이가 초래한 문제라고 본다.

II 2016년 중한 경제무역관계의 발전과 그 특징

1. 중한 양국 간 무역발전 현황을 보자. 2016년 중한 양국 간 화물무역 현황에 대해서는 주로 한국의 대중 수출입 월별(1~9월)[3] 현황을 근거로 하여 비교분석을 진행하였다.

1) 〈표 1〉에서 볼 수 있듯이 가로축에서는 2016년 1~9월까지 한국의 대중 월별 수출입 추세에서 나선식 파동이 나타나고 수출입총액은 상승

3 한국의 대중 수출입 월별 상황에서 월별 데이터는 공식기관에서 2016년 9월까지 발표했고 아직 갱신되지 않았다. 따라서 이 글에서 데이터의 인용 역시 2016년 9월까지로 한다.

추세를 보인다. 그러나 세로축에서 보았을 때 2016년 1~9월간 중한 무역 총액은 1,528.83억 달러로 동기대비 9.5% 감소했다. 그중 한국의 대중 수입은 632.09억 달러로 동기대비 5.3% 감소했고 대중 수출은 869.74억 달러로 동기대비 12.1% 감소했다. 대중 무역흑자는 264.65억 달러로 동기대비 24.96% 감소했고,[4] 2016년 중한 무역총액 역시 지난해 동기대비 감소 추세를 보였으며 감소폭이 비교적 크다. 그중 한국의 대중 수출 감소폭이 가장 커서 12.1%에 달하는데, 이는 한국의 대중 수출이 부진하다는 것을 보여준다. 본 논문에서는 주요 원인으로 한국의 주력 산업에 큰 문제가 발생했기 때문이라고 본다. 우선 해운산업은 수출 중심의 한국에서 줄곧 중요한 기초산업을 담당하고 있었고, 한진해운은 한국 국내 최대, 세계 7위의 해운회사이다. 그러나 최근 몇 년간 한진해운의 경영상황이 악화되어 2015년 말까지 한진해운의 채무가 6.6조 원을 넘어섰고 자기자본 대비 부채비율이 850%에 달했으며 올해 상반기 누적 적자액이 4,730억 원에 달했다. 2016년 9월 1일 한국 서울중앙지방법원에서는 한진해운에 대해 파산보호를 집행했고 법원에서는 제3자 법정관리를 지정했다.[5] 한진의 파산으로 한국의 수출입은 이미 타격을 입기 시작했다. 또 다른 한편으로 삼성은 한국 해외수출의 중요한 산업을 떠받치고 있다. 그러나 2016년 삼성 휴대폰 폭발사건으로 인한 삼성전자의 갤럭시 노트7 판매중단이 삼성의 판매실적에 부정적인 영향을 미쳤다. 2016년 10월 27일 삼성이 발표한 영업실적보고에 따르면, 2016년 3분기 영업이윤이 동기대비 29.7% 감소했고 전 분기 대비 36.15% 감소하여 5.2조 원(약 313억 위안)에 이르렀다. 동 기간 회사매출액도 동기대비 7.5% 감소했고 전 분기 대비 6.13% 감소하여 47.82조원에 이른다. 3분기 매출액은 작년 1분기 이후 최저 수준이고 영업

4 중화인민공화국 상무부 사이트, http://www.mofcom.gov.cn/article/i/dxfw/cj/201611/20161101639463.shtml

5 人民網-人民日報, http://world.people.com.cn/n1/2016/0912/c1002-28707920.html

이윤은 2014년 4분기 이후 최저치이다.[6]

표 1 2016년 1월 이후 한국의 대중 수출입 월간 추세

단위: 억 달러

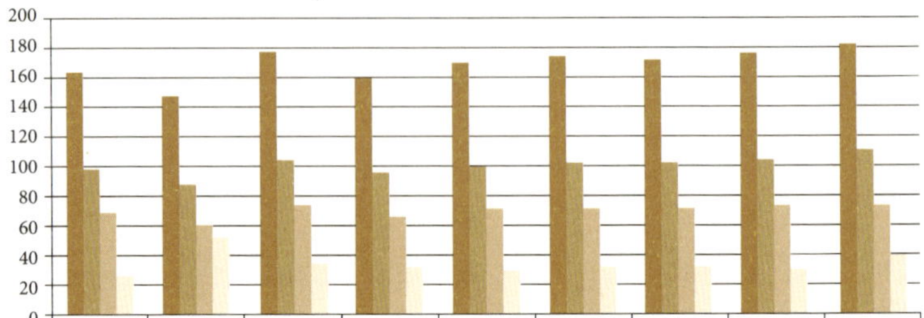

	1월	2월	3월	4월	5월	6월	7월	8월	9월
수출입총액	163.7	146.75	177	161	170	174.96	171.36	176.76	181.95
수출총액	97.49	86.48	104	96	99.3	102.84	101.3	103.04	109.61
수입총액	68.91	60.27	73	65	70.7	72.12	70.06	73.72	72.34
무역흑자	25.88	52.17	33	31	28.6	30.72	30.72	29.32	37.27

자료 출처: 상무부 중한무역 약식통계와 해관총서(관세청) 자료 정리.

2) 품목 측면에서 보았을 때 〈표 2〉에서는 한국의 대중 수입에서 상위권을 차지하는 세 가지 품목이 전기기계제품, 비금속 및 제품, 화학공업제품이라는 것을 알 수 있다. 1~9월간 수입액은 285.7억 달러, 89.6억 달러, 49.9억 달러로 각각 6.0%, 9.1%, 0.7% 감소하였고, 이는 한국의 대중 수입 총액의 45.2%, 14.2%, 7.9%를 차지한다. 1~9월간 한국의 대중 주요 수입 품목 중에서는 광학, 시계, 의료설비가 대폭 감소하였다. 방직품 및 원료, 가구 완구와 같은 노동집약형 제품의 수입시장에서 중국은 지속적인 우세를 유지하고 있다. 이러한 제품에서 중국의 주요 경쟁국은 베트남, 인도네시아, 일본 등의 국가이다.[7]

6 중국국제무역촉진위원회 주한국 대표처 사이트, http://www.ccpit.org/Contents/Channel_3857/2016/1028/710080/content_710080.htm

7 중화인민공화국 상무부 종합사 사이트, http://countryreport.mofcom.gov.cn/

표 2 한국의 대중 주요 수입품목 구성(류)

2016년 1~9월					금액단위: 백만 달러	
세관분류	HS코드	품목분류	2016년 1~9월	전년도 동기	동기 대비 %	비중 %
류	장	총액	63,209	66,762	−5.3	100.0
제16류	84−85	전기기계제품	28,569	30,379	−6.0	45.2
제15류	72−83	비금속 및 제품	8,960	9,852	−9.1	14.2
제6류	28−38	화공제품	4,987	5,023	−0.7	7.9
제11류	50−63	방직품 및 원료	4,229	4,395	−3.8	6.7
제18류	90−92	광학, 시계, 의료설비	2,808	3,487	−19.5	4.4
제20류	94−96	가구, 완구, 잡화제품	2,356	2,206	6.8	3.7
제13류	68−70	도자기, 유리	1,949	1,959	−0.5	3.1
제7류	39−40	플라스틱, 고무	1,850	1,916	−3.5	2.9
제17류	86−89	운수설비	1,527	1,603	−4.7	2.4
제12류	64−67	신발, 우산 등 경공제품	1,042	1,066	−2.3	1.7
제4류	16−24	식품, 음료, 연초	974	906	7.5	1.5
제2류	06−14	식물제품	820	834	−1.7	1.3
제1류	01−05	생체화물, 동물제품	751	745	0.8	1.2
제8류	41−43	피혁제품: 트렁크	706	719	−1.8	1.1
제5류	25−27	광산품	579	624	−7.2	0.9
		기타	1,101	1,049	5.0	1.7

자료 출처: 중화인민공화국 상무부 국가별 무역보고

반면 한국의 대중 주요 수출 품목은 〈표 3〉에서 알 수 있듯이 전기기계제품, 광학의료설비 및 화학공업제품 등이다. 1~9월간 수출액은 각각 423.8억 달러, 120.3억 달러, 115.4억 달러로 나타나 전기기계제품과 광학의료설비는 각각 15.3%, 17.9% 하락했고, 화학공업제품은 2.0% 성장했다. 이 세 품목을 합하면 한국의 대중 수출총액의 73.6%를 차지한다. 1~9월간

record/view.asp?news_id=51309

한국의 대중 운수설비 수출은 비교적 큰 하락폭을 보였다.[8] 이로써 전기기계제품은 줄곧 중한 간 제1 교역품목이었지만, 〈표 2〉와 〈표 3〉에서 볼 수 있듯이 한국의 대중 전기기계제품 수입 증가가 수출보다 뚜렷하게 높다는 것을 알 수 있다. 이는 중국 산업구조의 조정과 과학기술수준의 향상에 유리하며 나아가 중국 전기기계제품의 국제경쟁력을 부단히 강화할 수 있다.

표 3 한국의 대중 주요 수출품목 구성(류)

2016년 1~9월					금액단위: 백만 달러	
세관분류	HS코드	품목분류	2016년 1~9월	전년도 동기	동기 대비 %	비중 %
류	장	총액	89,674	102,030	−12.1	100.0
제16류	84−85	전기기계제품	42,380	50,024	−15.3	47.3
제18류	90−92	광학, 시계, 의료설비	12,026	14,642	−17.9	13.4
제6류	28−38	화공제품	11,538	11,309	2.0	12.9
제7류	39−40	플라스틱, 고무	7,050	7,507	−6.1	7.9
제15류	72−83	비금속 및 제품	5,155	5,555	−7.2	5.8
제5류	25−27	광산품	3,852	3,960	−2.7	4.3
제17류	86−89	운수설비	3,646	4,882	−25.3	4.1
제11류	50−63	방직품 및 원료	1,393	1,591	−12.5	1.6
제4류	16−24	식품, 음료, 연초	658	589	11.7	0.7
제20류	94−96	가구, 완구, 잡화제품	505	523	−3.4	0.6
제13류	68−70	도자기, 유리	474	452	4.8	0.5
제1류	01−05	생체화물, 동물제품	215	180	19.8	0.2
제10류	47−49	섬유소액, 종이	201	211	−4.9	0.2
제8류	41−43	피혁제품: 트렁크	174	244	−28.7	0.2
제12류	64−67	신발, 우산 등 경공제품	100	94	6.5	0.1
		기타	307	268	14.2	0.3

자료 출처: 중화인민공화국 상무부 국가별 무역보고

8 중화인민공화국 상무부 종합사 사이트, http://countryreport.mofcom.gov.cn/record/view.asp?news_id=51309

3) 무역흑자 측면에서 보면 2016년 1~9월 중한 간 무역총액은 1,528.83억 달러로 동기대비 9.5% 하락했다. 그중 한국의 대중 수입은 632.09억 달러로 동기대비 5.3% 감소했고, 대중 수출은 896.74억 달러로 동기대비 12.1% 감소했다. 한국의 대중 무역흑자는 264.65억 달러로 동기대비 24.96% 감소했다.[9] 이러한 수치로 보았을 때 한국의 대중 무역흑자의 동기대비 감소폭이 비교적 큰데, 한국의 무역흑자 하락은 대중 수입 증가로 인한 무역흑자 감소가 아니라, 대중 수출의 대폭 감소로 인한 것이라는 점에서 이는 주목해 볼 만한 현상이다. 이는 또한 2016년 한국의 수출부진을 설명해 주며, 한국 국내 경제상황은 낙관할 수 없다. 또한 〈표 4〉에서 볼 수 있듯이 한국의 대중 흑자는 2013년 최고조에 달했다가 이후 계속해서 하락하고 있으며 하락폭도 비교적 크다는 것을 알 수 있다. 한국이 오랫동안 대중 무역에서 흑자상태를 유지할 수 있었던 주요 원인은 다음 세 가지다. 첫째, 중한 교역품목 구조의 차이에서 온다. 중한 교역품목 구조의 차이는 큰데, 중국은 기술집약형 제품에서 불리하고 대한국 수출이 여전히 노동집약형 제품 위주이다. 반면 한국의 대중 수출은 기술집약형 제품으로 이는 중한 양국 간 경제구조에서 비롯된 것이다. 둘째, 중한 간 직접투자액의 거대한 차이에서 온다. 중국의 경제규모와 부존자원의 상황으로 인해 중국은 한국에 비해 우월한 투자지위를 갖는다. 중국은 한국에 비해 줄곧 우세한 투자를 유지해 왔는데, 2013년을 예로 들면 한국의 대중 투자액은 51.07억 달러이고 동 기간 중국의 대한국 투자는 4.81억 달러로, 한국의 대중 투자는 중국의 대한국 투자의 약 10.6배에 달한다.[10] 중한 간 직접투자규모의 거대한 차이로 인해 중한 직접투자의 경제수익률과 경제에 미치는 영향의 차이 역시 매우 크며, 나아가 한국의 대중 무역흑자를 한중

9 중화인민공화국 상무부 사이트, http://www.mofcom.gov.cn/article/i/dxfw/cj/201611/20161101639463.shtml

10 劉蕾 · 劉桂淸, "韓國對華投資分析", 『石河子大學學報』 2006年 第2期

더 확대시킨다. 셋째, 중국시장은 한국의 우선 목표가 아니다. 한국은 저가 노동력과 저생산요소를 갖춘 중국을 생산기지로 보고 제품을 미국, 유럽연합 등의 시장으로 판매하여 고이윤을 벌어들인다. 전체 산업사슬에서 보았을 때 중국은 한국 기업의 재중국 생산가공공장에 불과하며 주로 기술제품 위주로 그 핵심 부품은 여전히 한국에서 온다. 이러한 생산모델은 비용을 증가시켜 중국의 대미 대유럽 무역흑자를 증가시키지만, 중국의 대한국 무역흑자는 감소되거나 심지어 적자를 보기도 한다.

표 4 한국의 대중 흑자액

단위: 억 달러

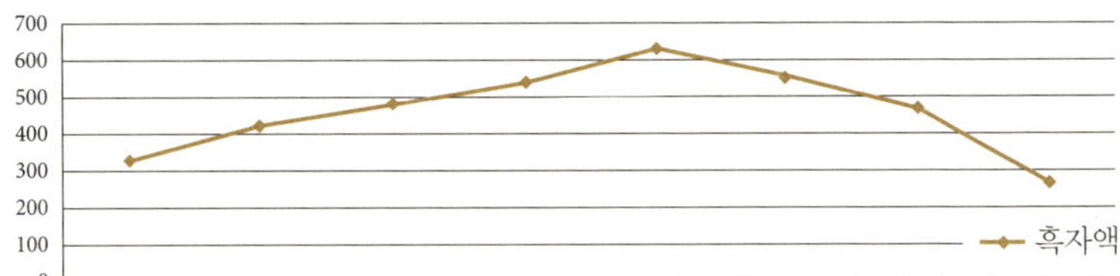

	2009년	2010년	2011년	2012년	2013년	2014년	2015년	2016년 (1~9월)
흑자액	324.6	412	477.8	535.5	628.2	552.6	469	267.96

자료 출처: 상무부 중한무역 약식통계와 해관총서(관세청) 자료 일부 정리.

2. 중한 양국 간 투자발전 현황을 보자. 2016년 중한 간 직접투자 현황을 더 잘 파악하기 위해 본 논문에서는 투자규모, 투자산업, 투자지역 분포 세 가지 측면에서 분석을 진행하였다.

1) 투자규모 측면에서 보았을 때 2016년 한국은 외국기업의 대중국 직접투자 순위에서 여전히 3위를 차지하며 외국기업의 대중국 투자총액의 4.18%를 차지했다. 그러나 2013년을 기점으로 한국의 대중국 투자규모는 급속히 하락하기 시작한다. 한국 측이 제공한 데이터에 따르면 한국의 대중국 투자가 대외 투자총액에서 차지하는 비중이 2005년 39.3%에서 2015년 10.5%로 하락한다. 현재 한국의 대중국 직접투자액은 이미 2007년의

54.5억 달러에서 28.5억 달러로 감소되었다.[11] 1992년 중한 수교 이후 중한 간 직접투자가 급속히 발전했다. 비록 2008년 세계금융위기의 여파로 한국의 대중 직접투자가 하락되었지만, 최근 몇 년간 한국의 대외투자는 증가되기 시작했고 대중 투자만 상대적으로 감소했다. 한국은행 통계에 따르면 2015년 한국의 대외투자액은 7,670억 달러(약 4.97조 위안)에 달해 동기대비 486억 달러 성장했다. 그중 대미 투자는 동기대비 265억 달러, 동남아는 133억 달러, 유럽연합은 71억 달러, 일본은 45억 달러, 남미지역은 36억 달러, 중동지역은 26억 달러 증가했고, 대중 투자는 오히려 106억 달러 감소하였다.[12] 한국의 대외투자에서 중국이 차지하는 비중 역시 2014년 2위에서 4위로 하락했다.[13]

2016년 10월 19일 국가발전개혁위원회가 발표한 2016년 1~9월 주요 국가/지역 대중국 투자 현황에 따르면, 2016년 1~9월 주요 국가/지역의 대중국 투자총액은 전체적으로 안정세를 유지하고 있다. 1~9월 10위권 안에 드는 국가/지역(실제 투입된 외자금액으로 계산)의 실제 투입된 외자총액은 897.5억 달러로, 실제 사용된 전국 외자금액의 94.4%를 차지하고 동기대비 0.9% 증가하였다. 대중국 투자 10위권 안에 드는 국가/지역을 순서대로 살펴보면(표 5) 홍콩(645.4억 달러), 싱가포르(45.6억 달러), 한국(37.6억 달러), 마카오(33.2억 달러), 미국(30.1억 달러), 대만(27.9억 달러), 독일(24억 달러), 일본(22.7억 달러), 영국(17.4억 달러), 룩셈부르크(13.5억 달러)이다.[14] 〈표 5〉에서 볼 수 있듯이 2016년 9월 외국기업의 대중국 직접투자 비중에서 한국은 3위를 차지하여 외국기업의 대중국 투자총액의 4.18%를 차지

---

11 중화인민공화국 상무부 대외투자경제합작사 사이트, http://fec.mofcom.gov.cn/article/ywzn/xgzx/guowai/201609/20160901394919.shtml

12 연합뉴스 사이트, http://chinese.yonhapnews.co.kr/newpgm/9908000000.html?cid=ACK20160421002400881

13 閻薇, "中韓經貿關係的發展現況與趨勢", 『經濟科苑』, p.296

14 중화인민공화국 국가발전개혁위원회 사이트, http://www.sdpc.gov.cn/fzgggz/wzly/wstz/wstzgk/201610/t20161019_823159.html

한다.

표 5 2016년 1~9월 대중국 투자 10위권 국가/지역 순위

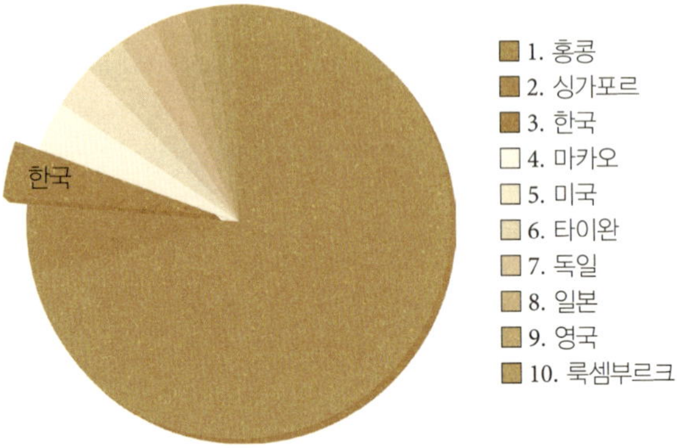

자료 출처: 국가발전개혁위원회 통계

그러나 〈표 6〉에서 볼 수 있듯이 2008년 세계경제위기 이후 중한 경제의 하락 압력이 지속적으로 증가하고 세계투자환경 변화 등의 요인으로 인해 한국의 대중 직접투자규모가 지속적으로 하락하고 있다. 한국 연합뉴스 2016년 9월 12일자 보도에 따르면 한국 전국경제인연합회가 당일 발표한 자료로 볼 때 한국의 대외 직접투자총액에서 중국이 차지하는 비중이 지속적으로 하락하여 2005년 39.3%에서 2015년 10.5%로 하락했고 하락폭이 비교적 크다는 것을 알 수 있다. 한국의 대중국 직접투자액은 2007년 최고점을 찍어 54.4억 달러를 기록했다가 2015년에는 28.5억 달러로 감소한다.[15]

15 중화인민공화국 상무부 사이트, http://www.mofcom.gov.cn/article/i/jyjl/j/201609/20160901390883.shtml

표 6 한국의 대중 투자액

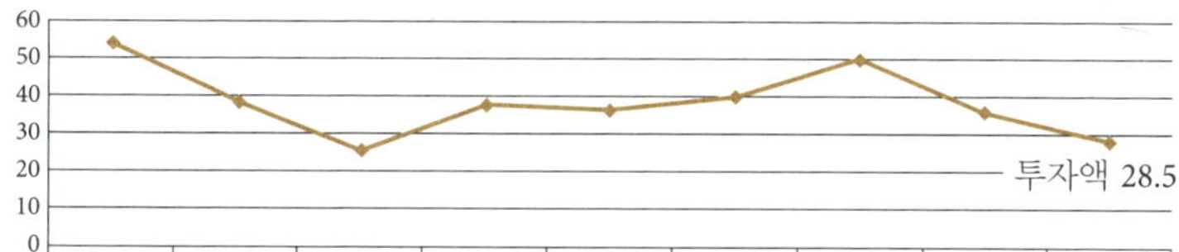

	2007년	2008년	2009년	2010년	2011년	2012년	2013년	2014년	2015년
투자액	54.4	38.59	25.6	38.02	36.5	40.03	50.07	35.6	28.5

2007~2015년 한국의 대중국 투자규모

자료 출처: 상무부 중한무역 약식통계와 해관총서 자료 정리

2) 투자 산업의 측면에서 보았을 때 2016년 한국의 대중 직접투자 업종은 〈표 7〉에서 나타나듯 2차 산업의 투자액이 가장 높아 투자총액의 63.92%를 차지하고, 3차 산업이 35.52%, 1차 산업은 0.55%에 불과하다. 그러나 추세적으로 보았을 때 3차 산업에 대한 투자 비중이 상승세를 보이고 있고, 2차 산업의 비중이 다소 감소되었다. 중국의 대한국 투자의 90%는 서비스업에 집중되어 있다. 구체적인 상황으로 볼 때 2016년 한국의 대중국 직접투자가 이루어진 각 업종에서, 제조업 투자가 줄곧 안정세를 유지하며 투자액의 60% 이상을 차지하여 한국의 대중국 직접투자의 주요 산업이 되었다. 다른 산업에 대한 투자는 이 산업의 자산수익률의 변화에 따라 변화가 발생하였다. 예컨대 2012년 중국 부동산업의 경우 전성시기 비교적 높은 이익률을 보여 당해 연도 부동산업에 대한 투자액은 6.14억 달러를 달성, 15.22%를 차지했다. 2013년과 2014년 중국의 부동산시장이 포화됨에 따라 투자액 역시 점차 하락하여 3% 이하로 떨어졌다.[16] 또한 부동산에 대한 중국정부의 거시 조정으로 인해 부동산 긴축정책이 시작됨에 따라 토지출하량이 점차 감소하고 부동산에 대한 재고 해소정책이 진행되었다. 이에 따라 점차 빌진하기 시작한 것은 도소매업과 금융보험업이다. 2015년 말까지 한국의 대중 투자 누계액 분포를 보면 2차 산업

16 王樹, 『韓國對華直接投資與中韓雙邊貿易的關係研究』, 北京理工大學, 2016

에 대한 투자액이 투자총액의 63.92%를 차지하였고, 3차 산업 투자액이 35.52%, 1차 산업에 대한 투자는 0.55%에 불과하여 매우 불균형한 추세를 나타냈다. 그러나 1차 산업, 즉 농업, 임업, 목축업, 어업, 부업 등의 규모가 작고 업종 투자 수익률이 낮아 여기서 거둔 투자효과와 업종 이윤은 제조업 등의 업종과 비교할 수가 없다. 그 밖에 1차 산업 개발에 필요한 투자액이 비교적 크고 운영주기도 길어 커다란 리스크가 나타날 수 있기 때문에 투자자들은 이를 감당하고 싶어하지 않는다. 따라서 한국의 대중국 1차 산업 투자비중이 비교적 낮아 1%에도 미치지 못한다.

2차 산업에 대한 투자액은 절대적인 우위를 차지하며 주로 제조업, 광업에 집중되어 있다. 중국은 풍부한 광산자원과 노동력 자원을 보유하고 있지만 한국은 광산자원이 부족하여 중한 간의 보완이 가능하다. 한국의 대형 다국적기업의 대중국 제조업과 광산업 투자는 운영주기가 짧고 리스크가 상대적으로 높지 않아 비교적 큰 이윤을 얻을 수 있다. 또한 한국은 산업화 발전으로 대량의 공업자원이 필요한데 중국은 이러한 한국의 수요를 만족시켜 줄 수 있다. 중국경제의 전환과 제3차 산업의 발전으로 인해 최근 한국의 대중국 직접투자에서 3차 산업에 대한 투자비중이 점차 증가하고 있고, 이는 주로 금융보험업과 도소매업의 증가로 나타나고 있다. 비록 현재 시점에서 보면 3차 산업이 중국경제에서 차지하는 비중이 우세하진 않지만, 추세적으로 보았을 때 향후 한국의 대중국 투자가 3차 산업에 대해 중점적으로 이루어질 것으로 보인다.

중국의 대한국 투자는 주로 서비스업과 제조업에 분포되어 있는데, 그 중 문화오락산업, 소비품 업종, 전자금융 등이 중국의 중점투자영역이다. 2014년의 경우 중국의 대한국 투자 신고건수는 2013년 402건에서 525건으로 상승했고, 투자신고액 역시 4.81억 달러에서 11.9억 달러로 상승하여 147.2% 증가했다. 투자업종은 주로 종합레저타운, 문화산업, 식품, 의류 등의 영역에 집중되어 있다.[17] 투자건수와 비슷하게 투자금액에서도 서비

17 중화인민공화국 상무부 사이트, http://www.mofcom.gov.cn/article/i/dxfw/

스업이 큰 비중을 차지하며 그 다음이 제조업이다. 중국 자본이 한국으로 진입하는 주요 경로는 자본투자와 기업합병 두 가지이다.[18] 자본투자는 중국 자본이 한국에 들어오는 가장 중요한 경로이다. 많은 중국 기업이 한국에 들어와 한국 기업의 주식을 구입하여 주요 주주가 된다. 이는 중국 기업의 발언권과 시장가치를 향상시키는 데 도움이 된다. 또한 다국적기업의 합병은 중국 기업으로서는 기회이기도 하고 도전이기도 하다. 이는 중국 기업의 시장규모와 국제적 영향력을 확대하고 중국 기업의 관리운영 수준을 향상시키는 데 도움이 된다. 그러나 정치적 요인이나 혹은 기업문화 등의 문제로 합병실패를 가져오기도 한다. 그러나 최근 중국 기업의 한국에서의 합병 건수가 대폭 증가했다는 사실은 중국 기업의 해외진출 야망을 보여준다고 할 수 있다. 한국 중소기업청의 자료에 따르면 2011년에서 2015년 9월까지 중국 자본이 한국 25개 상장기업과 7개 비상장기업에 대한 투자를 진행하여, 투자총액이 2조 9,606억 원(약 162억 위안)에 달하며 그중 80%가 2013년 이후 투자된 것이다. 2010년 자본투자 비중은 79.3%, 기업합병투자 비중은 16.4%를 차지했지만, 2014년 합병 건수가 대폭 증가하여 투자비중이 47.1%에 달했다.[19] 이와 동시에 중국의 대한국 제조업 투자 역시 최근 몇 년 사이 대단한 관심을 보여 왔고, 그중 한국 부동산에 대한 투자 증가가 특히 주목할 만하다. 하나는 재한 중국인의 숫자가 계속 증가하여 재한 외국인 중 가장 많고 절대 수량을 차지한다는 점이다. 또한 재한 중국인의 증가로 인해 중국인들의 주택구입 수요와 수량이 급증했다. 한국의 데이터통계에 따르면 외국인의 재한 토지보유면적이 2억 3,220만㎡에 이르고 중국 투자자가 보유한 토지면적은 7%에 불과하지만 증가속도가 경이롭다. 2011년 중국 투자자의 토지보유면적은 370만㎡였고,

cj/201504/20150400932334.shtml

18 陳尙文, "中國資本帶動中韓企業共同發展", 「人民日报」, 2016年 01月 04, 第03版

19 陳尙文, "中國資本帶動中韓企業共同發展", 「人民日报」, 2016年 01月 04, 第03版

2016년에는 1,690만㎡에 달했다. 불과 5년의 시간 사이에 중국 투자자의 토지보유면적이 4배 증가한 것이다. 동 기간 외국인의 토지보유면적은 49% 증가에 불과했다.[20]

표 7 한국의 대중국 투자 산업별 비중

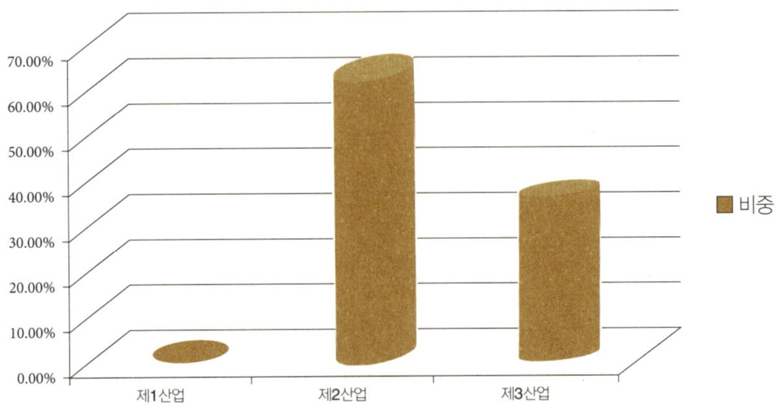

자료 출처: 상무부 중한무역 약식통계와 해관총서 자료 정리

3) 대중 투자지역 분포로 보면 한국의 대중 직접투자지역은 점차 '장삼각(長三角)'과 '주삼각(珠三角)'으로 이동해 왔다. 그러나 2015년부터 한국의 투자지역은 중국 내륙으로 이동하기 시작했고, 특히 서부지역으로 이동했다. 2016년 중국 '일대일로(一帶一路) 이니셔티브'의 안정적인 실시와 중한 '자유무역협정'이 발효됨에 따라 한국의 대중국 직접투자지역에는 새로운 변화가 나타났다. 초기 한국의 직접투자는 주로 동북지역과 환발해경제권에 집중되어 있었고, 주로 지리적인 위치를 고려했다. 동북지역과 환발해경제구는 한국이 가장 먼저 진출하고 투자한 지역으로, 이 지역의 투자 주체는 대부분 중소기업 위주였다. 투자 생산되는 제품이 대부분 노동집약

20 연합뉴스 사이트, http://chinese.yonhapnews.co.kr/newpgm/9908000000.html?cid=ACK20170221000800881

형이었으며 한국으로부터 자본을 들여와 중국의 저렴한 노동력과 기타 자원을 이용하여 완성품을 가공한 뒤 다시 한국이나 다른 국가로 판매하는 것이었다. 현재 장삼각경제구와 주삼각경제구 역시 한국투자를 유치하는 중요한 기지가 되었다. 중국 〈외상투자지침〉의 관련 내용에 따르면 중국에는 장삼각경제구, 주삼각경제구, 환발해경제구, 해협경제구 등 4대 주요 외자유치지역이 있다. 2016년 한국의 대중국 투자 주요지역이 장삼각경제구와 환발해경제구이지만, '일대일로 전략'의 추진과 중한 '자유무역협정'이 실시됨에 따라 한국은 중국 서부지역으로 비즈니스 기회를 찾아 이동하기 시작했다. 2016년 10월 18일 한국무역협회는 24개 기업으로 구성된 제3기 중한자유무역협정(FTA) 무역촉진단이 중국 시안(西安)과 정저우(鄭州)를 방문한다고 발표했다. 무역촉진단과 시안, 정저우의 100여 명의 기업가들은 맨투맨으로 비즈니스 협의를 진행하였는데, 여기에는 식품, 화장품, 생활용품, 유아용품, 주방용품 등의 상품을 포괄하며 활동은 21일까지 지속되었다. 활동 기간 동안 무역촉진단은 정저우쇼핑센터의 중소기업을 참관하여 접촉하였고 중국 시장환경 설명회를 개최하였다.[21] 따라서 향후 한국은 중국 서부에 대한 직접투자를 확대하여 중국의 '일대일로' 건설과 접목시킬 가능성이 있다.

중국의 경우 대한국 투자지역에서 중국과 가까운 환발해 지역, 예컨대 인천, 서울, 수원, 전주, 광주 등의 도시를 선택하는 경향이 있다. 이들 도시는 중국과 지리적으로 가까울 뿐 아니라 항구도시에도 비교적 가까워 수출입 해운이 비교적 편리하다. 뿐만 아니라 인접해 있는 지리적 위치 때문에 운송비용을 절감할 수 있으며 정치문화적 분위기 역시 친근하다. 그러나 한국 국내시장의 규모는 중국과 비교할 바가 되지 못한다. 따라서 더 많은 해외투자를 유치하기 위해 한국은 외자정책을 조정하고 법적 형식을

21 연합뉴스 사이트, http://chinese.yonhapnews.co.kr/newpgm/9908000000.html?cid=ACK20161018002500881

통해 외국투자를 위한 좋은 투자환경을 제공해 주고 있다. 이에 따라 1998년 11월 실시된 새로운 〈외국인투자촉진법〉은 투자영역에 대한 제한을 완화했고 세수 감면, 토지사용우대, 현금지원제도 등의 조치를 채택했다. 또한 2003년부터는 인천과 부산, 진해, 광양 등의 경제자유지대를 설정하여 외자를 적극 유치했는데, 이는 중국 기업을 포함한 외국기업에게 좋은 투자기회를 제공해 주고 있다.[22]

3. 중한 지역협력발전 상황을 보자. 중한 양국은 동아시아 지역공동체 건설과 경제협력 확대 측면에서 많은 공동이익을 갖고 있다. 따라서 자국 경제의 빠른 발전과 성장을 촉진하고 양국 간 경제무역관계를 한층 더 강화하기 위해 중한 양국은 FTA 협상을 진행하였다. 중한 양국은 2012년 5월 정식으로 협상을 개시하였고 14차례에 걸친 협상을 거쳐 2014년 11월 중한 양국은 실질적인 협상을 완성했으며, 2015년 6월 1일 양국 정부는 〈중화인민공화국 정부와 대한민국 정부 자유무역협정〉을 공식적으로 체결했다.[23] 이 역시 중한 양국의 경제무역발전과 중국 자유무역구 전략 및 아시아태평양 경제무역구조에 중요한 영향을 미쳤다. 또한 〈중한 자유무역협정〉 체결 1주년을 맞이하는 2016년 중한 자유무역협정 범위를 화물무역, 서비스무역, 투자 및 규칙 등 모두 17개 영역을 포괄하는 것으로 확대했다. 여기에는 전자상거래, 경쟁정책, 정부조달, 환경 등 '21세기 경제무역 아젠다'가 포함된다.[24] 자유무역협정 규정에 따라 중한 FTA가 발효된 뒤 20년 안에 한국은 관세제로 상품을 세목의 92.2%, 수입액의 91.2%까지

---

22 중화인민공화국 駐부산 총영사관 경제상무실 사이트, http://busan.mofcom.gov.cn/article/ddfg/tzzhch/200704/20070404615222.shtml

23 李楊 · 馮偉杰 · 黃艷希, "中韓自由貿易協定的影響效應研究", 『東北亞論壇』, 2015年 第6期, p.91

24 중화인민공화국 국가발전개혁위원회 사이트, http://www.ndrc.gov.cn/fzgggz/jjmy/dwjmhz/201411/t20141128_650021.html

실현시키고, 중국 측은 관세제로 상품을 세목의 90.7%, 수입액의 85%까지 달성하기로 했다. 농수산품을 포함하여 민감한 제품의 30%는 관세감면대상에 포함되지 않고, 16%는 관세할당액 관리대상에 포함되며 14%는 관세가 취소될 것이다.[25] 중한 자유무역지대가 실질적인 운영단계로 접어들게 되면 중한 양국의 경제성장과 국민 복지수준 향상을 크게 촉진하고, 경제 분야 협력에서 상호 윈-윈하는 결과를 가져오게 될 것이다. 한국의 한 연구보고에 따르면 2016년 중한 자유무역협정으로 인해 중국경제 약 0.6%의 성장에 공헌하였고 한국경제에 대한 공헌은 2.2%라고 한다. 중국 국민의 복지수준은 약 0.16% 향상되었고, 한국 국민의 복지수준은 약 0.86% 향상되었다.[26] 또한 중한 자유무역지대 설립은 그 자체로 우월한 인문지리 조건을 갖추고 있어 좋은 기대를 걸어볼 만하며, 또한 중한 경제의 더 나은 발전을 위해 견고한 기초를 다져놓게 될 것이다. 그러나 양국 간 무역 불균형, 경쟁과 투자의 불균형, 중국 무역적자의 지속적 증가, 한국의 대중국 경제의존도 심화 등의 문제가 여전히 장기적으로는 효과적으로 개선될 것으로 보이지 않는다. 이는 아마 직접적으로 경제수익의 '기대 격차'를 초래하고 심지어 양국 간 정치적인 '우려'를 촉발하게 될 것이다.

4. 중한 경제무역관계의 특징을 보자.

1) 중한 경제무역관계의 전체적인 특징은 비대칭적 상호의존이라고 표현할 수 있다. 비대칭적 상호의존관계가 형성한 취약성과 민감성의 차이가 중한 경제무역관계 변화의 핵심을 구성하고, 중한 경제무역에서 정치경제적 상호작용의 핵심변수이기도 하다. 민감성이란 일국이 타국의 정책변화에 대해 반응하는 속도를 말하고, 취약성은 일국이 타국의 정책변화에 대해 반응할 때 치러야 하는 대가의 크기를 말한다.[27] 중국은 분명 빈

25 李敦球, "中韓自貿協定的戰略意義", 《中国青年报》, 2015年 12月 16日, 第07版

26 新華網, http://news.xinhuanet.com/world/2015-06/01/c_1115477217.htm

27 小約瑟夫·奈、戴維·韋爾奇, 『理解全球衝突與合作: 理論與歷史』, 張小明譯, 上海人

감성과 취약성에서 모두 유리한 반면, 한국은 상대적으로 수동적이다. 일단 돌발적인 정치적 사건이 발생하면 양국 간 경제무역관계에 영향을 미치며 한국 측이 입게 되는 이익손실의 정도는 훨씬 더 심각할 것이다. 또한 현재까지 중국은 여전히 한국의 최대 무역파트너이자 최대 수출시장, 최대 수입시장, 최대 투자대상국이다. 그러나 중국의 대한국 무역적자라는 구조적 문제가 만약 지속적으로 발생한다면 이는 중한 경제무역관계 개선에 불리하게 작용할 것이다. 2015년 〈중한 자유무역협정〉이 공식 체결되었고, 협정 조항에서는 중한 양국 간 무역적자폭을 감소시키고 무역마찰과 무역장벽을 낮추며 중한 간 경제무역발전을 한층 더 촉진시킬 것을 제안하고 있다. 중국에게 무역적자는 민족기업의 발전에 불리하다. 첨단산업 분야에서 한국과의 경쟁에서 우위가 뚜렷하지 않기 때문이다. 만약 중한 양국 간에 대립이 나타난다면 결과적으로 중한 경제무역관계에 피해를 입히게 될 것이며, 한국이 입게 되는 손실이 훨씬 클 것이다. 따라서 중한 양국은 경제무역관계에서의 문제를 직시하여 무역구조를 개선하고 더욱 좋은 경로를 찾아 양국 경제무역관계의 건강한 발전을 위해 적극 노력해야 할 것이다.

2) 정치가 중한 경제무역관계에 미치는 영향이 뚜렷해지기 시작했다. 세계경제의 상호의존과 상호융합이 가속화되는 상황에서 정치와 경제 간의 상호작용이 더욱 강화되고 있으며 국가 간 경제협력이 정치적 전략을 위해 복무하게 되었다. 국가 간 정치관계 및 그 내부의 정치적 요인 역시 국가 간 경제협력에 직접 영향을 미친다. 이에 대해 서구 국제정치경제학에서는 국가와 시장, 제도와 수익, 정치지위와 경제관계 등 세 가지 관점에서 상세한 논의를 진행하였다. 또한 마르크스주의자들 역시 생산력과 생산관계의 상호관점에서 이에 대한 체계적인 분석과 논의를 진행하였다.

民出版社, 2012年版, p.230

중한 경제무역관계의 발전에서 보았을 때 중한 경제무역관계의 건립은 상당 정도 국제정치 환경의 변화와 동북아지역 정세의 완화 및 중한 양국 정부의 대외정책 조정 등과 같은 정치적 요인 덕분이라 할 수 있다. 또한 양국 간 경제무역관계의 발전은 양국 내 정치적 힘이 추동하는 상황의 영향을 더욱 뚜렷하게 받는다. 예컨대 1997년 아시아금융위기 당시 양국 정부는 금융 리스크에 공동 대응한다는 방침에 따라 긴밀한 협력을 진행하였고, 우선적으로 동아시아 지역협력의 틀 안에서 통화스와프를 성공적으로 실시하며 금융 리스크 저지를 위한 토대를 다졌다. 양국 간 대형 과학기술 및 용역산업 분야의 협력 역시 양국 정부 간의 적극적인 의사 타진과 추진 아래 시작된 것이었다. 또한 중한 자유무역지대의 설립과 제반 프로젝트의 순조로운 '착수'에서도 정치적 요인이 직접적인 역할을 발휘하였다. 이러한 의미에서 중한 간 정치관계는 양국 경제무역관계 발전의 '엔진' 역할을 한다고 볼 수 있다.

그러나 최근 한반도 정세의 불안과 대국 간의 정치게임 및 한국 국내의 극단적인 민족주의 정서, 정당정치와 특수이익집단 등의 정치적 요인이 지속적으로 발생하기 시작하였고, 이는 중한 간 정치관계 발전에 직접적인 장애가 되었다. 중한 양국 간의 정치가 좋을 때는 중한 경제 역시 양호한 상호작용을 보였고 양국 간의 정치적 갈등 역시 수면 아래 있었다. 그러나 중한 양국 간의 정치적 신뢰가 부족하고 심지어 적대적인 경우에는 중한 경제무역관계 역시 이에 따라 긴장되었고, 불가피하게 정치관계의 영향을 받아 왔다. 2016년 '사드'문제와 북핵문제로 인해 중한 양국은 정치관계에서 커다란 갈등이 나타났고, 현재 이러한 갈등이 단기 내에 양국 간 경제무역관계에 직접적으로 부정적인 충격을 가져다주진 않겠지만, 경제무역관계의 '엔진'인 정치관계가 일단 '중단'되었기 때문에, 양국 간 경제무역관계는 충격에 직면해 있으며, 심지어 후퇴의 상황이 뚜렷하게 나타나고 있다.

III 2016년 중한 경제무역 발전현황 분석

첫째, 2016년 중한 무역발전 현황에서 보았을 때 중한 양국 간 무역총액의 감소는 주로 경제 분야의 원인으로 인한 것이다. 한국의 경우 최근 대외수출이 지속적으로 감소하고 있고 내수성장도 부진하다. 한국 측 통계에 따르면 2016년 9월 한국의 대외무역총액은 749억 달러로 동기대비 3.9% 감소했다. 수입은 340억 달러로 동기대비 1.7% 감소했고, 수출은 409억 달러로 동기대비 5.9% 감소했다. 무역수지는 69억 달러로 56개월 연속 흑자를 유지하고 있다. 1~9월 한국의 누적 대외무역액은 6,582억 달러로 동기대비 9.5% 감소했다. 그중 수입이 2,953억 달러로 동기대비 10.6% 감소했고, 수출은 3,631억 달러로 동기대비 8.5% 감소했다. 무역수지는 678억 달러 흑자이다.[28] 이로써 한국의 대외무역이 지속적으로 흑자를 보고 있고 수출 주도형 한국경제발전에 미치는 영향이 매우 크다는 것을 알 수 있다. 그러나 올해 한국 최대 해운기업인 한진그룹이 파산했고 자동차업계의 파업과 삼성그룹의 휴대폰 폭발 사건 등이 발생하여 불경기인 한국의 대외무역 상황이 위기를 맞게 되었다. 한국해양수산개발원의 보고서에 따르면 한진해운의 파산으로 한국 수출기업의 비용이 4천억 원 증가하였고, 특히 부산항은 심각한 타격을 입어 연간 물동량이 16.4%나 감소하고, 연간 영업액이 7~8조 원 감소하였다.[29] 또한 삼성그룹은 한국 최대 그룹으로 한국에서만 42만 명의 직원을 고용하고 있고 연간 수입이 한국 GDP의 23%, 그리고 한국 주식시장 총액의 25%와 기업소득의 33%를 차지하고 있다.[30] 이렇듯 한진그룹과 삼성그룹은 한국경제발전을 담당

28 중화인민공화국 상무부 사이트, http://www.mofcom.gov.cn/article/i/dxfw/cj/201611/20161101639463.shtml

29 人民網-人民日報, http://korea.people.com.cn/n1/2017/0220/c407889-29093496.html

30 中華網, http://m.china.com/data/thread/12171906/2789/09/92/5_1.html

하고 있는 주력 기업인데, 이들에게 커다란 문제가 발생함으로써 2016년 한국 대외무역에 미친 타격이 매우 크다. 중국의 경우 중국경제의 하향 압력이 지속적으로 증가하고 있고 속도 역시 계속 느려지고 있다. 중국경제는 신창타이(뉴노멀)에 진입하여 고속성장에서 중고속성장으로 전환되고 있고 경제구조의 최적화와 고도화가 필요하며, 요소나 투자 주도의 경제에서 혁신 주도로 전환되어야 한다. 리커창(李克强) 국무원 총리는 전국인대 12기 4차 회의 기자들과의 인터뷰에서 중국경제의 하향 압력이 지속적으로 커지고 있다고 밝힌 바 있다. "확실히 세계경제의 회복능력이 부족하고 중국경제 역시 세계경제와 더욱 융합되어 그 영향과 충격을 받게 되었다. 중국경제 자체도 전환되고 있어 장기적으로 누적되어 온 일부 모순이 두드러지게 나타나고 하향 압력도 확실히 지속적으로 커지고 있다."[31] 따라서 중국 경제구조의 신속한 최적화와 고도화가 필요하며, 중국 제조를 중국 스마트제조(智造)로 전환시켜 국제산업사슬의 상단으로 진입하고 중국경제 성장을 촉진해야 한다. 이는 분명 중국의 생산요소와 노동력 비용의 상승을 가져오겠지만, 어떻게 낙후된 생산능력에서 탈피할 것인가는 중국경제 전환이 직면한 중대한 난점이다. 또한 중국 기업의 부상에 따라 중국은 외자기업에 대한 우대정책을 축소하고 외자기업에 대한 징세를 높였다. 따라서 중국경제의 하향 압력이 지속적으로 증가하고 외자기업에 대한 우대조치가 감소하여 생산요소와 노동력 비용 상승 등의 요인이 중한무역발전에 영향을 미칠 것이다. 그러나 수치상으로 볼 때 양국 간 무역규모의 하락 속도와 그 폭이 지나치게 빠른 주요한 이유는 정치적 요인으로 인한 것이다. 왜냐하면 중한 정부는 줄곧 양국 간 경제무역관계 발전의 '엔진' 역할을 해 왔기 때문이다.

그러나 올해 '사드배치'와 '북핵문제'의 영향으로 인해 양국 간 정치적

31 新華網/中國政府網, http://news.xinhuanet.com/politics/2016lh/2016-03/16/c_128804164.htm

상호신뢰에 타격을 입혔다. 2016년 7월 8일 한미 정부는 한국의 '사드' 미사일방어체계 배치에 대한 중국의 단호한 반대선언을 고려하지 않았다. 이에 대해 중국과 러시아는 단호한 반대 입장을 표명한 바 있다. 중국 외교부 관방사이트에서는 "지역 정세를 복잡하게 만드는 행동을 취하지 말고, 중국의 전략적 안전이익에 해가 되는 일을 하지 말라"고 하면서,[32] 한미 사드 미사일방어체계의 배치를 중단하라고 강렬하게 촉구하였다. 한국의 박근혜 대통령은 한반도의 '사드' 시스템 배치가 북핵 위협에 대응하기 위해 채택한 자위적인 조치라고 선언했지만 실제로 이는 핑계일 뿐이다. 2016년 9월 5일 G20회의 기간 동안 시진핑 주석은 '사드' 미사일방어체계 배치를 언급하면서 "이 문제를 잘 처리하지 않으면 지역의 전략적 안정에 불리하고 각 분야의 갈등을 심화시킬 수 있다"고 지적했다.[33] 또한 북한은 핵무기 실험을 계속 진행해 왔고 2016년에는 수소폭탄도 실험 발사했다. 이로 인해 북한에 대한 유엔의 제재조치가 강화되었다. 그러나 한국은 시종 중국의 대북한 제재가 부족하다고 보고 있으며 중국이 고의로 북한 편을 든다고 생각한다. '사드'문제는 또한 북한을 자극하여 '사드'문제를 구실로 핵무기를 한층 더 개발하려 하기 때문에 북핵문제를 더욱 격화시킨다. 이는 불안한 한반도 상황을 더욱 긴장상태로 만들 뿐이다. 단기적으로 2016년 중한 정부의 갈등이 양국 간 경제무역협력에까지 부정적인 영향을 미치지는 않겠지만, 장기적으로 볼 때 만약 정치적 상호신뢰가 부족하게 된다면 중한 경제무역관계의 발전은 틀림없이 더 많은 도전에 직면하게 될 것으로 보인다.

둘째, 2016년 중한 양국 간 투자발전 상황을 보면 세계경제가 쇠퇴기로 진입한 이후 중한경제 모두 하향 압력에 직면하게 되었고, 한국의 대중국 직접투자 역시 하락하기 시작했다. 이러한 추세는 한국의 대중 투자규모가 부단히 '축소'되는 주요한 원인이다. 중국경제의 하향 압력이 지속적으

32 人民網, http://world.people.com.cn/n1/2016/0713/c1002-28551798.html

33 參考消息網, http://www.cankaoxiaoxi.com/china/20160906/1294559.shtml

로 증가하고 경제속도가 느려지면서 중국경제는 신창타이에 접어들었다. 중국은 경제체제개혁을 심화시켜야 하고 경제발전모델을 전환시켜야 한다. 특히 중국의 인구보너스가 점차 소실되고 노동력 비용과 생산요소 비용이 부단히 상승함에 따라 중국의 투자환경과 생산환경 모두 계속해서 바뀌고 있다. 중국 역시 외자기업에 대한 우대정책을 축소시키고 외자기업에 대한 세수를 높이고 있다. 특히 중국의 두 가지 세금제도, 즉 〈외상투자기업과 외국기업 소득세법〉과 〈기업소득세 잠행조례〉가 하나의 세법으로 합쳐졌다. 새로 통과된 〈중화인민공화국 기업소득세 세법〉에서는 내자기업과 외자기업의 통일된 기업소득세 세율을 기본적으로 25%로 확정하고 있다. 이는 중국 기업과 외자기업이 세율 측면에서 동등해졌다는 것을 의미한다. 중국경제의 하향 압력 및 투자환경의 변화로 인해 한국의 대중국 직접투자가 감소했다. 또한 한국경제의 하향 압력 역시 커지고 국내 실업이 증가되었으며, 한진과 삼성 등 기간산업에 문제가 발생하고 국제투자환경이 좋지 않은 점 등으로 인해 한국의 대외직접투자는 더욱 신중해졌다. 또 다른 한편으로 중국 부동산시장의 지속적인 포화상태와 투자 수익률의 하락으로 인해 '투자 수익률'을 중시하는 한국 자본의 2016년 부동산시장에서의 철수 현상이 가속화되었다. 2016년 양회(兩會)에서는 부동산 재고 문제에 대해 도시별 대책(因城施策: 도시의 특성에 따라 서로 다른 부동산가격을 채택하고 서로 다른 부동산정책을 제정한다는 것)을 제기하며 부동산시장의 안정적인 발전을 보장하였다. 그러나 주요 관심도시의 부동산 가격은 급격히 상승하였고 3, 4선 도시에서는 재고가 여전하다. 한편으로 인기 도시에 대해서는 엄격한 통제 정책이 실시되고 부동산 구입 및 대출 제한 정도와 감독관리 조치가 빈번히 강화됨으로써 투기성 수요를 억제하고 시장리스크에 대비해 왔다. 다른 한편으로 3, 4선 도시에서는 여전히 재고 소진 전략을 유지하면서 공급과 수요 양측에서 시장 환경을 개선해 왔다.[34] 이와 동시에 중국의 '일대일로' 이니셔티브가 이끄는 새로운 경제방

34 허난성 재정청 사이트, http://www.hncz.gov.cn/sitegroup/root/html/ff8080812c95

향과 산업전환으로 인해 한국의 대중국 직접투자의 방향 변화와 투자구조의 조정을 가져오게 되었다. 이 역시 최근 한국의 대중국 투자 분포의 불균형성을 초래한 원인이다.[35] 특히 중국의 '일대일로' 제안이 점차 서부지역으로 추진되면서, 중국 서부지역이 '실크로드 경제벨트'의 중요한 핵심지역이 되었고 중앙의 정책 역시 계속해서 서부지역으로 치중되어 왔다. 이에 따라 서부지역은 한국의 대중국 투자의 새로운 지역이 되었다. 이미 2014년 7월 시진핑 주석이 한국의 박근혜 대통령과 가진 서울 회담에서 한국 기업의 중국 서부지역에 대한 투자를 환영한다고 말한 바 있다.[36] 그러나 한국이 중국 동부 및 연해지역을 주요 투자지역으로 하는 구도가 바뀌지 않는다면, 한국의 대중국 투자 분포의 불균형적 현상 역시 지속될 것으로 보인다.

마지막으로 중한 지역협력발전 상황으로 볼 때 2015년 중한 양국 간 지역협력 분야에서 가장 중요한 사건은 〈중한 자유무역협정〉의 조인이었다. 이 해는 협의 '착수'의 첫 해로서 협정으로 인한 적극적인 효과 역시 점차 뚜렷하게 나타났고 예상되는 기대 역시 상당했다. 자유무역협정 규정에 따르면 중한 FTA 발효 이후 20년이라는 과도기 동안 한국 측에서는 관세제로 제품을 세목의 92.2%, 수입액의 91.2%까지 달성시키고, 중국 측은 관세제로 제품을 세목의 90.7%, 수입액의 85%까지 달성시키기로 했다. 농수산품을 포함한 초민감 제품 중 30%가량은 관세감면대상에 포함되지 않았고, 16%는 관세할당액 관리대상, 14%는 관세 취소 대상이다.[37] 자유무역협정의 목표가 일단 실현되면 중한 경제는 새로운 단계로 접어들게 될 것이다. 그러나 부분적인 문제와 도전 역시 계속해서 나타나고 있는데, 하나는 한국의 지속적인 무역흑자와 그로 인해 생기는 무역경쟁 및 투자불

3c63012c9c6577850d28/20170316161944567.html

35 新華網, http://news.xinhuanet.com/fortune/2014-12/16/c_1113666080.htm

36 人民網, http://politics.people.com.cn/n/2014/0704/c1001-25236538.html

37 李敦球, "中韓自貿協定的戰略意義", 『中国青年报』, 2015年 12月 16日, 第07版

균형이다. 2016년 1~9월 중한 양국 간 수출입액은 1,528.8억 달러로 9.4% 하락했다. 그중 한국의 대중 수출은 896.7억 달러로 12.1% 하락했고, 한국의 대중 수입은 632.1억 달러로 5.3% 하락했다. 한국의 무역흑자는 264.7억 달러이다.[38] 수치를 보면 한국의 무역흑자가 수입 증가로 인한 것이 아니라 대중 수출의 대폭 감소로 인한 것이라는 점을 알 수 있다. 대중 수출 12.1% 하락은 대중 수입 5.3% 하락폭보다 훨씬 크다. 이러한 하락폭이 매월 비슷하다. 또한 중한이 2015년 〈중한 자유무역협정〉을 체결했지만 이에 따라 중한 간 무역장벽과 무역마찰이 소멸되었다는 것을 의미하지는 않고, 여전히 중한 간 경제무역관계가 서로 좋을 경우에만 잠시 음성적 형태로 존재할 뿐이다. 〈중한 자유무역협정〉이 체결되기 전에는 한국의 무역장벽 조치와 방안이 지속해서 나왔는데, 중국 제품의 한국에 대한 정상적인 수출을 세한하고 '특별보호조항'이라는 관세장벽 조치도 있었다. 또한 한국은 중국 상품의 한국시장 진입 기준을 높이고 세관 역시 수입상품에 대한 검사기준을 강화하였다. 관세와 비관세 분야에서의 이러한 일련의 제한 수단은 중한 무역과 경쟁의 불균형성을 초래한다. 또한 한국의 대중 경제의존도가 갈수록 높아지고 있다. 중국은 한국의 최대 수출국으로 대미 수출을 크게 앞지른다. 한국의 경제발전은 여전히 전통적인 철강, 조선, 전자 등의 우위 산업에 의존하고 있고 중국시장이 영업이익의 상당부분을 차지한다. 그러나 한국경제의 민감성과 취약성으로 인해 한국경제가 리스크를 감당할 만한 능력이 부족해 보이며 대중 우위도 더욱 뚜렷해 보이지 않는다. 따라서 중한 양국관계와 중국 정치경제정책의 변화가 한국경제 발전에 영향을 미치고 심지어 부정적인 영향을 낳기도 할 것이다. 양국 간 무역 불균형, 경쟁 및 투자 불균형, 중국 무역적자의 지속적 증가, 한국의 과도한 대중국 경제의존도 등의 현상이 효과적인 개선을 거두지 못

38 중화인민공화국 상무부 종합사 사이트, http://countryreport.mofcom.gov.cn/record/view.asp?news_id=51309

하고 있으며, 이에 따라 중한 자유무역지대의 심도 있는 발전 역시 영향을 받게 되었다. 따라서 본 논문에서는 자유무역협정이 운행된 첫 번째 해에 발생한 각종 효과와 도전 모두 경제발전 규칙에 부합하는 정상적인 현상이라고 본다. 이른바 '낙관적이지 않다'는 것은 실질적으로 중한 양국 간 지나치게 높은 기대가 빚은 결과라 할 수 있다.

IV 2017년 중한 경제무역관계의 발전과 전망

2016년은 중한 양국에게 모두 다사다난했던 해였다. 세계경제불황이 가져온 부정적인 영향으로 인해 2016년 중한 경제무역관계는 최근 몇 년간 지속되어 왔던 불경기 추세가 계속 이어졌다. 또한 한진그룹의 파산과 자동차 업계의 파업, 삼성 핸드폰 폭발 등은 한국경제에 더욱 타격을 입혔다. 중국경제의 하행과 산업구조 전환으로 중한 무역의 상품 비용이 올랐고, 한국의 대중국 투자규모의 하락을 가속화시켰다. 더욱 유감인 것은 중한 경제무역관계에서 줄곧 '추진 동력' 역할을 해 왔던 양국의 정치관계가 2016년 중대한 좌절을 맞이하게 되었다는 점이다. 중국으로서는 한국의 '사드' 미사일방어체계 배치 선언은 정치적 상호신뢰에 중대한 타격을 입힌 것이었다. 미국이 배후에서 주도하는 '사드' 시스템이 동북아 지정학의 균형을 깨버렸고, 동북아지역의 평화안정 유지에 아무런 도움이 되지 않으며 국면을 훨씬 더 어렵게 만들었다. 중국은 한국이 위협적인 것을 중국의 문 앞에 가져다 두는 것을 방치하지 않을 것이며 중국의 국가안보를 보호하기 위해 상응하는 반격에 나설 것이다. 그러나 한국은 '사드' 미사일방어체계 배치가 북한에 대응하기 위해서라고 주장하고 있다. 또한 한국 측은 북한 핵실험에 대한 중국의 제재가 충분치 않고 중국이 고의로 북한의 편을 든다고 여기고 있다. 그 목적은 중국이 지정학적 고려에 기반하여 북중관계를 배려하고 유엔의 대북 제재결의를 고의적으로 '봐 주기' 위해서라는 것이다. 결과가 어떻든 간에 중한 간 정치적 상호신뢰 기초의 동요는 분명 하락세인 양국 간 경제무역관계에 도움될 것이 없다.

이러한 배경에서 본 논문에서는 2017년 중한 경제무역관계가 더욱 불확실해지고 전체적인 추세가 낙관적이지 않다고 전망한다. 우선 중한 간 경제무역관계에 영향을 미치는 국제정치적 요인이 계속 강화되고 있다. 2015년 중한 정부의 공동 노력으로 중한 간 〈자유무역협정〉이 체결되었고, 양국은 모두 기대를 걸며 이를 계기로 양국 간 경제무역관계가 한층 더 발전하길 희망했다. 그러나 올해 '사드' 사건으로 인해 오히려 어두운 그림자가 드리워졌다. 중국은 한국의 고고도미사일방어체계 배치에 대해 엄정한 입장을 표명하면서, 이러한 조치는 현재 긴장 상태를 완화하는 데 불리하고 지역 평화안정 유지에 도움이 되지 않으며 중국의 전략적 안보이익을 훼손시킨다고 밝힌 바 있다. 중국은 이를 심각하게 받아들이고 명확한 반대를 표명하면서 관련 당국의 신중한 처리를 희망한다고 밝혔다.[39] 이러한 의미에서 '사드'문제는 2017년 중한 경제무역관계에 훨씬 더 부정적인 영향을 미치게 될 것으로 보인다. 일단 '사드' 시스템이 정말로 배치된다면 중국 대응에 있어 경제적 제재수단은 반드시 고려 대상 안에 포함될 것이다. 또한 중한 자유무역지대 역시 이제 막 시작단계로 후속조치인 관세양허와 기타 조항의 구체적인 실시 모두 지속적인 추진을 기다리고 있는 상태이다. 만약 중국이 '사드'문제로 인하여 중한 자유무역지대 조항의 실시를 미룬다면 그 대가는 한국이 견디기 어려울 것이다. 또 다른 한편 '사드'문제는 실제로 미국이 배후에서 조종하고 있고 한국은 주도권이 없다. 한국이 한미 간에 형성해 온 '안보는 미국, 경제는 중국(安美經中)'이라는 구도는 일단 미중 간 충돌이 발생하게 되면 한국은 반드시 어느 일방을 선택해야 한다. 역사적 경험으로 보았을 때 안보이익과 경제이익 간의

39 成都日報, "中方嚴正立場反對在韓部署'薩德'系統", 2016年 2月 17日

충돌이 발생할 경우 국가는 필연적으로 전력을 다해 안보이익을 수호하게 된다. 이렇게 보았을 때 2017년 중한 간 경제무역관계의 발전상황은 상당 정도 중한 간 정치관계의 추세에 달려 있다고 볼 수 있다.

이밖에 한국의 박근혜 대통령은 측근 최순실의 국정농단 사건으로 인해 탄핵을 받았다. 한국 국회는 박근혜 대통령의 탄핵 발의안을 표결로 통과시켰고 대통령은 직무집행이 정지된 상황이다.[40] 국정농단 게이트 사건으로 인해 한국의 국내정치가 지속적으로 불안정하게 되었고, 이에 따라 2017년 한국은 국내정치 개혁에 더 많이 집중하고, 국제 사안에 대해서는 관심이 줄어들게 될 것이다. 미국의 신임 대통령 트럼프의 '사드' 미사일방어체계 배치에 대한 태도 역시 매우 중요하다. 어쨌든 미국이 '사드'문제 배후의 진정한 막후 세력이기 때문이다. 또한 미국 신임 대통령의 오락가락하는 동아시아 정책으로 인해 중한 간 정치관계의 불확실성이 증가되었고, '경제는 정치를 따라간다'는 추세 속에서 양국 간 경제무역관계의 불확실성이 갈수록 커질 것이다.

둘째, 2017년 한국의 경제상황이 낙관적이지 않고 지속적인 국내정치 불안으로 인해 중한 간 경제무역관계는 더 큰 도전에 직면하게 될 것이다. 2017년 한국경제는 '장기적인 저성장'으로 접어들게 될 것이다. 한국 서울대학의 이근 교수는 "한국경제가 2010년부터 좋은 발전을 거두었지만 최근 삼성과 현대자동차 등 주요 기업이 부진하고 게다가 정치적 불확실성과 세계 선박업의 불경기가 더해졌다. 현재 한국자본주의의 위기라고 말할 수 있다"고 보았다.[41] 해운산업은 한국의 수출입을 떠받치는 중요한 근간으로, 2016년 한국 최대 한진해운그룹의 파산은 한국의 대외교역에 심각한 타격을 입혔고, 2017년 대외수출이 지속적으로 하락하여 그 추세는 2016년보다 훨씬 뚜렷할 것으로 전망된다.[42] 실업률의 역대 최고 달성, 인

40 人民網, http://korea.people.com.cn/n1/2017/0310/c407881-29137168.html
41 袁源, "2017, 韓國經濟更難", 《國際金融報》, 2017年 1月 9日, 第15版
42 袁源, "2017, 韓國經濟更難", 《國際金融報》, 2017年 1月 9日, 第15版

구구조의 불균형 및 기업 채무 등의 문제가 가중되는 심각한 경제상황으로 인해 한국정부의 2017년 경제는 또다시 하락하여 2.8%에서 2.6%로 하향 전망된다.[43] 한국경제 전체 상황이 낙관적이지 않다. 또한 한국 국민들이 더욱 실망한 것은 국내정치의 지속적인 불안 때문인데, 측근비리 '국정농단' 게이트 사건으로 인해 정부는 국민들의 신망을 잃었다. 일본 경제신문사 보도에 따르면 수백만 명의 한국 국민들이 박근혜 반대 시위를 벌였고, 주류적 정서는 최근 몇 년간 지속되어 오던 경제에 대한 불만에서 왔으며, 또한 주력산업의 몰락, 정치지도력의 부재, 인구구조의 변화 등이 경제발전의 발목을 잡고 있어 한국이 갈수록 20년 전 일본을 닮아가고 있다고 보았다. '잃어버린 수십 년'의 수렁에 빠지지 않기 위해서 한국의 개혁은 잠시도 지체할 수가 없다.[44] 중한 경제무역관계에 있어서도 2017년 전망이 낙관적이지 않다. 중한 간 무역격차와 무역경쟁은 더욱 불균형적이 되고 국내정치의 지속적 불안으로 인해 한국은 국내정치 개혁에 너욱 치중할 것이며 또한 국가 원수의 교체로 인해 정책의 지속성을 보장받기 어려워져 중한 경제무역관계의 불확실성이 증가되었다.

셋째, 중한 자유무역지대 건설을 어떻게 추진하고 발전시킬 것인가는 2017년 중한 경제무역관계 발전에 있어 또 다른 중점이 되었다. 경제세계화와 지역경제 공동체는 현재 세계경제 발전의 방향으로 국가 간 경제협력기제 역시 계속해서 혁신되고 있고 자유무역협정 기제 아래 진행되는 국가 간 경제협력이 주요 흐름이 되었다. 중한 양국 간 FTA 수립은 중한 간 전략적 협력파트너관계의 진일보한 발전과 양국 간 경제무역 및 사회인문 등 영역에서의 긴밀한 교류협력 촉진, 그리고 동북아지역의 평화 안정을 추진하는 데 있어 매우 중요한 현실적 의미와 심대한 전략적 영향을 지니고 있다. 그러나 정치적 불확실성의 영향을 받아 중한 자유무역지대

43 張红, "韓國經濟是否會長期'失落'", 《人民日報(海外版)》, 2017年 1月 14日, 第06版
44 張红, "韓國經濟是否會長期'失落'", 《人民日報(海外版)》, 2017年 1月 14日, 第06版

건설 역시 충격을 받을 것으로 보인다. 그럼에도 불구하고 무역협정의 순차적인 추진을 어떻게 '구체화'할 것인가는 여전히 2017년 양국 간의 중점 사안이다. 특히 한국의 박근혜 대통령이 재임 시기 중국과 체결했던 〈중한 자유무역지대 협정〉이 박근혜의 하야로 인해 중한 자유무역지대 건설의 후속 작업이 '결렬'될 위기에 직면한 상황도 배제할 수 없는데, 후임 대통령은 어떻게 관련 정책을 지속해 나갈 것인가? 이는 2017년 중한 경제무역관계의 앞날에 더 많은 도전을 가져다줄 것이다. 본 논문은 '일대일로' 이니셔티브의 실시로 인해 중국의 과잉생산이 제거되고 경제구조 최적화 설계를 추진할 뿐 아니라 한국을 포함한 주변국가의 새로운 경제공간을 확장시켜 연선 국가와의 경제무역협력을 강화할 수 있을 것이라고 본다. 그중 '21세기 해상 실크로드'는 새로운 세기 중국의 해양 영향력을 구축하게 될 것이다. 중국은 한국의 최대 무역파트너이고, 한국은 '21세기 해상 실크로드' 연선에 위치한 중요한 국가이다. 따라서 중한 FTA의 후속 추진은 '일대일로' 제안의 틀 안에서, 특히 '21세기 해상 실크로드' 구상 안에서 고려되어야 한다. 한국의 박근혜 대통령은 방중 기간 동안 한국의 '유라시아 이니셔티브'와 중국의 '실크로드 경제벨트' 구상을 결합시킴으로써 한국의 국제적 영향력 확대를 기대할 수 있다고 제안한 바 있다.[45] 따라서 중한 자유무역지대 건설과정에서 한국이 적극적인 태도로 중국의 일대일로 건설과 중한 자유무역지대 건설을 결합시켜야 한다. 한국은 중국에게도 "중한 자유무역지대는 중국이 주변을 기초로 하여 자유무역지대 전략을 가속화하고 세계로 나아가는 높은 수준의 자유무역지대 네트워크를 형성하며, 국제경제 무역규칙 재편과 세계경제 거버넌스 개혁에 적극 참여하고 중국의 개혁개방과 국민경제발전의 공간을 개척하며 나아가 치열한 국제경쟁에서 적극성을 발휘하는 데 있어 매우 중요한 의의를 지닌다"[46]

45 環球網, http://world.huanqiu.com/exclusive/2014-07/5048852.html

46 羌建新, "中韓自貿區: 背景, 影響與前瞻", 『理論視野』 2015年 第7期, p.66

는 점을 알고 있기 때문이다. 또한 중국 측이 '자유무역지대의 이점'과 '일대일로' 효과를 합리적으로 연결시킬 수 있다면, 중한 경제무역관계의 발전을 위한 새로운 성장점을 찾을 수 있을 것이다. 더욱 중요한 것은 이러한 모색이 중국의 국가이익에 부합한다는 것이고, 만약 중한 FTA를 통해 '일대일로', 특히 '21세기 해상 실크로드' 연선 국가의 경제무역협력을 위한 본보기를 제공할 수 있다면, 동북아 및 아태지역 공동체와 주변국가 협력에 있어 분명한 시범역할을 발휘할 수 있을 것이다.[47]

마지막으로 본 논문은 2017년에는 중국에서 '19대'가 개최되고 또한 역내외 일부 세력이 중국 정책방침 제정에 일정한 영향력을 발휘하기 위한 개입을 시도할 것이라고 본다. 한국이 만약 기회를 잡아 정치적 상호신뢰의 기초 위에서 중국과의 일부 '상처'를 '회복'할 수 있다면, 중한 경제무역관계는 새로운 기섬을 맞이할 수 있을 것이다. 분명 중한 양국은 지역경제공동체 추진과 역내 평화안정 유지에 있어 여전히 공동이익을 갖고 있으며, 중한 양국은 지역경제발전의 견인과 지역안보 유지를 위해 안정적 역할을 할 수 있다. 한편으로 중한 양국 모두 지역경제협력 확대에 힘써야 한다. 중국은 역내 포괄적 경제동반자협정(RCEP) 건설에 주력해야 한다. RCEP가 이루어지면 35억 인구를 포괄하고 전체 GDP도 23조 달러에 이른다. GDP 규모는 전 세계 GDP의 32.5%를 차지하고 전 세계 1/3의 거대시장을 차지하며 포괄 지역 역시 세계 최대의 자유무역지대가 된다.[48] 한국은 RCEP 참가국으로서 RCEP 체결이 한국의 수출입무역, 사회복지, GDP에 모두 커다란 이익을 가져다줄 것으로 전망된다. 2016년 11월 3~4일 역내 포괄적 경제동반자 협정(RCEP) 장관급 회의가 필리핀 세부에서 개최되었다. 상무부 왕셔우원(王受文) 부부장이 상무부와 재성무, 농업부

47 王義桅, "中韓自貿協定的五重效應", 《人民日報(海外版)》 2015年 2月 27日

48 中國國際問題研究院, http://www.ciis.org.cn/chinese/2013-11/18/content_6467129.htm

로 구성된 중국 대표단을 이끌고 회의에 참가했다. 회의에 참가한 장관들은 RCEP 협상을 조속히 마무리하라는 각국 지도자들의 지시를 거듭 표명했다. 협상의 진행 상황을 전면 평가하고 화물무역, 서비스무역, 투자 등 3대 핵심 영역의 문제에 대해 중점적으로 심도 깊은 협상을 전개하였으며, 다음 협상을 위한 전략적인 지침을 제공하였다.[49] 일단 〈역내 포괄적 경제동반자 협정〉이 정식 체결되고 발효되면 전 세계에서 가장 큰 자유무역지대가 되어 그 전도가 매우 유망하다고 볼 수 있다. 이러한 모델의 환경은 아시아지역 국가 간 자유무역지대 건설 추진에 유리하다. 따라서 중한 양국은 역내 경제협력 추진과 확대에서 모두 공동이익을 갖고 있다. 중한 자유무역지대 건설이 이제 막 시작되었고 장래에 더 큰 성과를 거두기 위해서는 RCEP 협상의 진전과 긴밀하게 결합시키는 것이 매우 중요하다. 또 다른 한편 북핵문제는 여전히 동북아지역 안보와 안정의 핵심 의제이다. 중한 양국은 이익관련국으로서 북한 핵문제 해결에서 공동의 이익을 가지고 있다. 따라서 중한 양국으로서는 동아시아 안보정치 환경의 평화안정 유지는 중한 경제무역관계 추진을 위한 좋은 기회이다. 그러나 경제에서는 상대적으로 중국에 의존하고 안보에서는 상대적으로 미국에 의존하는 한국으로서는, 중미관계가 새로운 상호관계로 접어드는 상황에서 2017년의 가장 중요한 키워드는 '선택'이 될 것이다.

49 중화인민공화국 중앙인민정부 사이트, http://www.gov.cn/xinwen/2016-11/05/content_5128841.htm

한중 양국의 대중문화 교류

임대근(한국외대)

I 머리말

2016년은 한중관계가 격변했던 해였다. 대중문화 교류도 예외는 아니었다. 상반기에는 다양한 한국 문화콘텐츠가 중국으로 진출하여 한류의 지속 가능성에 대해 낙관적 전망을 갖게 해 주었다. 그러나 하반기에 시작된 사드(THAAD: 고고도미사일방어체계)배치 논쟁으로 인해 양국 관계는 심각한 갈등 국면으로 접어들었고, 대중문화는 그 영향을 가장 크게 받은 영역이 됐다.

한국과 중국은 수교 이후 우호적 관계를 발전시켜 왔다. 특히 2015년 9월에는 한국 정상이 중국의 '전승절' 기념식에 참석함으로써 양국 관계는 최고조의 분위기를 형성해 오던 터였다. 그러나 한 해도 지나지 않아 불거진 사드배치 문제로 인해 한중수교 24년 동안 큰 틀에서 우호적 분위기를 유지해 오던 양국 관계는 난제 중의 난제를 만나게 됐다.

이 글에서는 한중관계는 물론 양국 대중문화 교류, 중국에서의 한류 등에 관한 이슈들이 새로운 변곡점을 맞았다고 해도 과언이 아닐 2016년을 정리하고, 그 의미와 향후 대응 방안을 제시하고자 한다. 이를 위해 시간의 흐름에 따라 한국 대중문화 콘텐츠, 즉 한류의 중국 내 '진출' 상황을 검토하고, 더불어 한중관계의 변화 속에서 어떠한 영향을 받게 되었는지도

살펴보고자 한다. 한편, 중국 대중문화 콘텐츠 역시 어떻게 한국으로 '진입'했는지 주요한 사례를 간단히 다루고자 한다.

II 중국에서의 한류 콘텐츠: 순조로운 출발과 한 가지 우려

2016년 중국에서의 한류 콘텐츠는 매우 순조롭게 출발했다. 지속돼 오던 K-Pop 공연과 TV드라마가 연초부터 중국 팬들을 사로잡았고 여러 편의 합작 영화 기획과 제작 등도 장밋빛 전망을 보여주고 있었다.

일례로 가수 바다는 중국 광둥TV가 한국의 〈나는 가수다〉 포맷을 수입, 제작한 가요 경연 프로그램 〈마이왕 쟁패(麥王爭霸)〉에 한국인으로서는 최초로 출연했다. 중국 가수 천후이린의 '네 잘못이야'를 부른 바다는 최종라운드 2위를 기록하며 "무대 위의 퀸", "불꽃처럼 찬란하고 폭발력 있는 가수"라는 호평을 받았다.

김영희 피디가 중국에서 처음으로 연출한 예능 프로그램으로 스타가 부모의 고향이나 자신이 어렸을 적 살았던 집에서 부모와 5박 6일을 보내는 포맷인 〈폭풍효자(旋風孝子)〉는 후난위성TV에서 첫 방송되면서 동시에 시청률 1위를 기록했다. 배우 주원은 중국 데뷔작인 TV드라마 〈애정야포우(愛情也包郵)〉에 캐스팅됐고, 홍수아는 중국 영화 〈방관자(傍觀者)〉에 발탁되기도 했다. 가수 황치열은 후난TV의 〈나는 가수다〉 시즌4에서 빅뱅의 '뱅뱅뱅'을 경연곡으로 불러 1위뿐만 아니라 '가수들이 뽑은 오늘의 가수' 중에서도 1위를 차지하며 인기 몰이를 했다.[1]

이렇게 2016년은 시작과 더불어 K-Pop과 TV드라마, 영화에 이르기까

1 『글로벌 한류 동향』 제103~105호, 한국문화산업교류재단, 2016.

지 한류 콘텐츠의 핵심 분야 모두 중국 내 새로운 성장 가능성을 보여주었다. 특히 중국 내 한류가 대도시 중심에서 2선 및 3선 도시[2]까지로 확대될 것이라는 전망까지 제기되면서 한국 대중문화의 중국 진출은 더욱 낙관적으로 전망되기도 했다. 중국 내 보고서에 근거한 이러한 전망은 2선 및 3선 도시에서의 온라인 소비 수요가 급속하게 성장하고 있다는 분석에 따라 이루어졌다. 보고에 따르면 2015년 기준 전국 온라인 시장 중 2선 도시가 23.29%, 3선 도시의 경우는 20.03%의 점유율을 기록한 것으로 알려졌다. 이러한 상황은 엔터테인먼트 시장에 있어서 영화, 공연, 관광 등 문화 시장의 두드러진 성장과 맞물리면서[3] 이 도시들의 중요성을 부각하는 중요한 근거가 됐다. 특히 다수 영화나 TV드라마 등이 온라인에서 소비되고 있는 중국 상황을 고려하면 이러한 추론은 한류 콘텐츠의 중국 진출에 있어 더욱 유의미한 분석이라 아니할 수 없다. 즉 이러한 경향은 한류의 새로운 진출 목표를 설정하게 하는 중요한 방향을 제시한 것으로 간주되기 시작했다.

물론 우려도 없지 않았다. 특히 2016년 3월 시행된 「인터넷 출판 관리 규정(網絡出版服務管理規定)」[4]이 중국 내 한류의 발목을 잡을 것이라는 목소리가 작지 않았다. 이 규정은 이른바 '인터넷 출판물'의 "서비스 질서"와 "관련 산업의 건강한 발전을 규정하기 위해"(제1조) 국가언론출판광전총국(國家新聞出版廣電總局)과 산업정보화부(工業和信息化部)에 의해 제정되었

2 중국이 자체 기준에 따라 설정하는 일종의 도시 등급이다. 인구 및 경제 규모, 정치적·사회적 영향력 등을 기준으로 1~4선 도시로 나눈다. 이 중 '2선 도시'는 대체로 인구 500~1000만 명 정도의 중간 규모로 난징(南京), 우한(武漢), 선양(瀋陽), 시안(西安), 청두(成都) 등이고, '3선 도시'는 대체로 인구 300~500만 명 정도 규모로 인촨(銀川), 시닝(西寧), 하이커우(海口), 사오싱(紹興) 등을 가리킨다. 세부적으로는 2선과 3선 도시를 다시 강, 중, 약의 등급으로 나누기도 한다.

3 권태희, 「중국 소비시장, 2·3선 도시들이 뜬다」, KOTRA, 2016.2.1.

4 2015년 8월 20일 국가언론출판광전총국의 국무회의를 통과하고 산업정보화부의 동의를 거쳐 공포되었으며 2016년 3월 10일자로 시행됐다.

다. 이 규정은 제정 주체만 보아도 알 수 있듯이 중국 내 인터넷을 통해 유통되는 다양한 콘텐츠에 대한 규제 목적이 가장 큰 것이었다.

여기서 말하는 '인터넷 출판물'이란 "문학, 예술, 과학 등 분야에서 지식과 사상을 담은 문자, 그림, 지도, 게임, 애니메이션, 영상물 등 창작 디지털 콘텐츠", "이미 출판된 도서, 신문, 잡지, 음향, 전자출판물 등과 내용이 일치하는 디지털 콘텐츠", "상술한 콘텐츠의 선택, 편집, 집적 등 방식으로 만들어진 인터넷 문헌 데이터베이스 등의 디지털 콘텐츠", "국가언론출판광전총국이 인정하는 기타 유형의 디지털 콘텐츠"(제2조)를 가리킨다. 따라서 이 규정이 말하는 '인터넷 출판물'의 범위는 사실상 인터넷을 통해 유통되는 모든 콘텐츠라 해도 과언이 아니다.

이 규정은 해당 대상에 대하여 인터넷출판 서비스의 허가제 시행, 외국계 합자기업 또는 외국계 기업의 중국 내 인터넷 출판 서비스 사업 불허, 중국 기업의 외국계 기업과의 합작 시에는 국가언론출판광전총국의 사전 승인을 받도록 하는 등의 내용을 담고 있다. 이런 상황에서 중국 내 특수성, 즉 영상콘텐츠 제공 및 판매 사이트의 전국적 유통 체계 구축으로 인해 그동안 인터넷을 주요한 유통망으로 구축해 왔던 한류 콘텐츠 중 영화나 TV드라마 등 영상콘텐츠에 대한 영향이 클 것으로 예측됐다.

이렇게 2016년 중국 내에서의 한류 콘텐츠는 소비의 층위에서는 여전히 인기를 구가하면서 지속적인 적극적 수용 현상, 정책의 층위에서는 한류의 중국 내 과도한 영향력을 우려하는 당국에 의한 규제 현상이 공존하는 양상으로 시작되었다.

III 〈태양의 후예〉: 중국 내 한류 콘텐츠의 정점에 서다

그러나 2016년 상반기, 〈태양의 후예〉에 대한 인기가 중국 내에서 폭발적으로 형성되면서 이러한 우려는 일거에 불식되었다. 〈태양의 후예〉는 2014년 〈별에서 온 그대〉에 이어서 잇달아 중국 내 한국 TV드라마 붐을 형성하는 역할을 수행했다.

이 드라마는 2016년 3월, 중국 포털 사이트 바이두(百度) 플랫폼 아이치이(愛奇藝: Aiqiyi)의 TV 부분에서 1위를 기록했다. 한중 합작으로 사전 검열을 통과한 뒤 양국에서 동시 방영된 드라마로서, 중국 공안부가 이례적으로 "송중기 상사병 주의" 경고를 내보낼 정도로 막강한 인기를 구가했다.[5]

〈태양의 후예〉는 한국에서 2016년 2월 말부터 4월 중순까지 'KBS 창립 43주년 특별기획드라마'라는 타이틀로 16부작이 편성, 방송됐다. 국내 초반 시청률은 10% 중반에서 시작했지만 회를 거듭할수록 수직 상승하여 마지막 회의 경우 최고 시청률 41.6%(닐슨미디어리서치, 수도권 기준)를 기록했다. 평균 시청률도 20% 후반에서 30%를 웃돌았다. 〈별에서 온 그대〉의 최고 시청률이 30%에 못 미쳤음을 생각하면, 〈태양의 후예〉는 적어도 시청률만으로는 대성공을 거둔 셈이다.[6]

〈태양의 후예〉는 중국에서도 동시 방영됐다. 6회차가 방영된 2016년 3월 10일에는 3억 클릭 뷰를 기록했고, 8회차 방영 직후인 3월 20일 전후로는 10억 클릭 뷰를 돌파했다. 16회 방영이 끝난 뒤 4월 15일 기준으로는 아이치이의 클릭 횟수가 26억 8천만 뷰를 넘어섰다. 이는 〈별에서 온 그대〉의 13억 뷰에 비하면 두 배 이상 차이나는 수치다. 중국판 트위터인 웨이보에서 관련 내용을 읽은 횟수는 110억 번이 넘었고, 이를 언급한 경우는 1천만 건을 넘어섰다.

〈태양의 후예〉는 문화콘텐츠 산업 측면에서도 새로운 기록을 세웠다.

5 『글로벌 한류 동향』 제106호, 한국문화산업교류재단, 2016, 5쪽.

6 이하 〈태양의 후예〉 관련 내용은 다음 글을 수정 보완하였다. 임대근, 「중국 내 한류 콘텐츠의 빛과 그림자: 〈태양의 후예〉의 성공을 통해 본 한류 영상콘텐츠의 중국 진출 모델」, 『성균차이나브리프』 제4권 3호, 2016.7, 성균관대 성균중국연구소.

3~4년 전만 해도 중국 웹사이트에 판매하는 한국 TV드라마 판권은 회당 5천 위안(RMB)에서 2만 위안 정도밖에 되지 않았다. 〈별에서 온 그대〉만 해도 당시 판권 수입은 그다지 크지 않았던 것으로 알려졌다. 그러나 〈태양의 후예〉는 회당 150만 위안(한화 약 2억 5천만 원) 정도에 판매된 것으로 전해지고 있다. 이는 약 300배 가까운 폭증세를 보인 것으로 16회 방영권을 통산하면 2,400만 위안(한화 약 42억 원)에 이른다.

〈태양의 후예〉가 이렇게까지 큰 성공을 거둔 까닭은 무엇일까? 콘텐츠가 유통되는 맥락과 콘텐츠 자체의 문제로 나누어 생각해 볼 수 있다.

첫째, 무엇보다 한국 콘텐츠에 대한 중국 시청자의 신뢰도가 정점에 이르렀음을 반증한다. 특히 중국 내 방영된 한국 TV드라마는 1990년대 중반 〈사랑이 뭐길래〉 등에서 시작된 열풍이 20년 이상 이어오면서 "재미있다"는 경험적 신뢰를 축적해 왔다. 〈대장금〉, 〈별에서 온 그대〉 등은 이러한 신뢰도 상승에 영향을 끼친 대표적 콘텐츠였다. 강력한 흡인력으로 대중을 압도한 킬러콘텐츠가 중단되지 않고 주기적으로 선보여 온 것은 신뢰도 형성에 큰 역할을 하면서 "믿고 볼 수 있는" 콘텐츠로 확고히 자리 잡게 된 것이다.

둘째, 〈태양의 후예〉가 성공을 거둔 까닭으로 전편 사전 제작을 통해서 콘텐츠 완성도를 높였다는 점도 무시할 수 없다. 이 드라마는 그동안 주로 국내 영화 배급 투자 전문사로 명성을 쌓아오던 엔터테인먼트 기업, NEW가 처음으로 TV드라마에 제작 투자한 경우다. 따라서 영화 배급과 투자를 통해 전문성을 축적한 상태에서 TV드라마 제작에 관여하면서 상대적으로 콘텐츠의 완성도에 더욱 많은 관심을 가졌던 것으로 보인다. 이는 그동안 한국 TV드라마의 고질병으로 지적돼 온 방영 시간에 쫓기다시피 급하게 제작되는 관행을 벗어나는 것이기도 해 의미가 있다. 중국 웹사이트는 해당 콘텐츠의 이런 사정을 감안해 충분히 자체적으로 검토할 시간을 가질 수 있었고, 그 결과 사상 최고 판권료를 지불하겠다는 결정을 내릴 수 있었던 것으로 판단된다.

셋째, 〈태양의 후예〉가 중국에서 성공을 거둔 까닭을 콘텐츠 내부 논리로 해석할 수도 있다. 이 드라마는 국내에서도 대중적 인기를 한몸에 누렸는데, 이는 우선 소재 면에서 군부대 이야기를 다루었다는 독특한 설정 때문이었다. 한국 방송콘텐츠에서 군부대를 소재로 한 경우는 1990년대까지 부대 현장을 찾아가는 위문 방송 포맷이 주를 이뤘다. TV 예능 프로그램으로 편성된 〈우정의 무대〉가 대표적인 경우다. 이후 민주화 등 사회 분위기의 영향으로 군부대 소재가 방송, 특히 TV 화면에 직접 등장하는 경우는 일부 선전용 다큐멘터리 프로그램 정도에 불과했다. 2013년부터 시작한 〈진짜 사나이〉는 군부대 소재를 예능 프로그램으로 다시 소환했다. 〈진짜 사나이〉는 군 복무 남성들이 가장 '끔찍한' 경험이라고 토로하면서도 가장 '충격'적인 경험으로 간직하고 있는 군 입대를 TV 프로그램을 통해 대리 현실화함으로써 '향수(nostalgia)'와 '공감(empathy)'의 정서를 불러일으키며 성별 경험 담론을 '공유(sympathy)'했다. 이 프로그램은 스타들의 도전과 실패, 성공 포맷을 적용하면서 예능과 게임 포맷이 결합된 사례였다. 넓게 보면 〈태양의 후예〉는 이러한 군부대 소재 TV 프로그램의 연장선 위에 놓여 있다고 할 수 있다. 군대 내부에서 벌어지는 사건과 갈등을 통해 1차적으로 남성 시청자를 타겟으로 삼아 대중성을 확보한 것이 주효했다. 그러나 이 드라마는 군 관련 소재를 '멜로'로 전유하는 양상을 보였다. 부대 내부에서 벌어지는 '멋진 남성'과 '아름다운 여성' 사이의 애틋한 사랑을 통해 멜로 라인을 구축하면서 군대 이야기를 사랑 이야기로 바꾸어 놓은 것이다. 이를 통해 수많은 여성 시청자를 확보할 수 있었다.

넷째, 그렇다고는 하나 중국에서 이 드라마가 인기를 끌었던 까닭을 이런 이유로만 설명하기는 어렵다. 물론 멜로드라마로 전유하는 방식은 우리와 크게 다르지 않았다. 중국 포털 사이트를 검색하면 무려 2백만 건이 넘는 관련 댓글을 찾아볼 수 있는데 이들 중 적지 않은 경우가 유시진(송중기 분)과 강모연(송혜교 분)의 사랑 이야기를 언급하고 있기 때문이다. 그러나 중국에서 인기를 얻은 또 다른 이유는 바로 이 드라마가 표면적으로는 '휴머니즘'이라는 보편적 인간관을 내세우고는 있지만, 내면적으로는 사실상 강력한 애국주의와 국가주의, 민족주의로 포장돼 있기 때문이다. 이 지점 때문에 국내에서는 대중적 성공과는 달리 이 드라마의 콘텐츠의 질적 수준을 비판하는 의견도 적지 않았다. 그러나 중국의 대중에게 이와 같은 애국주의, 국가주의, 민족주의는 '중국인'으로서의 위치를 확인하게 하는 동력이자 기제로 작동했다. 다시 말하면, 중국 시청자에게 있어 〈태양의 후예〉는 비록 한류라는 물결을 타고 바다 건너 온 TV드라마이지만, 그 스토리가 말하고 있는 국가에 대한 헌신과 사랑이라는 내용은 충분히 공감할 수 있는 종류라는 것이다.

이런 이데올로기적 '연대'는 바로 중국의 사회주의 감성에 기대고 있는 것이다. 최근 빚어진 중국 누리꾼이 드러낸 일련의 국가주의적 성향은 이런 감성이 얼마나 중국인에게 철저하게 내면화돼 있는지를 잘 보여준다. 2015년 11월 당시 대만 총통 후보였던 차이잉원(蔡英文) 민진당 주석이 이른바 '하나의 중국'을 인정하지 않는다는 이유로 중국 누리꾼에게 의해 페이스 북이 거의 난도질당할 정도로 댓글 세례를 받았다. 올해 1월에는 대만 출신으로 한국에서 활동하는 아이돌 가수 쯔위가 대만 국기인 청천백일기를 흔들었다는 이유로 중국 누리꾼의 강력한 항의에 시달려야 했다. 같은 달에는 한국 TV드라마 〈무림학교〉가 인민폐를 소각하는 장면을 연출하는 바람에 거센 비판에 직면하기도 했다. 올해 6월에는 중국에 비판적인 홍콩 가수 데니스 호를 앞세워 홍보 마케팅을 펼치려던 프랑스 화장품 기업 랑콤이 중국 누리꾼의 반발로 이를 철회하면서 또 다른 대륙-홍콩 간 갈등을 불러일으켰다. 이런 사례들은 중국인들이 얼마나 국가주의 혹은 민족주의적 감성으로 일체화되어 있는지를 잘 보여준다. 이런 감성은 특히 사회주의 중국 이후 강력하게 작동한 이데올로기적 국가기구(ISA)에 의해 내면화돼 오고 있다는 점에서, 이는 문화콘텐츠가 대중과 만나면서 사회주의적 감성과의 결합을 통해 국가와 민족에 대한 응집된 정서가 분출한 것으로 볼 수 있다. 이것은 사실 한국이 잘 모르는 중국의 한 측면이 드러난 것이라고 볼 수 있다. 우리는 중국의 사회주의에 대해서 '글'을 통해 배웠을 뿐 그 내면화된 감정의 구조를 잘 알지는 못한다. 중국 대중이 〈태양의 후예〉에 반응한 것은 바로 이 부분에서 불꽃이 튀었기 때문이다. 이는 〈별에서 온 그대〉가 역시 우리가 잘 모르는 중국의 한 측면, 즉 '도가'적 전통에 기댄 판타지 장르로서 작동했다는 점을 생각해 보면 유의깊게 살펴봐야 할 대목이다.

중국으로 건너가는 한류는 새로운 모델을 구축해 왔다. 특히 TV드라마와 예능 프로그램, 영화 등을 중심으로 한 영상콘텐츠는 장르별로 각각 중국시장을 공략하는 새로운 모델을 모색하고 있었다.

영화는 진작부터 중국시장을 목표로 하는 공동제작 모델을 구축해 왔다. 1990년대 중반 이후부터 오랫동안 한국 영화는 중국에 완제품을 판매하려고 했다. 이런 노력은 중국의 해외 영화 수입 쿼터(현재 분장제[分帳制: ledger system]에 한해 연간 34편 수입 가능, 그중 14편은 3D와 IMAX로 제한)로 인해 빛을 보지 못했다. 이후 2000년대 중반에 들어서면서 공동제작으로 선회하는 경향이 두드러졌다. 그러나 당시 공동제작의 사례들은 대부분 한국시장과 중국시장의 질적 차이를 무시하고 양국에서 공히 흥행할 수 있을 것이라는 막연한 믿음으로 제작된 영화가 많았다. 여러 차례의 실패를 거듭하면서 두 나라 영화 시장은 질적으로 다르다는 깨달음을 얻게 됐고, 이제는 중국시장을 목표로 하는 공동제작이 성행하고 있다. 최근에는 〈수상한 그녀〉를 리메이크한 〈스무 살이여 다시 한 번(重返二十歲)〉, 〈분신사바〉를 리메이크한 〈필선(筆仙)〉 등이 나름대로 성공을 거두면서 이런 모델이 연착륙하고 있다. 이 과정에서 자본은 중국이 담당하고 기획과 제작 인력 및 기술은 한국이 제공하는 방식이 적극적으로 채택됐다.

TV 예능 프로그램은 포맷 수출 모델을 적극 활용해 왔다. 다양한 한국 예능 프로그램이 중국에 진출하여 성공 사례를 축적했다. 〈아빠 어디가〉는 〈빠빠 취 날(爸爸去哪兒)〉로, 〈런닝 맨〉은 〈달려라 형제여(奔跑吧, 兄弟)〉로, 〈복면가왕〉은 〈몽면가왕(蒙面歌王)〉으로 현지화하여 방송되면서 열혈 시청자층을 만들어 냈다. 중국 당국은 한국 프로그램 포맷이 급속도로 증가하자 포맷 수입에 대한 규제 조치를 취하기도 했지만, 대세를 거스르기는 역부족이었다. 중국 예능 프로그램은 한국 콘텐츠를 통해 학습을 거듭하면서 자생력을 키웠다. 포맷 수출 모델은 중국 콘텐츠 역량 강화에 적잖이 공헌했다. 실례로 〈스타 셰프 쇼(星厨駕到)〉는 스타들이 출연해 '셰프'로 역할을 맡아 요리 대결을 벌이는 프로그램이다. 이는 요리와 게임을 결합한 한국식 포맷을 자기화한 대표적인 사례라 할 수 있다. 이러한 반복 과정을 통해 중국 콘텐츠는 질적 수준을 담보하면서 스스로의 힘을 키워가고 있는 중이다. 이는 중국 콘텐츠가 조만간 한국을 뛰어넘는 새로운 아이템을 가지고 무대를 압도할 날이 멀지 않았다는 방증이기도 하다.

TV드라마는 줄곧 완제품 판매 모델을 고수해 왔다. 이는 드라마 자체가 가지고 있는 강한 스토리텔링 성격 때문에 포맷 수출이 제한적이고, 또한 지역성(locality)이 강하고 제작 기간 및 시스템이 복잡해 공동제작 모델을 발굴하기도 쉽지 않다는 이유에서 기인하는 사정 때문일 것이다. TV드라마의 경우, 중국 사전 기획을 통해 판권 판매를 협의하는 경우가 증가하고 있다. 그러나 이 과정에서 한국 TV드라마는 중국 내부 시스템에 완전히 귀속되는 결과를 얻었다. 물론 이는 어떤 문화콘텐츠라도 중국 진출 시에는 내부 정책과 법규를 무시할 수 없는 일반론적 상황을 무시하자는 뜻은 아니다. 〈태양의 후예〉는 원래 2016년 2월 10일부터 한국에서 방영을 시작할 예정이었으나, 중국의 사전 심의 기간 때문에 한국 내 방영이 보름 정도 늦어지게 됐다. 이 때문에 그 전 동일 시간에 방송되던 〈장사의 신: 객주〉가 5회분을 연장 방송하기도 했다. 이는 즉 한국 문화콘텐츠가 중국 진출을 염두에 둘 경우, 한국 내 유통과 소비뿐만 아니라 콘텐츠 소재와 주제, 내용까지도 제약을 받을 수 있게 됐음을 의미하는 사건이다. 만약 이런 상황이 지속되어 여러 경우의 수가 축적된다면, 단기적 이익 때문에 오히려 한국 문화콘텐츠의 질적 수준이 하락하는 결과를 초래할 수도 있을 것이다. 중국 내 한류 콘텐츠의 유행을 목도하면서 그 빛과 그림자를 두루 살펴야 하는 까닭은 바로 이 때문이었다.

IV 사드와 '한한령':
한중 대중문화 교류의 고난이도 시험이 출제되다

2016년 하반기 한국과 중국 관계는 급격히 냉각됐다. 주지하는 바와 같이 한국정부의 사드배치 공식 발표(2016.7.8.)로 인한 상황 변화였다. 한중 관계의 정세 변화는 사드배치에 대한 중국 당국의 강력한 반발로 외교 갈등으로 비화되었다. 이러한 외교, 안보적인 층위의 문제는 대중문화 교류에까지 심각한 영향을 미치게 되었다.

중국 당정은 한국의 사드배치 결정 이후 이른바 '한한령(限韓令)'을 시행했다. '한한령'이란 "한류를 제한하는 명령"이라는 뜻으로 한류 콘텐츠의 중국 내 진입 또는 확산을 억제하기 위한 행정 명령을 가리킨다.[7] 일반적으로 공식적인 근거를 남기지 않기 위하여 주로 유선을 통해서 명령이 하달된다. 따라서 중국 측은 공식적으로는 '한한령'의 실체를 부인해 왔으나 결국 현장의 여러 인사들에 의한 다양한 '증언'으로 말미암아 실제로 이 명령이 수행되고 있음을 확인하기는 어렵지 않다.

'한한령'은 실제로 한국의 사드배치 발표 이후 2016년 7~8월경부터 시작된 것으로 추정된다. 당시 중국 언론은 '한한령'의 주요 조치에 관해 (1) 한국 단체의 중국 내 공연 금지, (2) 신규 한국 연예기획사에 대한 투자 금지, (3) 관객 1만 명 이상 동원하는 한국 아이돌 공연 금지, (4) 한국 드라마 및 예능 협력 프로젝트 체결 금지, (5) 한국 연예인 출연 드라마 중국 내 송출 금지 등으로 보도한 바 있다.[8]

---

7 한류 콘텐츠를 '금지'한다는 의미로 '금한령(禁韓令)'이라는 용어도 통용되고 있다.

8 騰訊網, 「"限韓令"引來一片叫好, 但聽說中國企業要買單？」, 2016.8.4.

중국이 다른 나라의 대중문화에 대한 제한 명령을 발동한 것은 이번이 처음은 아니다. 1990년대 중반에는 이른바 '한일령(限日令)', 즉 일본 대중문화에 대한 제한 명령을 시행한 바 있다. 1980년대 중반 이후 중국에는 일본 대중문화가 대대적으로 유행하고 있는 상황이었다. 그러나 천안문사태, 일본의 차관 도입, 중국의 핵실험 등 문제가 양국 관계 갈등 요인으로 불거지면서 이에 대한 보복 차원에서 중국 당정이 '한일령'을 추진한 것이다. 당시 '한일령' 또한 최근 '한한령'과 마찬가지로 비공식적인 형식, 즉 유선 전달 방식을 취했다. 이후 현재까지도 중국 내에서 일본 대중문화의 중국 내 세력은 현저히 약화되었으며, 이에 따라 공동화 된 중국 대중문화계에 한류 진입의 틈새가 형성된 측면이 있다고 볼 수도 있다. 다시 말하면, '한일령'으로 인해 한류가 그 대체재 기능을 수행하게 됐다는 것인데, 그렇다면 오늘날 '한한령' 발동 이후에도 유사한 현상이 충분히 가능할 것이다. 특히 최근 중국 내에는 태국 등을 중심으로 한 동남아시아 대중문화에 대한 선호도가 증가하고 있는 상황이다. 또한 일본 대중문화 역시 한류 콘텐츠를 대체할 만한 충분한 역량을 가지고 있다. 중국 대중문화계 내부에서 이들 아시아 각국의 경쟁 관계는 독립재라기보다는 대체재로서의 성격이 강한 것이다. 따라서 한류에 대한 중국의 제한 조치는 한류 콘텐츠의 해외 진출에 대한 심각한 타격을 가져오게 됐다.

'한한령'에 따라 중국시장은 문화콘텐츠 투자, 공연, 공동제작, 완성품 수입 등 전 분야에 걸쳐 한국 측의 진입을 금지했다. 또한 이러한 내용을 2016년 9월 1일자로 소급 적용할 것을 요구함으로써 그간 진행돼 오던 여러 기획들도 봉쇄됐다. 이는 가시적이고 상징적인 문화콘텐츠 영역을 적시하여 보복함으로써 중국 당국이 의도한 "한국에 대한 경고"라는 효과를 극대화하기 위한 것으로 판단된다.

'한한령'에 따른 파급 효과는 한국 입장에서는 무시할 수 없는 정도였다. 물론 각 장르별 문화콘텐츠의 특성에 따라 원래 계획이 정상적으로 추진된 사례도 없지 않았다. 특히 영화는 이미 공동제작이 완료되어 개봉을 앞두고 있던 작품인 경우에는 대부분 중국 내 상영이 정상적으로 이뤄졌다. 〈하유교목아망천당(夏有喬木雅望天堂)〉[9], 〈시칠리아 햇빛 아래(謊言西西里)〉[10], 〈사랑이라 불리는 그 미친 일(那件瘋狂的小事叫愛情)〉,[11] 〈탈로이도(奪路而逃)〉[12] 등이 2016년 8~9월 사이에 중국에서 정상적으로 개봉됐다. 그러나 제작 및 상영 계획이 보류, 중단, 취소된 경우도 적지 않았다. 2016년 8월 말에는 한중 공동제작 영화 〈강원도〉가 제작 중단됐고, 9월 이후에는 한중 공동제작 영화의 초기 기획 검토가 대부분 보류된 것으로 전해졌다.[13] 또한 2016년 9월 중국 측은 한국 문화부와 중국 국가언론출판광전총국이 해마다 공동으로 주최해 왔던 '한국영화제' 개최를 잠정적으로 중단하겠다고 통보해 왔다.

TV드라마는 그동안 주로 완성품을 수출해 온 장르였다. 특히 최근에는 한국이 제작하여 한중 양국에서 동시에 방영하는 모델이 자리 잡아 왔다. 사드배치 발표 이후에도 KBS의 〈함부로 애틋하게〉가 중국 내 영상 전문 사이트인 유쿠(優酷: YOUKU)에서 정상 방송됐고, SBS의 〈달의 연인: 보보경심 려〉 역시 유쿠에 회당 40만 달러에 수출되는가 하면, KBS의 〈화랑: 더 비기닝〉이 중국 심의를 통과하고 한중 동시 방영을 확정짓기도 했다. 그러나 2016년 7월에는 충칭(重慶)시 선전부 산하 기금이 투자를 거부하면서 진행 중이던 한중 웹드라마 공동제작이 무산됐고, 9월에는 후난(湖南)위성TV가 드라마 〈상애천사천년2〉의 출연 배우 유인나를 교체하겠다고 통보했으며, SBS의 〈사임당: 빛의 일기〉에 대한 중국 측 심의 결과가 지연되면서 방송이 연기되기도 했다. 11월에는 tvN의 〈더 K2〉, SBS의 〈질

---

9 EXO 출신 크리스와 슈퍼주니어 출신 한경, 배우 루한이 주연을 맡은 한중 공동제작 영화.

10 배우 이준기가 주연을 맡은 한중 공동제작 영화.

11 가수이자 뮤지컬 배우인 세시카가 주연을 맡은 한중 공동제작 영화.

12 배우 박하선이 주연을 맡은 한중 공동제작 영화.

13 예를 들면 다음을 참고. 진현철, 「중국의 한류 금지령, 연예계 잇단 피해: 영화계도 타격」, 『매일경제』 2016.11.23.

투의 화신〉, 웹드라마 〈마이 온리 러브송〉 등 16편에 대한 중국 내 심의가 통과되지 않고 보류되었다. 역시 SBS 드라마 〈푸른 바다의 전설〉은 중국 수출 불가 결론을 내리고 한국에서 단독으로 방송을 시작했다. 12월에는 SBS의 〈화랑: 더 비기닝〉의 중국 LeTV 동시 방영이 중단되기에 이르렀다. TV드라마는 최근 사전 제작을 통해 완성도를 높인 뒤, 양국에서 동시 방영을 통해 중국 내 시청자를 공략해 왔다. 2016년에는 이런 모델을 따라 〈태양의 후예〉, 〈함부로 애틋하게〉, 〈사임당: 빛의 일기〉, 〈화랑: 더 비기닝〉, 〈달의 연인: 보보경심 려〉 등이 사전 제작을 통해 중국 수출을 계획하고 있었다.[14] 그러나 이 중 2016년 상반기, 즉 사드 이슈가 발생하기 전까지 수출된 〈태양의 후예〉와 〈함부로 애틋하게〉를 제외하고, 하반기에 수출을 계획했던 나머지 드라마들의 경우에는 수출 자체가 보류되거나, 설령 수출이 됐다 하더라도 정상적으로 방영되지 못하는 상황에 직면했다.

TV 예능 프로그램도 타격이 적지 않았다. 일부 정상적으로 진행된 경우도 있었으나 다수의 관련 프로그램이 보류, 중단, 취소됐다. 2016년 8월에는 한국 아이돌 스누퍼가 동방위성TV 'AIBB(Asian Idol Billboard)'에 출연하고 베이징 패션 브랜드 행사에 참여할 예정이었으나 취소됐다. 중국 광저우(廣州)시 포산(佛山) 관광국은 '미스 주장(珠江) 홍보대사 경선' 프로그램을 부산과 제주에서 촬영할 계획이었으나 취소됐다. 또 중국판 '우리 결혼했어요'인 〈사랑한다면(如果愛)〉의 부산 촬영도 무기 연기됐다. 저장(浙江)위성TV는 중국판 '무한도전'인 〈도전자연맹(挑戰者聯盟)〉에 출연한 한국 연예인 황치열의 출연분을 통편집했다. 황치열은 역시 중국판 〈나는 가수다〉에 출연해 인기를 끌어 모으며 스타덤에 오른 상태라서 그의 출연분을 통편집한 사건은 적잖이 회자됐다. 10월에는 산둥(山東)TV가 강호동과 이특이 출연 예정이었던 한중 합작 예능 〈스타강림〉을 제작 중단했다. 11

14 『글로벌 한류 동향』 제104호, 한국문화산업교류재단, 2016, 9쪽.

월에는 중국에 진출한 김영희 피디가 제작한 예능 프로그램 〈오라! 한다면 한다(來吧說做就做)〉를 광전총국이 심의하지 않음으로써 4분기에 편성이 불발됐다.

K-Pop과 뮤지컬 공연, 팬미팅 등도 줄줄이 취소됐다. 2016년 8월 EXO의 상하이 콘서트 취소, 걸그룹 와썹의 쑤치안(宿遷)시 콘서트 취소, 수지와 김우빈이 주연했던 〈함부로 애틋하게〉의 베이징 팬미팅 연기, 배우 박신혜의 상하이 팬미팅 취소, 국내 뮤지컬 중국 5개 도시 순회 공연 일정 축소, 상하이 'K뮤지컬 로드쇼' 참가작 8편 공연비자 발급 지연 등의 사건이 알려졌다. 9월 들어서도 연극 〈빨래: 옥탑방 연가〉의 베이징 공연 조기 중단, 뮤지컬 〈리틀잭〉의 상하이 쇼케이스 취소, 뮤지컬 〈투란도트〉의 라이선스 계약 취소, 넌버벌퍼포먼스 〈점프〉의 베이징, 항저우, 칭다오 공연 잠정 보류 등이 계속됐다. 10월에는 한류 스타의 중국 내 공연 불허 소식이 날아들었고, 이후 12월 EXO의 난징 콘서트가 실제로 잠정 연기됐다. 2017년 들어서도 이런 소식은 계속 이어졌는데, 급기야 음악인 백건우가 구이양 공연을 위한 입국 비자가 거부당했고, 광저우 등 도시에서 계획된 소프라노 조수미의 콘서트도 취소됐다.

비단 이러한 상황뿐 아니라 중국 내 한류 콘텐츠에 대한 여론도 급속하게 악화되기 시작했다. 예를 들면 2016년 8월 중국 CCTV는 한국 마스크팩에 불량품 많다는 고발 프로를 방영했고, 한국 배우 박보검의 중국 의류 브랜드 광고가 중국 내에서 모욕 여론이 형성됐으며, 인터넷 기업 아이치이가 제9회 부산국제광고제에 불참하겠다고 통보하기도 했다. 10월에는 중국 유통기업들에게 광군제(光棍節)[15]의 상품 광고 시 한류 모델 마케팅을 자제해 달라는 요구가 전달됐다. 더불어 중국정부는 방한 '유커(遊客)'를 전년대비 20% 감소하라는 지침을 각 성(省)별로 중개 여행사에 하달했

15 중국판 '싱글데이'로 1자가 네 번 겹치는 11월 11일을 가리킨다. 최근 중국 젊은이들 사이에서 호응을 얻고 있는 사회 현상이다.

다. 11월에는 한류 광고 모델이 교체되기도 했다. 급성장하는 중국 휴대폰 기업들이 각각 송중기(VIVO)와 전지현(OPPO)의 광고를 중단했다.[16]

'한한령'은 구체적인 정책으로도 연결됐는데, 2016년 12월 중국정부는 「인터넷방송 경영 활동 관리 방법(網絡表演經營活動管理辦法)」을 통해 인터넷방송 규제를 대폭 강화하겠다고 발표하기도 했다. 이러한 정책 방침과 현장에서의 적용 등으로 인해 중국 내 한류 콘텐츠는 공식적인 통로를 거쳐 유통되는 상황이 변질되면서 각종 표절 및 불법 시청이 확산되는 양상까지 초래하게 되었다.

이런 상황으로 볼 때, '한한령'의 실제 여부를 두고 논쟁을 벌일 필요는 없어 보인다. 실제로 업계 현장에서의 체감 반응은 더욱 심각한 것이었다. 2016년 하반기 다양한 통로를 통해 접촉한 양국의 관련 업계 인사들은 더욱 생생한 목소리를 전해 주었다. 예컨대 중국의 영화산업 종사자인 30대 여성 Z씨는 국내에서 개최한 한중 영화 교류 행사가 끝난 뒤 귀국하여 자신의 상황을 이렇게 알려왔다.

> "이번 행사를 한한령 상황에서 치르다 보니 양쪽 모두 힘들었는데, 돌아와 보니 상황이 더 심각해져 있었어요. 윗분들이 당분간 한국과의 이벤트는 전면 금지라고 강하게 얘기했어요. 그전에는 중국 내에서 하는 한국 관련 행사들은 엄격하게 규제했지만, 한국에서 하는 중국 관련 행사는 너그러운 편이었는데 그 분위기도 많이 바뀌었습니다. 내년 행사를 올해처럼 개최할 수 있는지조차 불투명해졌어요."

또한 중국 내에서 한중 공동제작 영화를 만들기 위해 노력하고 있는 한국인 30대 남성 사업자는 관련 행사에서 이렇게 말했다.

16 이상 '한한령'에 관한 다양한 사례들은 한국과 중국의 각종 언론 보도를 취합하여 재구성한 것이다.

"보도가 되지 않았지만, 한한령으로 인해 기획 단계에 있던 많은 일들이 취소됐습니다. 저희 회사는 중국 완다와 함께 TV드라마를 만들려고 준비하고 있었고, 거의 모든 게 성사된 상태인데, 불과 1주일 사이에 중국 측에서 아무래도 계약이 어렵겠다고 통보가 왔습니다. 텐센트라는 회사와 추진했던 드라마도 합작이 취소됐습니다."

역시 중국 내 한중 공동제작을 꾸준히 추진해 왔던 한국인 50대 남성 사업자 또한 관련 회의에서 이렇게 발언했다.

"우습기도 하고 씁쓸하기도 한 이야기입니다만, 특정 영화는 아예 한국인 스태프들이 크레딧에 자신의 이름이 올라가지 않아도 된다는 포기각서를 쓰고 촬영하기도 합니다. 하정우나 장쯔이 같은 유명 배우들의 합작 촬영을 협상하고 있지만, 현재로서 중국의 입장은 합작 불가, 한국 배우 출연 불가, 한국 감독 연출 불가 원칙을 강하게 고수하고 있습니다. 특히 작년 11월 한일군사보호협정이 체결된 뒤에는 상황이 더욱 악화됐습니다."

한국 내 한중 공동제작 종사자인 한국인 60대 남성 사업자 역시 관련 회의에서 이렇게 말한 바 있다.

"〈치명도수〉라는 작품은 한중 합작이라고 해서 반려가 됐습니다. 그런데 이걸 다시 중국영화라고 우겨서 겨우 심의를 통과했습니다. 크레딧을 고치고 하는 과정을 거쳤죠. 그나마 가능했던 게 이 영화는 친중국적인 성룡이 제작에 참여했기 때문입니다. 차라리 한국과 중국, 미국이 삼자 합작을 하거나 중미 합작의 경우에는 상황이 조금 쉬운 편입니다."

'한한령' 문제가 언제까지 어떤 양상으로 지속될지는 가늠하기 어려운 상황이다. 다만 여러 상황에 따라서 다음과 같은 몇 가지 전망은 가능할 것으로 판단된다.

첫째, 한국의 사드배치 상황에 대한 변화 없이는 중국 내 한류 콘텐츠에 대한 규제가 당분간 지속될 가능성이 높다. 물론 중국 당정 입장에서도 대외적으로 '공식적'인 조치를 취하기는 부담스러울 것이다. 따라서 관련 조치는 내부적이고 비공식적으로 계속될 가능성이 상존한다. 이는 중국이 지속적으로 사드배치는 "중국의 핵심 이익"과 관련된 사안이라고 보기 때문이다. 주지하는 바와 같이 "중국의 핵심 이익"이란 사회주의 체제 유지, 주권 보호 및 '하나의 중국' 원칙, 사회주의 시장경제를 기반으로 한 사회경제 발전 등을 의미한다. 사드문제는 이러한 원칙들과 결부돼 있다고 판단하고 있다.

둘째, 국내 정부 교체기에 사드에 대한 보복 조치가 일시적으로 완화될 가능성도 없지 않다. 즉 중국 내 한류 콘텐츠 금지 조치를 단계적으로 완화할 가능성이 있는 것이다. 물론 이는 한국의 차기 정부에 대한 '길들이기' 차원이 될 가능성이 높다. 이 과정에서 일시적으로 특정 사례들을 허용하는 시그널을 보낼 개연성이 충분하다. 그러나 정책 수립과 업계에서는 이러한 조치가 지속 가능할 것인지 여부에 대해서 주의 및 관찰이 필요하다.

셋째, 사드배치 문제가 최종 확정될 경우 보복 조치는 더욱 강화될 것이다. 한류 콘텐츠 공동제작이나 수입이 전면 금지될 것이고, 한류 콘텐츠 관련 인력, 즉 감독이나 피디, 배우, 스태프 등의 중국 내 활동이 전면 금지될 수도 있다. 한류 콘텐츠 대 중국 수출 및 공동제작 상황이 전면 경색되면서 한류 콘텐츠 산업은 중국 내에서 시장 실패까지 초래할 가능성도 있다.

V 한국 내 중국 대중문화: 그래도 계속돼야 할 한중관계

이런 상황에도 불구하고 2016년 한중 문화 교류가 정상적으로 수행된 경우도 없지 않았다. 8월에는 '한중 FTA 지재권위원회'가 베이징에서 개최됐고, 12월에는 배우 이민호가 중국 휴대폰 Lenovo의 광고 모델로 기용되기도 했다. 12월에는 한국 배우 서강준의 소속사 판타지오가 산둥성 웨이하이(威海) 쇼핑몰 내 한류 콘텐츠 공간, 즉 '한국성(韓國城)'을 구축하겠다고 발표한 바 있다. 역시 같은 달에는 한국소비자포럼과 중국 인민일보가 공동으로 "2017년 가장 기대되는 한류 스타 10인"이 누구인지 설문 조사를 벌이기도 했다.

한중관계가 유례없는 심각한 살등 관세에 직면했음에도 불구하고 한국 내에서 중국 대중문화를 수용하고 논의하려는 노력은 계속됐다. 특기할 만한 사실 가운데 하나는 중국영화전용관, 이른바 '실크로드 시어터'의 개관이다. 2016년 8월 26일 한중문화재단과 중국영화포럼, SCS엔터테인먼트, 롯데시네마가 공동으로 잠실 롯데월드타워 롯데시네마 12관에 개관하여 중국영화를 상영하고 있다. 개관전인 '5세대 감독전(장이머우, 천카이거, 티안좡좡, 황젠신 등)'을 비롯하여 '서극 감독전', '클래식 시네마전', '한중 공동 제작 영화전', '중국 애니메이션전' 등을 개최하였다. 이러한 노력은 한중관계의 냉각기에도 한국 측에서 중국을 대중문화 교류의 장기적인 파트너로 간주하고 공동의 발전을 지속하기 위한 입장에서 수행된 것이라 할 수 있다.

2016년 11월 24일부터 27일까지는 한국연구재단 글로벌연구네트워크(GRN)연구팀과 상하이예술영화연맹(上海藝術電影聯盟), 중국영화포럼 등이 공동으로 역시 같은 장소에서 '2016 중국예술영화전'을 개최했다. 영화제는 기획을 통해 다음과 같이 문제제기를 하고 있다.

"아시아 영화의 미래는 어디에서 찾을 수 있을까요? 한국과 중국, 대만, 일본 등 아시아 영화를 이끌어 왔던 나라들의 최근 동향은 그 향방을 가늠하기 어려울 정도입니다. 한국의 새로운 영화를 이끌어 왔던 거장 감독들은 이러저러한 사정으로 주춤하고 있고, 중국의 5세대는 상업주의에 포섭된 지 오래며, 대만영화는 허우샤오셴이나 차이밍량 이후 이제 막 오랜 침체에서 벗어나려고 노력하는 중이고, 일본영화 역시 신선한 자극을 찾아보기 어렵습니다. [⋯] 아시아 영화에 대한 이런 상황 인식을 바탕으로 새로운 감독의 발굴을 위해 노력하고자 합니다. 그리하여 중국 대륙의 신예 감독들 중 상업주의에 침몰하지 않으면서도 자신만의 영화 세계를 구축하면서 당당한 목소리를 내려고 힘써 왔던 감독들의 영화를 한국의 대중과 함께 공유하는 기회를 마련했습니다."

영화제는 이러한 배경에서 모두 7편의 영화를 상영했다. 정다성(鄭大聖) 감독의 〈쓸모없는 남자(天津閑人: 2012)〉, 〈위험한 도시(危城: 2012)〉, 쑹타이지아(松太加) 감독의 〈강(河: River)〉, 신위쿤(忻鈺坤) 감독의 〈산 속의 관(心迷宮: 2014)〉, 시앙궈치앙(相國强) 감독의 〈소년 바빌론(少年巴比倫: 2015)〉, 샤오한(蕭寒) · 량쥔지안(梁君健) 감독의 다큐멘터리 〈히말라야 사다리(喜馬拉雅天梯: 2015)〉, 우페이위에(吳飛躍) · 친샤오위(秦曉宇) 감독의 다큐멘터리 〈나의 시편(我的诗篇: 2015)〉 등 7편이 프로그램이었다. 특히 이 중 정다성 감독은 영화제 기간에 직접 방한하여 중국영화포럼이 마련한 "지금, 중국영화의 가능성을 묻고 답하다"는 제목으로 관객과의 대화에 나서기도 했는데, 그는 중국영화를 대표하는 집안에서 태어나[17] 독특한 예술 감각으로 자신의 영화 세계를 구축해 온 감독이다. 탄탄한 스토리와 아름다운 화면이 빚어내는 그의 예술 세계가 잘 드러난 작품들에 관한 문답이 이어졌다.

17 정다성 감독의 외조부가 연극인 황줘린(黃佐臨)이고 어머니는 유명한 영화감독 황수친(黃蜀芹)이다.

TV드라마 영역에서는 역시 예년과 비슷한 정도로 한국 내 방영이 이뤄졌지만, 2015년 중화TV에서 인기를 끌었던 〈랑야방(瑯琊榜)〉 등의 여파로 인해 중국 소설 『보보경심』을 전환한 〈달의 연인: 보보경심 려〉가 한국에서 제작, 방송됨으로써 새로운 가능성도 열어 놓았다. 영화 공동제작에 관해서는 2014년 7월 '공동제작협징'이 체결되고 이 협정이 한중 FTA 협정문의 부속 문건으로 삽입되어 활발한 영화산업 현장의 상황을 지원하려고 노력한 바 있다. 그러나 한중 FTA 협정문에 역시 부속 문건으로 삽입된 TV드라마 공동제작에 관한 내용은 선언적인 표현에 그치고 있어 향후 양국이 이 부분에서 더욱 구체적인 논의를 해 나갈 필요가 있을 것이다.

한중관계는 유사 이래 시작됐고, 앞으로도 계속될 것이다. 역사의 고비마다 중대한 긴장과 갈등 관계 또한 적지 않았던 것도 사실이다. 그러나 언제든 갈등 관계에 놓여 있던 상황에서도 교류는 계속됐다. 한중 대중문화 교류 역시 그러할 것이다. 당장의 여러 가지 어려움이 있지만, 오히려 이러한 어려운 상황에서 장기적인 안목으로 미래를 대비하는 자세도 필요할 것이다. 또한 중국 대중문화의 실력이 성장하면서 중·장기적으로 아시아 대중문화산업의 새로운 강자로 등장할 날을 대비하면서, 그런 상황에서 한류의 역할은 무엇인지에 대한 문제도 우리가 지속적으로 고민해 나갈 필요가 있다.

중한 양국의 인문교류

뤼루이(呂蕊, 통지대학)

2013년 시진핑 주석과 박근혜 대통령 취임 이후 중한관계는 1992년 수교 이래 가장 높은 수준에 이르렀다. 중국과 한국의 고위급 교류가 빈번하고 경제무역관계도 신속하게 발전해서 중한관세의 '밀월기'로 불렸다. 그러나 최근 2년 동안 중한관계는 오히려 '첨에 높았다가 나중에 낮은(高開低走)' 정세가 나타났다. 2015년 양국의 양호한 발전 추세는 박근혜 대통령이 국내외 압력에도 불구하고 중국의 '9 · 3' 열병식에 참가한 것이 정점이었으며 중요한 순간에 중한관계를 중시하고 있다는 것으로 보여주었다.

같은 해 한국은 일본을 초월하여 미국 다음으로 중국의 제2 무역 파트너가 되었다. 그러나 2016년 7월 미국과 한국 양국은 한국에 '사드' 시스템을 배치한다고 선포하여 중한 양국 관계의 양호한 발전 추세가 역전되었다. 국가 간 인문교류는 비록 상대적인 독립성을 갖고 있지만, 상당한 정도 국가 관계의 영향을 받는다. 2015~2016년 중한 인문교류는 총체적인 측면에서 보면 매우 활기찬 발전의 시기였지만 사드배치의 영향을 피할 수는 없었다 '한한령(限韓令)'의 떠들썩함도 어떤 측면에서는 중한 인문교류가 정치에 좌우되는 취약성을 반영하는 것이다. 게다가 사드배치의 중한 인문교류 영향에 대한 범위와 정도는 여전히 시간을 두고 지켜봐야 하는 처지에 놓였다.

I 중한 인문교류의 최근 현황

인문교류는 국민 간 상호이해를 증진하고 민의 기초를 다지고 양자 관계의 안정을 촉진하는 측면에서 대체할 수 없는 중요한 역할을 발휘한다. 중한 인문교류는 중한 양국 관계에서 중요한 역할을 맡고 있다. 2015~2016년간 중한 인문교류는 이전의 양호한 추세를 계속 이어갔다.

먼저, 인적 교류 측면에서 중한 양국은 계속해서 최대 관광객 출발지이며 목적지이다. 한국관광공사 통계에 따르면, 비록 2015년 한국이 메르스 영향으로 한국 방한 중국인 수가 2014년(6,126,865명)에 비해서 조금 줄어들었지만 여전히 600만 명에 근접하여 한국 전체 외국인 관광객의 45.2%를 차지했다.[1] 중국을 방문한 한국 관광객도 445만 명으로 중국을 방문한 외국인 관광객 가운데 일등을 차지했다.[2] 2016년 한국 방문 중국인은 신속

표 1 중한 상호방문

연도	한국 방문 중국인 (명)	중국 방문 한국인 (명)
2016년 1월~8월	8,067,722	-
2015	5,984,170	444.44만
2014	6,126,865	418.17만
2013	4,326,869	396.90만
2012	2,836,892	406.99만

자료 출처: 한국 방문 중국인: 1984~2015년 출입국 국가별 월별통계, http://kto.visitkorea.or.kr/file/download/bd/3e57cd8a-dc3f-11e5-9dc9-e3dacf1e1066.xls.kto. 2016 데이터, http://kto.visitkorea.or.kr/kor/notice/data/statis/profit/notice/inout/popup.kto. 중국 방문 한국인: 중국국가여행국(中國國家旅遊局) 여행 데이터, http://www.cnta.gov.cn/zwgk/lysj/index_6.shtml, 검색일: 2017년 2월 19일.

1 1984~2015년 출입국 국가별 월별통계, http://kto.visitkorea.or.kr/file/download/bd/3e57cd8a-dc3f-11e5-9dc9-e3dacf1e1066.xls.kto. 검색일: 2016년 10월 19일.

2 중국 국가여행국(中國國家旅遊局) 여행 데이터, http://www.cnta.gov.cn/zwgk/lysj/index_6.shtml, 검색일: 2016년 10월 19일.

히 증가하여 8,067,722명에 이르렀다.[3] 비록 2016년 방한 중국인이 처음으로 800만 명을 넘어섰지만 2016년 하반기에 방한 중국인은 기본적으로 달마다 줄어드는 추세였다. 11월 방한 중국인은 겨우 50만 명을 넘어섰다.

유학생 측면에서, 한국은 계속해서 중국 유학생 배출국 1위를 안정적으로 유지하고 있다. 2014년 203개 국가와 지역의 377,054명의 각종 유학생들이 중국에 유학 왔으며 그 가운데 한국 유학생은 62,923명으로 전체 유학생 총수의 16.7%를 차지한다.[4] 2015년 전 세계 202개 국가와 지역에서 397,635명의 유학생들이 중국에서 공부하고 있고, 그 가운데 한국 유학생은 약 66,672명으로 전체 유학생의 16.8%를 차지하고 있다.[5] 한국 연합뉴스 보도에 따르면 2016년 2월 말 현재, 한국에 유학하고 있는 중국 유학생은 62,318명으로 전체 한국 외국 유학생 총수의 61.7%를 차지하고 있으며 한국에 유학하고 있는 외국인 유학생 가운데 가장 많은 수를 차지하고 있다.[6]

다음으로, 학술교류 방면에서 양국 대학과 연구기관 간 일련의 대화 창구가 열려 있다. 예컨대 2016년 1월 중국사회과학원과 한국연구재단은 서울에서 제1회 '중한인문포럼(中韓人文學論壇)'을 개최했다. 2016년 5월 세계중국학포럼 조직위원회 주최, 상하이사회과학원과 고려대학교 아세아문제연구소 공동 주관 세계 중국학 포럼 동북아시아 토론회가 한국 고려대

---

3 http://kto.visitkorea.or.kr/kor/notice/data/statis/profit/notice/inout/popup.kto. 검색일: 2017년 2월 19일.

4 교육부: 2014년 전국 유학생 데이터 통계, 2015년 3월 18일, http://www.moe.gov.cn/jyb_xwfb/gzdt_gzdt/s5987/201503/t20150318_186395.html, 검색일: 2016년 10월 19일.

5 교육부: 2015년 전국 유학생 데이터 통계, 2016년 4월 14일, http://www.moe.gov.cn/jyb_xwfb/gzdt_gzdt/s5987/201604/t20160414_238263.html, 검색일: 2016년 10월 19일.

6 "한국 외국 유학생 처음으로 천만 명 돌파, 중국 유학생 최다", 연합뉴스, 2016년 3월 28일, http://chinese.yonhapnews.co.kr/newpgm/9908000000.html?cid=ACK20160328001800881, 검색일: 2016년 10월 20일.

학교에서 개막되었다. 2016년 9월에는 한국 경상북도 주최 제3회 중한인문교류대회가 개최되었다. 한국 국회도서관에서 소장하고 있는 학위논문 검색 결과를 보면 2016년도에 제목에 '중국'이 포함된 학술논문은 1,255편이고 그 가운데 박사학위 논문은 138편, 석사학위 논문은 1,117편이었다. 동일 기간 제목에 '미국'이 포함된 학위논문은 130편이었고, 제목에 '일본'이 포함된 학위논문은 191편이었다. 2016년도 정기간행물 학술논문 가운데 제목에 '중국'이 포함된 논문은 2,473편이었다. 제목에 '미국'이 포함된 학술논문은 1,069편이고, 제목에 '일본'이 포함된 학술논문은 1,564편이었다.[7] 한국 국회도서관이 소장하고 있는 정기간행물 가운데 제목에 '중국'이 들어가 있는 한국어 정기간행물은 97종이다. 이를 통해서 보면, 중국에 대한 연구는 이미 한국 대학의 연구 중점이 되었다. 중국지식넷(中國知網) 검색 과정에서 '철학인문과학(哲學人文科學)', '사회과학 I 집(社會科學I輯)', '사회과학 II 집(社會科學II輯)' 영역에서 2016년 1월 1일부터 2016년 11월 1일까지 제목에 '한국'이 포함된 논문은 1,053편이다. 2015년에는 1,765편이고 2014년에는 1,773편이었다.[8] 중국 학술계의 한국의 인문, 사회과학연구 관심도 점점 증가하는 추세이다.

또한 청소년 교류 측면에서, 2016년 1월부터 9월까지 양국 간에는 양국 청소년 간 교류와 문화 이해 차원에서 10여 차례 청소년 간 교류활동이 개최되었다. 예컨대, 4월 한국외국어대학 공자학원 주최 한국 고등학생 중국어 말하기 대회, 5월 이화여자대학교 주최 중화연(中華緣) 중국어 대회, 6월 다롄외국어대학 주최 한국, 한국어 정보 편집 및 번역 대회, 6월 청두(成都)에서는 중한 청년 창업대회 등이 개최되었다. 이 밖에도 한국국제교류재단, 한국문화산업교류재단 초청으로 중국 대학생, 청년 공무원 등이 한국을 방문했다. 중국과 한국의 소년과 아동을 대상으로 회화전, 경전 암

7 한국 국회도서관 http://dl.nanet.go.kr/SearchList.do, 검색일: 2016년 10월 23일.

8 중국 cnki, http://epub.cnki.net/kns/brief/result.aspx?dbprefix=scdb&action=scdbsearch&db_opt=SCDB, 검색일: 2016년 10월 30일.

송대회, 바둑 교류 등이 거행되었다. 9월 중한 청소년들이 서울에서 '2016 중한 청소년 문화축전(2016中韓青少年文化慶典)' 행사를 가졌다. 또한 중국과 한국 양국은 중한 청소년 해양 안전 프로젝트를 시작했다.

다음으로 지방교류 측면에서는 2016년 1월까지 중국과 한국 간 184개 우호도시 관계가 맺어져서[9] 중한 양 지역 간 비교적 밀접한 관계가 맺어졌다. 일부 통계자료에 의하면 2016년 1월부터 9월까지 중국과 한국 지방 간 거행된 활동은 모두 23차례에 이른다. 평균 한 달에 두 차례 이상 교류가 이루어졌다. 활동 내용도 매우 풍부하다. 교육, 의료, 미디어 교류, 문화 보급, 여행 선전 등에 이르고 있다. 예를 들어 교육 방면에서는 제주도 교육청과 베이징시 교육위원회가 교육교류협력협의서에 서명하고 제주도 교육청 청장은 제주도 학생이 베이징에서 대학을 다닐 수 있도록 우수한 학생들을 추천할 수 있게 했다. 의료 방면에서는 3월 장시성(江西省)과 전라남도가 의료협력협약을 체결했다. 5월에는 부산시와 광저우(廣州)가 공동으로 '2016 의료여행 해외특별 전람회(2016醫療旅遊海外特別展覽會)'를 개최하여 의료기관, 여행사, 의료여행 에이전트 등이 시민들에게 부산의 의료기술과 여행 자원을 소개하는 행사를 가졌다. 미디어 교류 방면에서는 허베이(河北), 헤이룽장(黑龍江), 지린(吉林), 랴오닝(遼寧), 허난(河南), 안후이(安徽), 상하이(上海) 지역의 TV와 기자들이 강원도를 방문하여 취재 활동을 진행했다. 문화 보급 방면에서 산둥성은 3월 서울에서 문화무역 소개상담회(文化貿易推介洽談會)를 개최하고 한국과 문화 창의(文化創意), 영화제작, 연예오락, 출판, 만화와 게임, 디자인, 디지털, 뉴미디어, 특색 공예품 등 영역에서 협력을 진행했다. 4월 베이징은 서울에서 '서울에서 맛보는 베이징의 맛(品味北京@首爾)'을 주제로 전시회를 개최했다. 같은 달 귀저우성(貴州省)은 '디지주연(茶字酒緣)'을 통해 구이저우성과 한국의 우호 교

9 "중한 우호 도시 관계 통계", 중국한국우호협회 홈페이지, http://www.china-korea.org/html/report/93-1.htm, 검색일: 2016년 10월 21일.

류 활동을 진행했다. 산시성(陝西省)은 6월 서울가극단과 함께 서울에서 처음으로 한국판 〈사마천(司馬遷)〉 뮤지컬 공연을 가졌다. 8월에는 한국 무형문화예산인 안동의 '가면무(假面舞)' 공연을 쓰촨극 '변검(變臉)'의 고향인 쓰촨성(四川省) 쓰촨극 극장(川劇院)에서 가졌다. 여행 선전 홍보 방면에서 장시성과 전라남도, 광동성(廣東省) 양강(陽江) 하이링도(海陵島)와 강원도 남이섬 간 여행 방면의 교류 협정을 체결했다. 4월에는 베이징여행발전위원회(北京旅遊發展委員會)가 서울에서 베이징 여행의 새로운 정책 등 베이징 관광에 관련된 소개의 자리를 마련했다.

마지막으로 문화교류는 중한 쌍방이 최근 인문교류 방면에서 이뤄낸 현저한 성과 가운데 하나이다. 2016년 1월부터 9월까지 쌍방이 함께 개최한 문화활동은 쌍방 예술가들이 참여한 상대 국가에서 진행된 공연이나 전시, 중한 협력으로 진행된 한국어 교학 프로그램인 〈여행 한국어〉 제작, 미디어 협력 토론회, 미디어 협력 서명식, 영화 공동 제작 등 20여 건에 달한다. 이러한 일상적인 문화교류 외에 2016년 비교적 사람들의 관심을 끈 사건은 바로 중국 판다가 한국에 간 것이다. 중국의 판다가 한국에 간 것은 2014년 7월 시진핑 주석과 박근혜 대통령 정상회담 기간 시진핑 주석의 약속 때문이었다. 2016년 3월 3일, 암수 각 한 마리씩 두 마리 판다가 한국에 도착해서 용인 에버랜드에서 15년간의 한국 생활을 시작했다. 두 마리의 판다는 한국 사람들에게 각각 '아이바오(愛寶)'와 '러바오(樂寶)'로 불렸다. 자이언트 판다는 천진난만한 양손을 움켜쥔 모습으로 세계 여러 사람들의 환영을 받고 있는, 여러 해 동안 줄곧 외국과의 교류 활동에서 무거운 책임을 맡고 있는 중국의 '평화 사절'이다. 이는 또한 22년 만에 한국 국민들이 다시 아주 가까운 거리에서 자이언트 판다를 만날 수 있는 기회를 갖게 된 것이다.

II 중한 인문교류 특징

최근 2년 동안 중한 인문교류는 아래와 같은 두드러진 몇 가지 특징을 보이고 있다.

첫째, 체계화되었다. 2015년과 2016년 중한 양국 간의 인문교류는 상층설계(頂層設計)에 따라 질서 있게 추진되었다. 중한 수교 이후 양국 정부는 문화교류가 갖는 국가관계에서의 역할을 중시했다. 양국 정부가 발표한 연합성명 가운데, 문화교류는 상당한 지면을 차지한다. 예컨대 2003년 〈'전면적 협력동반자 관계' 건립의 중한 연합성명(建立'全面合作夥伴關系'的中韓聯合公報)〉 제9조는 양국 문화교류와 문화산업 협력을 강조하고 있다. 2005년 〈'전면적 협력동반자 관계'의 진일보한 심화의 중한 연합성명(進一步深化'全面合作夥伴關系'的中韓聯合公報)〉 제6조, 양국의 문화, 교육, 여행, 체육, 미디어 등 영역 혹은 우호 단체, 우호 도시 간의 교류를 진일보하게 확대하는 데 동의하고 있다. 2008년 〈'전략적 협력동반자관계' 건립의 중한 연합성명(建立'戰略合作夥伴關系'的中韓聯合公報)〉에서 인문교류 영역은 양국 중점 협력 영역이 되었다. 이 밖에, 양국은 인문교류에 대해서 전문적인 협력 협정을 체결했다. 예를 들어 1994년 3월 김영삼 대통령 방중 시 양국 정부는 〈대한민국 정부와 중화인민공화국 정부 간 문화교류협정(大韓民國政府與中華人民共和國政府間文化交流協定)〉을 체결했다. 1994년 양국은 1995년과 1996년의 문화교류계획에 대해서 전문적인 협의에 이르렀다. 상술한 문건은 중한 인문교류의 기본제도와 틀을 구성하고 또한 양국의 인문교류의 양호한 기초를 제공했다. 그러나 이러한 제도 안배 혹은 성명의 일부분은 광범위하고, 모호하고, 집행력의 결핍이라는 특징을 가지고 있거나 혹은 단기간의 연도 계획이기 때문에 장기적인 추진력을 갖고 있지 않다.

이러한 상황은 2013년에 바뀌기 시작했다 2013년 6월 박근혜 대통령의 중국 방문 시 양국 정상은 중한 인문유대를 강화하기로 합의하고 중한 인문교류의 종합성을 갖춘 높은 수준의 플랫폼으로서 '중한인문교류공동위원회(中韓人文交流共同委員會)'를 설립하여 정부가 협조 기구화하기로 결정했다. 위원회 회의는 매년 한 차례 열고 양국이 번갈아 가면서 개최하기로 했다. 위원회는 현재 쌍방이 진행하고 있는 인문교류 프로그램을 평가하고 새로운 교류 프로그램을 심의하고 확정하는 책임을 갖는다. 위원회의 일상 사무의 정상적인 진행을 보장하기 위하여 쌍방은 비서처를 설립하여 운영하기로 했다. 중국 외교부 아주사(亞洲司) 부사장과 한국 외교부 동북아국 심의관(審議官)이 각각 비서장을 맡기로 했다. 이때부터 중한 간의 인문교류는 상설화된 제도화의 플랫폼을 갖추게 되었고 양국 간의 인문교류는 신뢰 기반을 구비하게 되었다. 2013년 11월 중한인문교류공동위원회 설립 후, 양국 외교부는 주도적인 기관이 되어 2013년, 2014년과 2015년 각각 서울, 시안(西安), 제주도에서 위원회 제1, 제2, 제3차 회의를 개최했다. 2014년에는 19개 주요 프로그램을 진행했고, 2015년 초 왕양(汪洋) 부총리 방한 기간 쌍방은 〈2015년도 중한인문교류공동위원회 교류협력 프로그램 리스트(2015年度中韓人文交流共同委員會交流合作項目名錄)〉를 발표했다. 공식적으로 체육, 여행, 미디어 등 영역의 교류와 협력을 위원회의 틀 내로 넣기로 했으며 인문유대의 4개 중점 영역을 학술교육, 지방, 청소년, 문화 등으로 조정하여 민간단체 주도의 활동을 망라했다. 프로그램 리스트는 교류의 구체적인 프로그램과 책임 단위를 구체화했으며 이전 협약에서 뚜렷하지 않고 모호하게 처리되었던 프로그램의 설정과 직책의 불명확함을 피해 나갔다. 2015년에는 50개 구체적인 프로그램을 진행하여 중한 인문유대를 강화하는 업무를 효과적으로 추진했으며 아울러 이것이 핵심 제도로 발전해 갔다. 쌍방은 중한 인문유대를 강화하는 외연을 확대했다. 2015년 10월 리커창(李克強) 총리 방한에 맞춰 양국은 〈중한인문교류위원회 미래 발전 규획(中韓人文交流文員會未來發展規劃)〉에 서명했다. 이로써 위원회는 양국 인문교류를 종합적으로 추동하는 핵심 플랫폼이 되었다.

2015년 12월 중한인문교류공동위원회 제3차 회의는 2016년도에 추진할 중한 인문교류 중점 프로그램으로 '청년 지도자 포럼', '자이언트 판다 협력 연구와 활동', '한국 관광의 해', '인문교류 정책 포럼', '중한 인문교류 주제 성(省)과 도(道)' 등으로 결정했다. 2016년 중국 구이저우성(貴州省)과 한국 충청남도가 한중 인문교류 주제 성, 도 책임을 맡게 되었다. 2016년 중한 인문교류 협력 프로그램 리스트는 69개에 달한다. 양국 정부 부문의 적극적인 노력은 중한 인문교류 메커니즘의 작동, 운영 및 성과 취득을 효과적으로 보장해 주었다.

둘째, 심화되었다. 중한 인문교류는 수교 초기의 상호이해를 위한 초보적인 단계에서 공동 협력의 고위 단계로 심화되었다. 우선, 쌍방 인문교류의 내용 측면에서 보면, 중한 수교 이후 상당 기간 내에 중한 인문교류의 주요 내용은 상호방문이었다. 예를 들어 교육, 문화 등 부문 등에서 상호 방문단을 파견했다. 이것은 기본적으로 상호이해를 위한 초보 단계에 해당한다. 최근, 양국의 교류는 섬섬 심화되고 있다. 이미 초기의 상호참관 단계에서 상호 간의 대화 수준으로 올라섰다. 2015년 12월 산동(山東) 취푸(曲阜)에서 거행된 '중한 유학 대화회(中韓儒學對話會)'를 예로 들 수 있다. 중한 양국은 모두 유가 문화권에 속하지만 국가 간의 정치, 경제 유대는 사안에 따라 수시로 변화한다. 그러나 문화 유대는 거의 영속적이라고 할 수 있다. 따라서 유학을 유대로 하는 중한 문화공동체의 건설은 중한 관계에 있어서 매우 중대한 의미를 갖는다. 이번 대화회는 양국 국민 간의 감정 유대를 강화하고, 정신과 영혼이 상통하고 신뢰하는 관계를 구축하는 중요한 조치이다. 이번 대화회는 또한 처음으로 '중한 유학 협력체(中韓儒學協作體)' 건설의 목표와 중한인문학 포럼, 중한 인문교류정책 포럼, 중한 미래 포럼, 공공외교포럼 등 행동계획(action plan)을 제안했다. 또한 중국 국무원 신문판공실(國務院新聞辦公室)과 한국 문화체육관광부 공동 수최의 '중한 미디어 고위급 대화(中韓媒體高層對話)'을 제안하기도 했다. 이러한 포럼과 대화를 통해서 중한 양국의 학사, 관료, 미디어 인사들은 정치, 경제, 문화, 역사 등 방면에서 광범위하고 깊이 있는 교류를 진행했으며 이는 양국 관계의 성숙화에 깊고 장구한 의미를 갖는다.

2014년 7월 중국과 한국은 정식으로 〈중한 영화 공동 제작 협의〉에 서명했다. 중국과 한국 간의 영화 협력은 일방적인 연기자 수출에서 한층 깊은 심층차의 제작 수출로 업그레이드되었다. 중국의 투자, 한국의 제작이 중한 영화 협력의 일상화된 제작 모형이 되었다. 〈중한 영화 공동 제작 협의〉의 서명은 중국과 한국의 공동제작 영화가 중국시장에서 국산품의 대우를 받는다는 것으로 이는 수입 영화로서의 제한을 받지 않는다는 것을 의미한다. 이러한 중국과 한국의 영화 협력이 제도상의 보장을 가능하게 했다.

다음으로, 교류의 지역 차원에서 보면, 수교 초기 한국과 밀접한 지역은 산동(山東), 랴오닝(遼寧) 등 대부분 지리적으로 한국과 인접한 연해지역이었다. 최근, 점점 더 많은 내륙 지방들이 한국과의 인문교류에 참여하고 있어서 양국 인문교류의 지역이 부단히 확대되고 있다. 예를 들어 2016년 닝샤(寧夏) 인촨(銀川)은 중한 우호발전 건강 문화 관광의 해 활동을 전개했다. 닝샤 우중시(吳忠市)는 중한 예술교류회를 개최했고, 칭하이(青海)도 중한우호주간활동을 전개했으며 윈난성(雲南省)은 윈난 청소년을 조직하여 한국에 보내 참관 학습을 추진했다. 2016년에는 구이저우성(貴州省)과 충청남도가 중한우호성도(中韓友好省道)가 되었다. 따라서 지리적인 차원에서 보면, 중한 인문교류는 이미 중국 내지로 깊이 들어갔다고 할 수 있다.

마지막으로, 인문교류의 기관 차원에서 보면, 중국이 한국에 설립한 공자학원(孔子學院)도 장족의 발전을 이뤘다. 중국이 세계에서 처음으로 설립한 공자학원이 바로 서울공자학원(首爾孔子學院)이다. 10여 년의 발전을 통해서 중국은 현재 한국에 22개의 공자학원, 4개의 공자학당을 운영하고 있다. 한국은 아시아에서 가장 많은 공자학원을 가진 나라이다.[10] 공자학원은 정기적으로 중국어 말하기 대회, 서예 대회, 중국 무술 시범, 중국 민

---

10 http://www.hanban.edu.cn/confuciousinstitutes/node_10961.htm, 검색일: 2016년 10월 26일.

간 무도 공연 등을 개최하고 있다. 이는 중국 문화를 전파하는 창구이자 또한 한국인들이 중국어를 학습하고 중국 문화를 이해하는 중요한 플랫폼이 되고 있다.

셋째, 교량화(중개화)하고 있다. 인문교류는 이미 경제협력의 선도자 역할을 하고 있다. 이 점은 한국 방면에서 나타나는 결과가 더욱 분명하다. 예를 들어 한국과 칭하이성(青海省)의 협력 측면에서, 한국의 김장수 주중대사는 "칭하이성은 중국 서부 대개발 지정 지역으로 신장위구르 지역으로 들어가고 티베트 서부 접경지역으로 들어가는 길목이다. 우리는 칭하이 지역이 서부 내류지역을 개척해 들어가는 한국 기업에게 새로운 기회를 제공할 것으로 기대한다."고 말했다. 김장수 대사는 "최근 5년간 칭하이성의 경제 성장률은 계속해서 10% 전후를 기록하고 있으며 양호한 경제 발전 추세를 보이고 있다"고 평가하고 특히 칭하이성은 "고대 실크로드의 주요 연결 중심지로 향후 중국정부가 추진하는 '일대일로(一帶一路)'에서도 중요한 역할을 할 것"이라고 평가했다. 따라서 "우리 기업들이 서부 내륙 지역에 대한 관심도 그리고 칭하이성에 대한 발전의 전망에 있어서 이번 우호 주간 활동에서 반드시 칭하이와 한국의 협력의 잠재력을 발굴하여 쌍방이 정식으로 깃발을 날리며 함께 항해할 수 있는 출발점으로 삼자"고 말했다. 김장수 대사는 또한 "칭하이성은 석유, 귀금속 등 자원의 매장량이 많고 염호(鹽湖)를 이용한 화학공업도 매우 발달한 곳이라 쌍방이 자원개발, 화학 등 영역에서 많은 큰 협력의 공간을 가지고 있다. 칭하이는 세 강의 시원지로서 그 생태환경과 자연환경을 합리적으로 이용할 수 있다면 쌍방은 반드시 환경, 관광 등 영역에서도 한층 강화된 협력을 이뤄낼 수 있다."고 말했다.[11] 이런 측면에서 보면, 칭하이의 중한 우호 주간 활동은 '문화 무대를 만들어 경제를 공연하는(文化搭台, 經濟唱戲)' 특징을 구현해

11 『中韓友好周在青海開幕 韓方: 旨在開拓中韓合作新領域』, 2016年 6月 22日, http://kr.ifeng.com/a/20160622/4672539_0.shtml 上網時間 : 2016年 10月 22日.

낼 수 있다. 이것이 바로 인문교류가 경제협력을 추동하는 교량을 만들어 내는 것이다.

III 중한 인문교류에 존재하는 문제

중한 인문교류가 분주하게 발전하는 이면에서는 또한 여러 문제들이 노정되어 있다. 만약 이러한 문제들을 잘 해결하지 않는다면 장기적으로 중한 인문교류의 균형을 잃을 수도 있고 결국에는 중한 인문교류의 정상적인 발전에도 영향을 미칠 수 있다. 중한 인문교류에서 존재하는 문제는 주로 아래와 같은 몇 가지 방면에 집중되어 있다.

먼저, 중국의 문화산업 수출에서 발생하는 불균형 문제이다. 중한 인문교류에서 특이한 점은 '한류(韓流)'와 '한풍(漢風)'의 상호 어울림이다. 그러나 '한류'와 '한풍'은 늘 비대칭의 지위에 처해 있다. '한류'가 '한풍'의 발전 추세를 압도하는 형국이다. 특히 2013년 〈상속자들〉과 2014년 〈별에서 온 그대〉가 중국에서 방영된 이후 '한류'가 중국을 강타했다. 양적인 측면에서 보면, 한국의 영화와 드라마가 대량으로 중국에서 유통되고 있다. 그러나 중국의 영화나 드라마가 한국에서 유통된 것은 매우 적다. 2013년 중국은 한국으로부터 43편(1,706부)의 TV드라마를 수입했지만 수출은 겨우 14편(630부)에 불과하다. 중국의 대한국 TV드라마 수출은 양적으로 적자일 뿐만 아니라 금액상으로도 한국보다 낮다. 2013년 중국이 한국에 수출한 드라마 총액은 1,126.49만 위안인 반면에 수입 총액은 7,404.48만 위안에 달한다. 2014년에도 수출은 겨우 767.12만 위안에 지나지 않으나 수입은 44,129.06만 위안에 달한다. 이러한 현상을 조성하는 원인 가운데 하나는 수출입 수량상의 차이이고 다른 중요한 원인은 바로 국내 드라마가 종종 낮은 가격으로 팔리는 데 비해서 한국 드라마 수입액은 천정부지의 가격으로 들여온다는 것이다. 예를 들어 2016년 〈태양의 후예〉는 편당 23만 달러로 한국 드라마 사상 중국 내 판매 수입의 최고 기록을 갱신했다.[12] 2013년과 2014년 중국 수출입 총액과 수출입 편수를 비교해 보면, 2013년 중국 수출의 드라마는 편당 평균 14,764위안인 데 비해서 수입된 한국 드라마의 평균 가격은 편당 43,403위안이었다. 2014년에는 수출된 드라마 편당 12,177위안인 반면에 수입된 한국 드라마는 평균 편당 99,457위안이었다. 중국과 한국의 드라마 수출 가격의 격차가 매우 크다. 그래서 수량 차원이든 아니면 경제적 이익 차원이든 한국의 대중국 드라마와 영화 수출은 절대적인 우세를 차지하고 있다.

표 2 2013~2014년 중국의 한국 드라마 수출입 현황

연도	수출 현황	수입 현황
2013	1,126.49만 위안	7,404.18만 위안
	763집	1,706집
	19부	43부
2014	767.12만 위안	44,129.06만 위안
	630집	4437집
	14부	186부
2015	1,217.13만 위안	11,227.18만 위안
	923집	592집
	20부	26부

자료 출처: 중화인민공화국 국가통계국 "국가 BD", http://data.stats.gov.cn/easyquery.htm?cn=C01&zb=A0Q0J02&sj=2013, 검색일: 2017년 2월 19일.

영향력 정도에서 보면, 〈상속자들〉과 〈별에서 온 그대〉의 수출은 중국에서 한류의 새로운 고조기를 만들어 냈다. 〈상속자들〉의 남자 주인공인

12 《〈太陽的後裔〉刷屏 單集23萬美元刷新韓劇在華售價紀錄》, http://www.zj.xinhuanet.com/yltd/2016-03/14/c_1118327075.htm, 上網時間：2016年 10月 26日.

이민호(李敏鎬)는 인민일보 관방 SNS에서 '남신(男神)'으로 불렸으며 중국 설날 방영되는 대형 프로그램(中國春晩)의 무대에도 올랐다. 〈별에서 온 그대〉를 시청할 수 있는 웹사이트인 '아이치이(愛奇藝)' 접속량은 36억 회에 이른다. 남녀 주인공의 중국 내 몸값도 치솟았으며 관련 상품 또한 폭발적으로 증가했다. 첫눈이 오는 날 치킨과 맥주를 마시는 것도 젊은이들의 유행이 되었으며 심지어 SNS에서는 '치킨과 맥주'가 검색어에서 '첫눈(初雪)' 바로 아래에 랭크되기도 했다. 2016년 〈태양의 후예〉는 중국 인터넷에서 40.12억 번 방영되었으며 SNS에서 클릭 수는 147억 회에 달하고 관련 주제가 812개, 언급한 인원수만도 385만 명에 달한다. 이는 중국에서 유행한 한국 드라마 가운데 가장 높은 수의 클릭 수를 기록한 드라마가 되었다. 심지어 2016년 9월 푸단대학(復旦大學)의 징병 선전에서도 〈태양의 후예〉의 군사 소재를 차용한 적도 있다.

드라마 외에 중국의 종합 예능 프로그램도 한국의 영향을 깊이 받았다. 2013년 중국에서 가장 핫한 두 편의 프로그램이 각각 〈아빠 어디가(爸爸去哪兒)〉와 〈나는 가수다(我是歌手)〉인데, 두 편 모두 한국의 프로그램 형식을 참고로 한 것이다. '한류'가 중국에서 인기를 누리는 동시에 선명하게 대비되는 일은 중국의 드라마가 한국에서 영향력이 매우 미약하다는 사실이다. 중국 드라마의 한국 내 상영은 매우 제한적이며 게다가 대부분 시대극 위주이다. 한국 당국의 통제 때문에 중국 드라마는 한국의 주류 매체인 KBS, SBS, MBC에서 방영될 수 없다. 이는 중국 드라마의 유통을 매우 엄격하게 제한하는 것이다. 한국에서 방영되는 중국 영화와 드라마도 한국 드라마가 중국에서와 같은 영향력을 아직 만들어 내지 못하고 있다. 2015년 말 중국 국산 드라마 〈랑야방(琅琊榜)〉이 중화TV에서 방송되었다. 비록 시청률이 중화TV 개국 이래 최고 높은 시청률을 기록했지만 중화TV가 한국의 주류 TV는 아니고 그 시청자 또한 주로 한국에 거주하는 중국인이나 일부 한국인들이다. 따라서 그 영향력과 영향 범위도 매우 제한적이다. 방송 시간도 황금 시간대가 아니다. 그래서 중국 영화나 드라마 작품의 한국에서의 영향력은 한국 영화나 드라마가 중국 내에서 끼치는 영향력에 미치지 못하고 있고 중국은 엄중한 열세의 지위에 놓여 있다.

둘째, 인문교류의 '도구화(工具化)'이다. 인문교류는 비록 상대적인 독립성을 갖고 있지만 또한 국가관계의 영향을 깊이 받는다. 즉 국가관계가 좋을 때는 인문교류도 이에 상응하여 비교적 크게 발전하고 반대로 국가관계가 악화되는 경우 인문교류도 이에 상응하여 냉각되고 심지어 국가 간의 악의적인 영향을 주는 수단이 되기도 한다.

2016년 중한 인문교류 가운데 역류 현상은 바로 '한한령(限韓令)' 관련된 분분함이다. 2016년 7월 28일부터 '한한령'이 계속해서 홍콩 매체에 전파되었다. 광전총국(廣電總局)이 각 대형 TV 방송국에 명령을 내려 보내, 한국의 스타를 초청하지 말거나 혹은 프로그램, 예를 들어 종합 예능, 코미디, 광고, 공연 등에 출연하지 못하게 했다는 내용이다. 심지어 광전총국이 한국 스타 출현을 봉쇄했다는 소식이 SNS나 블러그에서 광범위하게 퍼지기도 했다. 이후 한국 매체는 한한령의 구체적인 내용을 폭로하기 시작했다. 그 내용은 바로 한국 인기 그룹의 중국 활동을 금지하고, 1만 명 이상이 참여하는 한국 아이돌의 공연을 허가하지 않으며, 한국문화사업기업의 투자를 금지하고, 사전 제작 계약 이외의 한국 드라마 등 한국 방영물의 금지 등이다.

비록 '한한령'에 대한 구체적인 물증을 찾아내지는 못했지만 예능계의 민감한 동요를 촉발한 것은 분명하다. 8월 초, 한국의 몇몇 거대 엔터테인먼트 기업인 JYP, SM, CJE&M, YG의 시가 총액은 3일 안에 한국돈 3,615억 원(인민폐 약 21억 위안) 줄어들었다. 또한 한국의 스타들이 참여하는 몇몇 프로그램도 영향을 받았다. 예를 들어 저장성 위성TV(浙江衛視) 8월 13일에 방송된 〈도전자 연합(挑戰者聯盟)〉에서 한류 스타인 황치열(黃致列)의 출연분이 대량으로 줄어들어 단지 뒷배경이나 측면만 볼 수 있게 되었다. 부주의하게 노출된 곳도 모자이크 처리되었다. 한류스타 장동건(張東健) 주연의 드라마 〈我曾愛過你, 想起就心酸〉도 예정된 팬미팅이 취소되었다.

취소 원인에 대해서 제작자 측에서는 구체적인 통지를 받지 못했지만 점점 심각해지는 한한령이 모든 분야에서 관망 태도를 야기했다고 말했다. 팬미팅 활동을 할 것인지, 언제 할 것인지 제작자 측에서는 날짜를 잡지 못했다.

그러나 이와 동시에 기존에 예정된 방송 활동이 영향을 받지 않은 경우도 있다. 예컨대 〈회오리 소녀2(旋風少女2)〉의 주연을 맡은 지창욱의 공연은 예정대로 진행되었다. '도교수(都教授)'의 김수현(金秀賢)과 중국 회사는 이제 막 두 건의 광고 계약을 체결했다. 중한 합작으로 촬영 중인 〈보보경심(步步驚心)〉도 광전총국의 심사를 통과했다. 장근석(張根碩)의 아시아 투어, 김현아(金泫雅)의 상하이 팬미팅도 모두 예정대로 진행되었다. 이 밖에 들리는 소문으로는 이준기(李准基)는 아직 비자를 받지 못해 중국에서 열리는 〈거짓말 시시리(謊言西西裏)〉의 홍보활동에 참석하지 못한다고 알려져 있으나 사실 이준기는 이미 중국에서 관련 활동을 전개하고 있다. 중국과 한국 합작 영화도 아직 영향을 받지 않고 있다.

왜 '한한령'이 2016년 7월 말 도처에서 소문이 난 것에는 주로 두 가지 측면에 원인이 있다. 먼저, 직접 원인은 2016년 7월 8일 미국과 한국이 한국에 '사드' 미사일 방어 시스템을 배치한다고 선포한 것이다. 일찍이 2012년 한국과 미국은 사드배치 문제에 대해서 교류를 진행했었고 이 문제에서 한국은 많은 압력에 직면했다. 우선 한국 국내에서는 이 문제에 대해서 다양한 의견이 존재한다. 일부 국회의원들은 사드배치가 북한으로부터의 핵과 미사일 공격으로부터 한국 방어를 도울 수 있기 때문에 사드배치를 지지하고 있다. 그러나 반대 당은 사드배치가 가져올 외교적인 부담을 생각하고 있다. 2015년 3월 19일, 120여 개의 시민단체는 서울에서 사드배치를 반대하고 사드가 동북아지역의 안보에 위협이 될 것이라고 인식하고 있다.[13] 다음으로, 중국과 러시아도 한국의 사드배치를 반대하고 있다. 중

13 시민단체 "한반도 평화 깨는 사드배치 거부해야", 연합뉴스, 2015년 3월 19일. http://www.

국은 미국이 '항장이 검무를 추는 의도는 유방(劉邦)을 죽이는 데 있고(項莊舞劍, 意在沛公)' 사드의 가장 중요한 방어 대상은 중국이라고 생각하고 있다. 중국 외교부는 여러 차례 한반도에 사드를 배치하는 것은 지역의 안정과 전략 균형에 도움이 되지 않는다고 거듭 표명했다. 시진핑 주석은 2014년 7월 서울을 방문하여 박근혜 대통령과 회담에서도 사드문제를 제기하고 한국이 미국과의 협력을 신중하게 처리해 줄 것을 호소했다. 러시아 외교부는 만약 미국의 미사일 방어 시스템 배치가 한반도에서 지역의 전략 환경에 영향을 준다면 동북아의 군비경쟁을 야기할 것이라고 말했다. 북한은 훨씬 강경하게 한국의 사드시스템 배치를 반대하고 있다. 2012년부터 2016년까지 한국은 사드배치에서 기본적으로 자제를 견지했다. 그러나 2016년 1월 6일 북한이 제4차 핵실험을 진행하고 이번 핵실험은 수소폭탄 실험이었다고 신포했다. 한국은 북한의 핵무기가 한국에게는 이미 엄중한 현실적인 위협이 되고 북핵문제가 반드시 해결해야 하는 시기에 이르렀다고 인식했다. 게다가 이 시기 중국과 한국의 소통은 원활하지 않았고, 게다가 박근혜 대통령의 외부인에 대한 심각한 불신감은 한국이 안보문제에서 미국에 의존하도록 만들었다.[14] 한국이 사드배치를 선포한 후 중국 외교부, 국방부 대변인은 계속해서 반대를 표명했다. 시진핑 주석은 9월 5일 박근혜 대통령과 만남에서도 중국의 반대 입장을 표명했다. 따라서 7월 말부터 널리 퍼지기 시작한 '한한령'은 중국의 한국 사드배치에 대한 반대 조치로 인식되어졌다.

둘째, '한한령'의 떠들썩함은 한류의 부정적인 영향이 중국에서 장기간 누적되어 온 결과이다. 먼저, 일부 한국 기업과 한류 스타들의 중국에서의 과도한 마케팅이 중국인들의 반감을 불러일으켰다. 〈별에서 온 그대〉의

---

yonhapnews.co.kr/bulletin/2015/03/19/0200000000AKR20150319081700004HTML?from=search, 검색일: 2015년 5월 20일.

14 張璉瑰, "對朝韓問題積極主動的戰略研判". 2016년 10월 12일, http://pit.ifeng.com/a/20161012/50088943_0.shtml, 검색일: 2016년 10월 30일.

남자 주인공인 한국 스타 김수현은 채 1년도 되지 않는 시간에 중국에서 35개의 광고를 촬영하여 억대가 넘는 돈을 벌어들였다. '도교수'의 이미지는 일순간에 중국에서 천지를 뒤덮는 기세로 파고들었다. 한류 스타는 거의 모든 성(省) 텔레비전의 오락 프로그램을 뒤덮었다. 예를 들어 한국 스타들은 2016년 〈쾌락대본영(快樂大本營)〉 녹화에 거의 반수 가까이 참여했다. 사이, iKON, MONSTA X, VIXX 등 한국 연예인들은 장수위성텔레비전(江蘇衛視)의 〈개세영웅(蓋世英雄)〉에 참가했다. 김성주(金聖柱)는 동방위성텔레비전(東方衛視)의 〈화양남단(花樣男團)〉에 참가했고, BIGBANG은 〈화이팅 미소녀(加油美少女)〉 에 참가했다. 이와 같은 '한류 스타'들의 과도한 마케팅이 중국인들의 반감을 불러일으켰다.

다음으로 한국 회사의 중국에서의 과도한 이익이 중국의 불만을 야기했다. 앞서 말한 것처럼 한국은 오락 프로그램을 통해서 중국에서 많은 돈을 벌어들였다. 들리는 바에 의하면 한국 SBS는 저장위성텔레비전(浙江衛視)의 〈달려라 형제(奔跑吧兄弟)〉를 통해서 한화 300억 원(인민폐 1억 8천만 위안)의 채무를 청산했다. 일부 한국 엔터테인먼트 회사와 한류 스타의 중국과의 합작의 목적이 점점 극단적인 발전으로 향하기 시작했다. 단순하게 '중국에 가서 큰돈을 벌자(赴華賺大錢)'는 생각으로 중국에 진출하고 있다. 중국의 돈을 쉽게 번다는 것이 한국 엔터테인먼트계의 공통된 인식이 되었다. 〈나는 가수다(我是歌手)〉로 중국에서 인기를 얻은 황치열(黃致列)은 한국 예능 프로그램에서 중국에서의 출연료가 한국의 100배는 된다고 말했다. 인터넷의 발달과 중국 국내 한국 오락 종사 인원의 폭증으로 한국 국내의 뉴스 그리고 연예인의 발언은 매우 빠르게 중국 국내로 전파되고 있으며 한국 오락 프로그램의 중국 내 판매비용과 연예인의 출연료 등이 중국의 관심을 끌고 있다. 연이어 들려오는 한국 국내 모 프로그램의 중국에서의 매출 최고액의 소식에 대해 중국은 불만을 감추기가 어려워지고 있다.

또한, 한국인들이 중국에서 이익을 많이 얻는 것과 동시에 중국을 부정적으로 묘사하고 중국인을 모욕하는 것이 중국 민중의 분노를 야기하고 있다. 7월 한국의 격투기 리얼리티 동영상 로드 맨(Road Man)이 인터넷에서 상영되었다. 동영상 가운데 중국 선수 아오르거레이(敖日格勒)와 한국 선수 권아솔(權亞率)의 팔씨름 경기 중 얼굴 부위에 대한 악의적인 습격을 했다. 주최 측도 제지하지 않고, 다른 한국 선수들도 어떠한 표명도 없었다. 경기가 끝난 후 인터뷰 중 권아솔은 목적은 이기는 것이 아니라 그를 때리는 것이라고 말했다. 7월 27일 '로드 맨'이 중국 웨이보(微博)의 검색어에 올랐다. 이 동영상의 폭로가 중국 네티즌의 보편적인 분노를 야기했다. 오래지 않아. 한국 연예인 박보검(樸寶劍)이 촬영한 미국 운동 용품 브랜드 K-SWISS의 광고가 논쟁을 불러일으켰다. 박보검은 〈응답하라 1988〉에서 한국의 바둑 기사를 연기하여 많은 인기를 끌었다. 이 광고에서 박보검과 '만리장성(萬裏長城)'이라 불리는 사람이 바둑을 두고 있다. '만리장성'은 왜소하고 뚱뚱하고 목에는 굵은 금목걸이를 한 아저씨로 그려졌을 뿐만 아니라 여성에게 따귀를 얻어맞는 사람으로 그려져 모든 사람들의 웃음거리로 야기된다. 그러고 마지막으로 '만리장성'은 전혀 예외 없이 경기에서 졌다. 네티즌들은 '만리장성'이 가리키는 것이 매우 분명하고, 여러 한국인들의 중국 모욕 심리를 만족시키고 있다고 생각하고 있다. 한류 스타들은 한편으로는 중국에서 돈을 긁어모으고 다른 한편으로는 한국 국내에서 종종 중국을 모욕하는 사건을 폭발시키고 있다. 이러한 강렬한 대비가 중국의 강렬한 불만을 야기한다.

한류가 중국에서 장기간 발전되면서 누적되어 온 부정적인 효과가 점점 두드러지고 있다. 중국 대중들의 한류 범람에 따른 반감도 일정 정도 누적되고 있으며 사드배치가 이러한 반감을 촉발시켰다. '한한령'은 이러한 반감의 목소리를 내는 데 있어서 구실을 제공했다. 이것이 사실인가 아닌가는 그리 중요하지 않다. 중요한 것은 중국인들이 이를 통해서 그들이 한류에 대한 전면적인 반감을 표현하는 계기를 찾아냈다는 점이다. 그들의 한류에 대한 반감은 흡사 관방의 권위성을 갖추고 있다. '한한령'이 나오던 시기의 '쉬'하는 소리에 선명하게 대비되는 것은 웨이보 조사에 참가한 20만 명 가운데 86%의 네티즌들이 중국정부의 한류 스타들의 중국 드라마 출연을 제한하는 것에 지지를 보내고 있다는 사실이다. 중국 네티즌들은 '한한령'에 대한 적극적인 지지를 표현하고 있다. 외교부 대변인 겅솽(耿爽)은 2016년 11월 21일 기자회견에서 소위 말하는 '한한령'에 대해서 들어본 적이 없다고 말했을 때도 네티즌들은 자발적으로 한국에 대해서 거부를 표시한 것이다.

시간이 흐름에 따라 상황도 변했다. 최종적으로 '한한령'에 관련된 문건도 나타나지 않았다. 사실 현재 중국과 한국 양국의 연예오락계는 이미 심도 깊은 융합 단계에 진입했다. 만약 '한한령'이 사실이라면 중한 양국의 연예오락산업도 거대한 변화를 겪었을 것이다.

드라마 방면에서 완전한 통계는 아니지만 2016년 중국과 한국은 53편의 드라마를 합작 제작했다. 편당 최소한 5천만 위안이 투자되었다. 영화 제작에서는 2014년 광전총국과 한국문화체육관광부 간 〈중한 영화 공동 제작 협의(中韓電影合拍協議)〉에 서명한 이후 한국의 감독들이 중국에 건너와 제작하는 열기가 붐을 일으켰다. 그리고 국내 여러 회사들도 최근 계속해서 한국 회사들과 기획과 협력의 모형을 갖춰가기 시작했다. 2015년 중국 화이브라더스(華誼兄弟)가 한국 영화제작사인 쇼박스(SHOWBOX)와 계약을 맺고 3년 내 6편 이상의 중한 합작 영화를 제작하기로 합의했다. 한국 제작사인 NEW와 중국 화처영화사(華策影視)가 합자회사 '화처허신(華策合新)'을 만들기도 했다. 종합 예능 방면에서 한국 종합 예능의 모형을 빌려서, 〈아빠 어디가(爸爸去哪兒)〉, 〈나는 가수다(我是歌手)〉, 〈달려라 형제(奔跑吧兄弟)〉 등을 제작하여 국내 텔레비전에 거대한 경제적 가치와 브랜드 가치를 가져왔다. 동시에 한국 텔레비전도 판권의 판매를 통해서 거액의 수익을 얻었다. 만일 한한령이 사실이라면 중국과 한국 양국의 텔레비전 방송사는 거대한 압력에 직면할 것이다. 비록 '한한령'이 확실한 증거가 없다고 하더라도 그것이 가져온 이러한 풍파는 중한 양국의 연예오락계가 깊이 사고해야 할 가치가 있다. 한국이 직면하고 있는 문제는 한류 범람이 가져온 반감 정서를 어떻게 해결할 것인가이다. 중국이 직면하고 있는 문제는 자신의 민족 산업을 어떻게 보호하고 문화산업 부문을 어떻게 관리하고 통제하느냐에 있다. 중한 양국 모두가 사고해야 하는 문제는 사드 배치가 어떠한 정도에서 중한관계에 영향을 주고, 양국 정부는 중국관계의 악화를 방임할 것인가이다.

IV 중한 인문교류의 미래 발전과 건의

2016년 중한 인문교류가 비록 좌절을 겪고 있지만, 여전히 평온한 가운데 상승하는 추세를 유지하고 있다. 미래 중한 인문교류가 상승 발전의 추세를 유지하기 위해서는 아래 몇 가지 사실을 고려해야 한다.

첫째, 교류와 협력의 심도(深度) 문제이다. 최근 중한 인문교류는 중한인문교류공동위원회의 협조 아래, 연도별 교류 항목의 리스트 지도하에 질서 있게 추진되고 있다. 그러나 협력의 심도는 여전히 제한적이다. 인문교류의 목적은 양국 국민들의 상호 이해와 존중을 촉진하는 것이다. 이 목표에 따라 평가해 보면, 중한 민간에는 여전히 심각한 불신이 존재하고 중한 인문교류는 책임이 무겁고 갈 길은 멀다. 현재 중한 인문교류의 범위(廣度)는 이미 준비가 잘 되어 있으나 심도는 여전히 탐색이 필요하다. 예를 들어 학술교류 방면에서 한국 측의 중국학자에 대한 자금 지원의 정도는 비교적 크다. 한국국제교류재단 등과 같은 기구는 매년 비용을 지불하고 중국학자들의 한국 방문학자 프로그램을 지원하고 있다. 중국학자들이 한국에서 교류하는 기간 재단은 시방 활동을 조직하여 중국학자들의 한국 문화에 대한 감성과 인지를 증진하기도 하고 양국 학자들 간의 교류를 안배하기도 한다. 중국의 이 방면에서의 노력은 비교적 부족하다. 이는 또한 미래 중국이 노력해야 하는 방향이기도 하다.

한편 청년 교류 프로그램도 심화가 필요하다. 청년은 국가의 미래이고 미래의 지도자들이다. 그들의 상대방에 대한 인지가 국가 관계 미래 발전에 영향을 준다. 현재 중한 양국의 청소년 교류는 나날이 활발해지고 있고 내용도 끊임없이 풍부해지고 있다. 이미 문화나 관광 영역에 국한되지 않고 대한항공과 같은 과학기술 교류 등으로 참관 활동이 심화되고 있다. 그러나 청소년 교류는 여전히 업그레이드의 공간을 가지고 있다. 예를 들어 한국 광주시장 윤장현(尹壯鉉)은 양국 청소년이 가정집에 기숙하는 문화교류 프로그램을 제안하기도 했다. 양국 청소년들이 한 가족과 같이 함께 먹고 생활한다면 청소년은 비로소 진정으로 피차 간의 문화 속으로 들어가게 되는 것이다.

둘째, 한국문화산업발전의 중국에 대한 본보기 역할이다. 중한 인문교류 가운데 가장 활발한 영역은 연예오락산업이다. 그러나 바로 이전 글에서 서술한 대로 한국의 오락산업은 압도적인 우세를 띠고 있다. 중국은 반드시 인문교류를 계기로 한국의 모형을 참고하여 본국의 문화산업 영역을 발전시켜 나가야 한다. 한국은 일찍이 20세기 1990년대에 '문화입국(文化立國)'의 국가 방략을 확립했다. 한국정부가 한류의 흥기와 번영의 과정에서 주도적인 역할을 수행했다. 먼저, 한국정부는 1988년부터 연속해서 〈문화산업발전 5년 계획(文化產業發展5年計劃)〉, 〈21세기문화산업구상(21世紀文化產業設想)〉 등 강령성 계획을 수립하고, 일련의 문화입법과 문화개혁을 추진했다. 다음으로, 한국정부는 최근 들어 문화산업에 대한 예산 투입을 끊임없이 증가시켜 왔다. 매년 문화산업에 투입하는 국가 예산이 국가 총예산의 1.1%를 넘어서고 있다. 국가는 또한 문예진흥기금, 문화산업진흥기금, 정보화촉진기금, 방송발전기금, 영화진흥기금, 출판기금 등 여러 진흥기금을 만들었다. 또한 한국은 대학자원에 의탁하여 문화산업 혁신 인재를 배양하고 있다. 한국 각지에는 서울희극학원, 전주문화산업대학, 청강문화산업대학, 대구문화개발센터, 전통문화학교 등 다수의 문화산업

전문 인재 배양 학교를 설립했다. 아울러 여러 대학에 설립된 문화산업 관련 전공만도 모두 80여 종에 이른다. 동시에 한국은 예술학과의 실용성 교육 강화를 중시하고 문화산업과 순수예술인 간의 교류와 협력을 확대하고 '문화예술과 문화산업이 모두 윈-윈하는' 인재 배양 메커니즘을 구축했다. 정부의 자금 지원에 따라 한국문화산업진흥원에 인터넷 교육학원을 설립하고 수십 개 관련 전공을 개설해서 2003년 이래 긴급히 필요한 수만 명의 문화산업 실용 인재를 배양해 오고 있다. 이 외에도 한국은 여러 대학, 기업과 연계하여 문화산업 종사 인원의 자격 훈련을 실시하고 있다. 이러한 전문화된 인재 배양 체계는 문화산업 창의 인재 대오 건설에 중요한 토대를 제공했다.

한류의 부상은 영화와 드라마가 먼저 성과를 내고 문화가 함께 들어가는 모형으로 이뤄졌다. 이러한 방식은 중국이 귀감으로 삼을 만하다. 우리나라의 문화산업은 시작이 늦었고 발전 또한 성숙하지 못하다. 국외 문화가 마구 밀려들어오는 상황에서 만약 정책적 보호를 하지 않으면 문화무역 적자 현상은 한층 더 확대될 것이다. 우리 정부는 반드시 한국정부가 문화산업 발전을 이끌면서 보여준 역할을 학습해야 하고 확실한 격려 기제를 채택하여 우리나라 문화산업의 발전을 지원해야 한다. 지원 조치에는 문화무역 수출에 장려금을 제공하고 재정 세수와 융자 정책 방면에서도 지지를 해 주는 것도 가능하다. 문화 산품과 문화 서비스의 수출 심사 비준권을 완화해 주고, 수속 절차 등도 간소화해야 한다.

셋째, '비이성적 요소'를 피하기 위해서 양국 간의 신뢰를 강화해야 한다. 인문교류 영역 안에서의 행위 주체는 기업, 미디어, 비정부조직 그리고 보통 사람 등 매우 다양하다. 이러한 행위체들은 각자의 이익 추구와 가치관을 갖고 있고 상호과정에서 관련 정보의 장악이 불충분하다. 따라서 인문교류 중의 상호작용에는 비교적 많은 감정 행위와 습관성 행위가 존재한다. 쉽게 이성을 잃어버리게 되고 양국 국민들의 총체적인 이익 추구에서 일탈하게 된다. 바로 이것이 인문교류에서의 '비이성적 요소'이고 인문교류가 상대적인 취약성을 갖는 이유이기도 하다. 이러한 취약성을 극복할 수 있다면 중한 양국의 인문교류는 비로소 오랜 기간 지속될 수 있다.

정보사회에서 국민들의 정보의 주요 취득 경로는 바로 매체이다. 매체 보도의 객관성과 공정성이 바로 직접 국민들의 객관성과 공정성에 영향을 준다. 실로, 매체의 부정적 뉴스에 대한 민감도가 긍정적인 뉴스보다 크다. 이것이 바로 매체의 특성이기 때문이다. 매체 업계는 발행량, 시청률 혹은 클릭량 등의 압력에 직면해 있다. 편견이 존재하는 경우 매체의 편견이 강화되고 매체의 관심도는 높아진다. 그러나 시청률과 클릭률을 추구하는 것을 제외하면 매체는 반드시 매체 본연의 책임감을 가져야 한다. 매체의 구독률(시청률)을 위해서 편견과 충돌을 강화할 것이 아니라 문제의 전후 관계를 전방위적으로 해석하여 청중(시청자)들이 해당 사건에 대한 객관적이고 분명한 인식을 갖게 해야 한다. 예컨대 아오르거레이가 로드 맨(Road Man)에서 얻어맞은 사건처럼 우리는 물론 한국 측의 고의적인 도발을 반드시 봐야 하지만 동시에 반드시 봐야 할 것은 사람을 때린 권아솔이 격투기의 전문적인 기술로 유명인이라는 것 외에 공개된 장소에서 기타 선수에게 도발하는 악명이 높다는 점을 봐야 하고 심지어 자신의 팀원도 그 해를 입었다는 사실을 봐야 한다. 따라서 로드 맨 녹화 현장에서 발생한 사건은 '중국을 욕되게 했다'는 간단한 개괄로서만 말할 수는 없다. 매체는 여러 각도에서 사건의 전후 관계를 살펴야 한다. 사건에 대한 객관적인 보도와 정확한 여론 유도는 매체의 책임 소재이기 때문이다.

넷째, 인문교류의 성과는 오직 양국 관계의 우호적인 상황하에서만 비로소 보장을 받을 수 있다. 최근 몇 년 동안 중한 인문교류의 총체적인 추세는 적극적으로 향상되어 왔다. 그러나 2016년 7월 사드배치 선포로 양국 관계 악화 이후 인문교류는 피할 수 없는 충격을 받았다. 인문교류는 비교적 오랜 기간에 걸쳐서 효과가 나타나는 매우 길게 봐야 하는 사업이다. 양국 국민들 간의 소통과 이해 방면에서 발휘되는 것은 은연중에 감화되는 것이며 미세하게 적셔지는 소리 없는 역할을 촉진하기 때문에 양국의 노력이 오랜 기간 필요하다. 그러나 국가 관계의 악화가 매우 쉽게 기존에 있었던 인문교류의 성과를 무너뜨린다. 게다가 성과를 다시 만들어내는 것은 또한 훨씬 많은 비용과 시간을 지불하게 된다. 따라서 현재 중한 양국에 놓인 근본적인 임무는 사드배치 이후의 중국과 한국의 양국 관계를 어떻게 처리하느냐이다. 이는 인문교류뿐만 아니라 중한관계의 장기 발전에서도 중대한 의미를 갖는다.

부록

1. 한중 수교 24년 주요 일지(1992~2016)
2. 한중 주요 통계
3. 2016년도 在한국 중국 관련 문헌 목록
4. 2016년도 在중국 한반도와 동북아 협력 관련 문헌 목록

부록 1 **한중 수교 24년 주요 일지(1992~2016)**

➔ 1992년

- 08.24. : 한·중 수교 공동성명(대사급 외교관계)에 서명(중국 베이징)
  ※ 한국: 이상옥 외교부 장관, 중국: 첸치천(錢其琛) 외교부장
- 08.27. : 주한중국대사관 개관
- 08.28. : 주중한국대사관 개관(1991.1.30. 대표부 설립 후 대사관으로 승격)
- 09.27. : 노태우 대통령 중국 방문(한국 국가원수 최초), 한·중 공동선언 발표

➔ 1993년

- 07.14. : 주중상하이(上海)총영사관 개관
- 09.06. : 주한부산총영사관 개관
- 11.19. : 김영삼 대통령 – 장쩌민(江澤民) 주석 정상회담
  ※ 제1차 APEC 정상회담(미국 시애틀)
- 12.30. : 주중한국대사관 무관부 개설

➔ 1994년

- 03.26. : 김영삼 대통령 방중(장쩌민 주석과 정상회담)
- 03.28. : 한·중 정부문화협력협정에 서명
- 04.01. : 주한중국대사관 무관부 개설
- 09.12. : 주중칭다오(青島)영사관 개관
- 11.14. : 김영삼 대통령 – 장쩌민 주석 정상회담
  ※ 제2차 APEC 정상회담(인도네시아 자카르타)

➔ 1995년

- 11.13. : 장쩌민 주석 방한(김영삼 대통령과 정상회담)
- 12.03. : 두만강유역개발계획(TRADP) 5개국위원회 협정에 서명
  ※ 참가국: 한국, 중국, 북한, 러시아, 몽고(미국 뉴욕)

➔ 1996년

- 11.24. : 김영삼 대통령 – 장쩌민 주석 정상회담
  ※ 제4차 APEC 정상회담(필리핀 마닐라)

➔ 1997년

- 11.24. : 김영삼 대통령 – 장쩌민 주석 정상회담
  ※ 제5차 APEC 정상회담(캐나다 벤쿠버)
- 12.09. : 제1차 4자회담 개최
  ※ 참가국: 한국, 중국, 미국, 북한(스위스 제네바)

➔ 1998년

- 03.15. : 제2차 4자회담 개최(스위스 제네바)
- 04.26. : 후진타오(胡錦濤) 부주석 방한
- 05.05. : 중국, 한국을 해외여행 자유구역으로 선포
- 10.21. : 제3차 4자회담 개최(스위스 제네바)
  ※ 한반도 평화체제구축과 긴장완화 논의를 위한 분과위원회(2개) 구성에 합의
- 11.11. : 김대중 대통령 방중, "한 · 중 협력 동반자관계" 선언

➔ 1999년

- 04.24. : 제4차 4자회담 개최(스위스 제네바)
- 07.08. : 주중선양(沈陽)영사관 개관

- 09.11. : 김대중 대통령 – 장쩌민 주석 정상회담
  ※ 제7차 APEC 정상회담(뉴질랜드 오클랜드)

2000년

- 08.03. : 한·중 어업협정 합의(2001.6.30.부로 발효)
- 09.06. : 김대중 대통령 – 장쩌민 주석 정상회담
  ※ UN 새천년 정상회담(Millennium Summit)(미국 뉴욕)
- 10.18. : 한·중 범죄인 인도조약 체결

2001년

- 08.31. : 주중광저우(廣州)총영사관 개관
- 10.19. : 김대중 대통령 – 장쩌민 주석 정상회담
  ※ 제9차 APEC 정상회담(중국 상하이)

2002년

- 03.27. : 한·중 수교 10주년 기념 "한·중 민간교류의 해" 행사 개최(중국 베이징)
- 10.20. : 김대중 대통령 – 장쩌민 주석 정상회담
  ※ 제10차 APEC 정상회담(멕시코 로스까보스)

2003년

- 07.07. : 노무현 대통령 방중
  ※ "한·중 공동성명" 발표 후 "전면적 협력 동반자 관계" 선언
- 08.27. : 북핵문제 해결을 위한 제1차 6자회담 개최
  ※ 참가국: 한국, 중국, 미국, 북한, 러시아, 일본(중국 베이징)
- 10.19. : 노무현 대통령 – 후진타오 주석 정상회담
  ※ 제11차 APEC 정상회담(태국 방콕)

2004년

- 02.15. : 제2차 6자회담 개최(중국 베이징)
- 06.23. : 제3차 6자회담 개최(중국 베이징)
- 11.19. : 노무현 대통령 – 후진타오 주석 정상회담
  ※ 제12차 APEC 정상회담(칠레 산티아고)

2005년

- 09.19. : 제4차 6자회담 개최(중국 베이징)
  ※ "제4차 6자회담 공동성명 발표
- 11.16. : 후진타오 주석 방한
  ※ "한·중 공동성명" 발표
  ※ 노무현 대통령, 중국의 완전한 시장경제 지위 인정, 북핵문제 평화적 해결 의지 재천명
  ※ 후진타오 주석, 제13차 APEC 정상회담 참가(한국 부산)

2006년

- 02.13. : 제5차 6자회담 개최(중국 베이징)
- 09.21. : "감지중국 · 한국행(感知中國 · 韓國行)" 문화행사 개최(한국 서울)
  ※ 중국이 한국에서 개최한 최대 규모의 대외문화교류 행사
  ※ 주최: 한국 국정홍보처, 중국 국무원 신문판공실
- 11.20. : 2007년부터 FTA 체결을 위한 산·학·연 연구 추진 계획 발표

2007년

- 03.19. : 제6차 6자회담 개최(중국 베이징)
- 08.22. : "Dynamic Korea(動感韓國)" 행사 개최(중국 베이징)
  ※ 한·중 수교 15주년 기념 "한·중 교류의 해" 행사의 일환

2008년

- 05.27. : 이명박 대통령 방중
  ※ "한 · 중 공동성명" 발표 후 "전략적 협력 동반자 관계" 선언
- 08.25. : 후진타오 주석 방한
- 10.24. : 이명박 대통령 방중, 이명박 대통령 – 후진타오 주석 정상회담
  ※ 제7차 ASEM 정상회담(중국 베이징)
- 11.15. : 이명박 대통령 – 후진타오 주석 정상회합
  ※ G20 금융시장과 세계경제 정상회담(미국 워싱턴 D.C.)
- 11.22. : 이명박 대통령 – 후진타오 주석 정상회합
  ※ 제16차 APEC 비공식정상회담(페루 리마)

2009년

- 04.03. : 이명박 대통령 – 후진타오 주석 정상회담
  ※ 제2차 G20 정상회담(영국 런던)
- 06.18. : 주한광주총영사관 개관(영사사무소에서 승격)
- 09.23. : 이명박 대통령 – 후진타오 주석 정상회합
  ※ 제3차 G20 정상회담(미국 피츠버그)
- 10.10. : 이명박 대통령 방중
  ※ 제2차 한 · 중 · 일 정상회담 참석(중국 베이징)
- 12.16. : 시진핑(習近平) 부주석 방한

2010년

- 04.30. : 이명박 대통령 방중
  ※ 2010 상하이 엑스포 개막식 참석 후 후진타오 주석과 회담
- 07.26. : 한국 법무부, "중국 여행객 비자제도 개선 방안" 공포
- 11.11. : 후진타오 주석 방한
  ※ 제5차 G20 정상회담 참석(한국 서울)

2011년

- 03.26. : 안중근 의사 서거 101주년 기념행사 개최(중국 뤼순)
- 04.26. : 우다웨이(武大偉) 특사 방한(6자 회담 재개 및 협력 방안 논의)
- 05.30. : 아시아지역 공자학원대회 개최(한국 대구)
- 07.27. : 제1차 한 · 중 국방전략대화 개최(한국 서울)
- 12.22. : 한중문화산업발전센터 설립(베이징 798예술구)
  ※ 한국 국가브랜드위원회, 중국국가발전개혁위원회 후원

2012년

- 01.09. : 이명박 대통령 방중
- 03.26. : 후진타오 주석 방한
  ※ 2012 서울 핵안보정상회담 참가(한국 서울)
- 05.13. : 이명박 대통령 방중
  ※ 제5차 한 · 중 · 일 정상회담 참석(중국 베이징)
- 07.31. : 제2차 한 · 중 국방전략대화 개최(중국 베이징)

2013년

- 06.27. : 박근혜 대통령 방중
  ※ "한 · 중 미래비전 공동성명" 발표
  ※ "전략적 협력 동반자 관계의 내실화" 선언
- 10.07. : 박근혜 대통령 – 후진타오 주석 정상회담
  ※ 제21차 APEC 정상회담(인도네시아 발리)
- 11.28. : 제3차 한 · 중 국방전략대화 개최(한국 서울)
- 12.06. : 제1차 한 · 중 ICT 협력 전략대화 개최(한국 서울)
- 12.06. : 제1차 한 · 중 국책연구기관 합동 전략대화 개최(한국 서울)

2014년

- 03.24. : 박근혜 대통령 – 후진타오 주석 정상회담
  ※ 2014 헤이그 핵안보정상회담(네덜란드 헤이그)
- 07.03. : 시진핑 주석 방한
  ※ "한·중 공동성명" 및 부속서 발표
- 07.22. : 제4차 한·중 국방전략대화 개최(중국 베이징)
- 10.28. : 제2차 한·중 ICT 협력 전략대화 개최(한국 서울)
- 11.10. : 한·중 FTA 체결
- 11.11. : 박근혜 대통령 방중
  ※ 제22차 APEC 정상회담(중국 베이징)
- 12.17. : 제2차 한·중 국책연구기관 합동 전략대화 개최(중국 베이징)

2015년

- 01.05. 제2차 한·중 외교안보대화(2+2) (한국 서울)
- 03.15~18. 류젠차오(劉建超) 중국 외교부 부장조리 방한 (서울/제주)
- 03.21. 제7차 한·일·중 외교장관회의 (서울)
- 04.23. 제2차 한·중 개발협력정책대화 (베이징)
- 05.04. 제20차 한·중 정책기획협의회 (제주도)
- 05.06. 한·중 6자회담 수석대표 협의 (중국 베이징)
- 05.28./7.23./11.24. 한·중 6자회담 수석대표 협의 (한국 서울/중국 베이징)
- 08.05. 한·중 외교장관회담 (ASEAN 외교장관회의, 쿠알라룸푸르)
- 09.01. 한·중 정상회담 계기 한·중 6자회담 수석대표 협의 (중국 베이징)
- 09.02~04. 박근혜 대통령 중국 방문 (베이징/상하이)
  ※ 항일전쟁 및 세계 반파시스트 전쟁 승진 70주년(전승절) 기념 행사 참식
- 11.01. 제6차 한·일·중 정상회의 (서울)
  ※ 리커창 총리 방한

- 11.19. 제3차 한 · 중 공공외교포럼 (서울)
- 11.26. 제8차 한 · 중 어업문제 협력회의 (중국 칭다오)
- 11.30. 제6차 한 · 중 대테러협의회 (중국 광저우)

➔ 2016년

- 02.09. "아세안 및 한 · 중 · 일 거시 경제조사기구(AMRO) 설립 협정" 발효
- 02.11. 한 · 중 외교장관회담 (뮌헨안보회의, 독일 뮌헨)
- 02.16. 한 · 중 외교차관 전략대화 (한국 서울)
- 03.31. 한 · 중 정상회담 (제4차 핵안보정상회의, 미국 워싱턴)
- 04.10~12. 왕셴쿠이(王憲魁) 중국 흑룡강성 당서기 방한
- 04.19~23. 천민얼(陳敏爾) 중국 귀주성 당서기 방한
- 04.20. 제21차 한 · 중 경제공동위원회 (한국 서울)
- 04.22. 한 · 중 해양경계획정 국장급협의 (중국 베이징)
- 04.27. 한 · 중 외교장관회담(제5차 CICA 외교장관회의, 중국 베이징)
- 04.27. 제1차 한 · 일 · 중 외교연수원장 회의 및 협력각서 체결 (한국 서울)
- 04.28. 제1차 한 · 일 · 중 고위급 북극협력대화 (한국 서울)
- 04.29. 제1차 한 · 중 · 일 공공외교포럼 (한국 서울)
- 05.07. ASEAN+3 등 고위급회의(SOM) 계기 한 · 중 차관보 협의 (라오스 루앙프라방)
- 06.15. 제18차 한 · 중국 영사국장회의 (중국 베이징)
- 06.23. 제1차 한 · 중 기후변화 협력 공동위원회 (한국 부산)
- 06.26~30. 황교안 총리 방중 (중국 톈진, 선양, 베이징)
  ※ 2016 하계 다보스 포럼 참석
- 07.05. 제9차 한 · 중 어업문제 협력회의 (한국 광주)
- 07.24. 한 · 중 외교장관회담 (라오스 비엔티안)
- 08.21. 제11차 한 · 일 · 중 고위급회의 (일본 도쿄)
- 08.21. 한 · 중 차관보 양자협의 (제11차 한 · 일 · 중 고위급회의, 일본 도쿄)

- 08.24. 한 · 중 외교장관회담(한 · 일 · 중 3국 외교장관회의, 일본 도쿄)
- 09.04~05. 박근혜 대통령 방중 및 한 · 중 정상회담(중국 항저우)
- 09.22./12.09 한 · 중 6자회담 수석대표 회의 (한국 서울/ 중국 베이징)
- 11.15. 제7차 한 · 중 대테러협의회 (한국 서울)
- 11.15. 제4차 한 · 일 · 중 대테러협의회 (한국 서울)
- 11.21. 제21차 한 · 중 환경협력 공동위원회 (한국 서울)
- 11.28. 제4차 한 · 중 공공외교포럼 (중국 양저우)
- 12.20~21. 한 · 중 해양경계획정 국장급 협의 (한국 부산)

I. 정치 · 외교

한 · 중 의원외교 현황(1992~2016)

연도	방한 중국인사	방중 한국인사
1993	• 田纪云 상무제1부위원장 등	• 정석모 자민련 부총재 등 6명
1994	• 의원친선협회	• 민주당 김한규 등 5명
1995	• 喬石 전인대 상무위원장 등 • 周覺 외사위원회 부주임 등	
1996	• 蘇秋成 전인대 상무위 판공청 부비서장 등 • 黃毅誠 전인대 재경위 부위원장 등	• 김현욱 자민련 안보특위 위원장 등 4명
1998		• 신상우 국회부의장 등 6명
1999	• 郭振乾 재정경제위원회 부주임 등 • 王兆國 정협 부주석 등	
2000	• 趙南起 정협 부주석 등	• 한나라당 정병국 등 4명
2001	• 李鵬 전인대 상무위원장 등 • 馬萬祺 정협 부주석 등 • 曾建徽 전인대 외사위주임 등	
2002	• 胡光寶 전인대 법률위 부주임 등 • 任正隆 전인대 농업위원 등	• 이만섭 국회의장 등 4명 • 민주당 함승희 등 6명
2003	• 吳邦國 전인대 상무위원장 등	• 열린우리당 임채정 등 7명 • 김운용 대한체육회장 등 4명
2004	• 賈慶林 정협 주석 등	• APPF 제12차 총회 참가단 (열린우리당 김부겸 등 4명) • 고구려사 왜곡실태조사단 (황우여 등 8명) • 난저우국제심포지움 참가단 (열린우리당 이강래 등 7명)
2005		• 국회의장 수요국 순방 사전협의단 (열린우리당 윤호중) • 주변경쟁국 경제특구시찰단 (열린우리당 문석호 등 7명) • 한중외교협의회 3차 합동회의단 (한나라당 김덕룡 등 7명)

2006	• 劉劍鋒 정협 외사위원회 주임 등 • 乌雲其木格 전인대 상무위 부위원장 등	• 김원기 국회의장 등 9명 • 한중 해양의원포럼 참가단 (열린우리당 제종길 등 10명)
2007	• 祝銘山 내무사법위원회 부주임 등	• 임채정 국회의장 등 4명 • 한중의원외교협의회 (한나라당 김덕룡 등 4명) • 중국공산당초청 여성의원대표단 (열린우리당 김명자 등 11명) • 한중의회 정기교류체제 협의단 (열린우리당 이용희 등 6명)
2008	• 曹衛洲 중한우호소조회장 등 • 趙中權 전인대 상무위 인사국장 등	• 베이징올림픽 개막식 참관대표단 (한나라당 안상수 등 6명)
2009	• 趙啓正 정협외사위원회 위원장 등	• 김형오 국회의장 등 6명 • 한반도 평화통일을 위한 특별위원회 설치 지지유치단 • 천진방문 대표단(한나라당 이주영 등 8명) • 한중의회 정기교류체제 4차 합동회의단(한나라당 이윤성 등 7명)
2010		• 광저우 아시안게임선수단 격려방문단 (박희태 국회의장 등 4명) • 국회운영위원회 방문단 (한나라당 김무성 등 8명) • 한중의원외교협의회 방문단 (한나라당 김무성 등 11명)
2011		• 한중의회 정기교류체제 대표단 (한나라당 정의화 등 8명)
2012	• 陳至立 전인대 상무위원회 부위원장 등 • 孫懷山 정협 상무 부비서장 등	• 중국진출 현지기업 및 고속철도 시찰단 (새누리당 김성태 등 4명)
2013		• 한중의원외교협의회 청년의원 대표단 (새누리당 정몽준 등 10명) • 강창희 국회의장 등 5명 • 한중의원 바둑교류전 대표단 (새누리당 원유철 등 10명) • 한중의회 정기교류체제 8차 합동회의단(이병석 국회부의장 등 8명)
2014	• 严隽琪 민주촉진회 중앙위원회 주석 등 • 古小玉 전인대 상무위 판공청 인사국장 등	• 한중에너지협력연구모임 대표단 (민주당 강기정 등 10명) • 국회대표단(새누리당 정몽준 등 42명) • 한중의회 정기교류체제 대표단 (정갑윤 국회부의장 등 12명)

2015	• 李克强 총리 등 • 張德江 전인대 상무위원장 등 • 張寶文 전인대 상무부위원장 등 • 唐家璇 前국무위원	• 한중의회 정기교류체제 대표단 (새누리당 정갑윤 외 11명)
2016	• 劉奇葆 중앙선전부장 등	• 지방정부 간 협력 네트워크 강화 해외시찰(새누리당 원유철 외 6명) • 국회 법제사법위원회 해외시찰 (더불어민주당 박범계 외 3명) • 더불어민주당 초선의원단 (더불어민주당 김영호 외 6명)

출처: 대한민국 국회 국제국

II. 국방 · 안보

한·중 연도별 국방비 내역(1992~2016)

연 도	한 국			중 국		
	국방비 (억 원)	GDP 대비	증감률 (%)	국방비 (억 달러)	GDP 대비 (%)	증감률 (%)
1992	84,100	3.08	12.5	68.52	1.40	14.4
1993	92,154	2.97	9.6	73.90	1.21	12.7
1994	100,753	2.75	9.3	63.90	1.14	29.3
1995	110,743	2.58	9.9	76.26	1.05	15.6
1996	122,434	2.54	10.6	86.61	1.01	13.1
1997	137,865	2.60	12.6	98.02	1.03	12.8
1998	138,000	2.63	0.1	112.90	1.11	15.0
1999	137,490	2.38	−0.4	130.03	1.20	15.2
2000	144,774	2.28	5.3	145.87	1.22	12.2
2001	153,884	2.24	6.3	174.22	1.32	19.4
2002	163,640	2.15	6.3	206.33	1.42	18.4
2003	175,148	2.16	7.0	230.50	1.40	11.7
2004	189,412	2.16	8.1	265.80	1.38	15.3
2005	211,026	2.29	11.4	302.18	1.34	12.5
2006	225,129	2.33	6.7	373.74	1.38	20.4

2007	244,972	2.35	8.8	467.51	1.34	19.3
2008	266,490	2.41	8.8	601.69	1.33	17.6
2009	289,803	2.52	8.7	724.80	1.45	18.5
2010	295,627	2.34	2.0	787.86	1.33	7.7
2011	314,031	2.36	6.2	933.29	1.27	13.0
2012	329,576	2.39	5.0	1,060.11	1.29	11.0
2013	344,970	2.42	4.7	1,146.00	1.40	10.7
2014	357,056	2.38	3.5	1,315.60	1.50	12.2
2015	374,560	2.35	4.9	1,369.96	1.31	10.1
2016	388,421	2.40	3.4	9,543,54	1.28	7.6

출처: 연도별 국방백서 및 한국 · 중국 정부 공식 발표 자료를 취합

III. 경제

➔ 한 · 중 연도별 수출 · 입 통계(1992~2016)

단위: 백만 달러, %

연 도	수 출		수 입		수 지
	금 액	증감률	금 액	증감률	금 액
1992	2,654	164.7	3,725	8.3	-1,071
1993	5,151	94.1	3,929	5.5	1,222
1994	6,203	20.4	5,463	39.0	740
1995	9,144	47.4	7,401	35.5	1,742
1996	11,377	24.4	8,539	15.4	2,838
1997	13,572	19.3	10,117	18.5	3,456
1998	11,944	-12.0	6,484	-35.9	5,460
1999	13,685	14.6	8,867	36.7	4,818
2000	18,455	34.9	12,799	44.3	5,656
2001	18,190	-1.4	13,303	3.9	4,888
2002	23,754	30.6	17,400	30.8	6,354
2003	35,110	47.8	21,909	25.9	13,201
2004	49,763	41.7	29,585	35.0	20,178
2005	61,915	24.4	38,648	30.6	23,267

2006	69,459	12.2	48,557	25.6	20,903
2007	81,985	18.0	63,028	29.8	18,957
2008	91,389	11.5	76,930	22.1	14,459
2009	86,703	−5.1	54,246	−29.5	32,457
2010	116,838	34.8	71,574	31.9	45,264
2011	134,205	14.9	86,426	20.8	47,779
2012	134,323	0.1	80,785	−6.5	53,538
2013	145,870	8.6	83,053	2.8	62,817
2014	145,288	−0.4	90,082	7.8	55,206
2015	137,124	−6.0	90,250	0.2	46,874
2016	124,432	−9.3	86,980	−3.6	37,453

자료 출처: 한국무역협회

➔ 한 · 중 양국 간 투자규모(1992~2016)

단위: 천 달러, 건

연 도	한국의 對중국		중국의 對한국	
	신고건수	신고금액	신고건수	신고금액
1992	328	223,288	6	1,056
1993	768	658,536	29	6,864
1994	1,328	862,723	33	6,145
1995	1,298	1,357,222	51	10,892
1996	1,551	1,982,343	63	5,578
1997	1,160	943,640	76	6,518
1998	626	912,859	97	8,381
1999	884	503,188	323	26,585
2000	1,452	1,037,733	1,165	76,288
2001	1,842	1,040,679	810	69,739
2002	2,655	2,163,547	442	249,380
2003	3,277	2,919,807	522	50,206
2004	4,196	3,757,424	596	1,164,760
2005	4,898	3,702,318	672	68,414
2006	4,888	4,602,733	332	37,887
2007	4,830	7,329,371	363	384,131

2008	3,457	4,905,276	389	335,601
2009	2,237	2,761,738	537	159,607
2010	2,414	4,422,545	616	414,178
2011	2,297	4,881,540	405	650,853
2012	1,856	6,532,968	512	726,952
2013	1,880	4,809,235	402	481,186
2014	1,221	2,428,970	525	1,189,362
2015	1,647	4,299,824	685	1,978,346
2016	1,681	4,001,732	770	2,049,170

자료 출처: 한국수출입은행, 산업통상자원부

IV. 사회

한·중 관광교류 현황(1994~2016)

단위: 명, %

연 도	방한중국인		방중한국인	
	수	성장률	수	성장률
1994	140,985	41.0	233,675	111.3
1995	178,359	26.5	404,421	73.1
1996	199,604	11.9	532,332	31.6
1997	214,244	7.3	584,487	9.8
1998	210,662	−1.7	484,009	−17.2
1999	316,639	50.3	820,120	69.4
2000	442,794	39.8	1,033,250	26.0
2001	482,227	8.9	1,297,746	25.6
2002	539,466	11.9	1,722,128	32.7
2003	512,768	−4.9	1,569,245	−8.9
2004	627,264	22.3	2,334,781	48.8
2005	710,243	13.2	2,963,162	26.9
2006	896,969	26.3	3,923,986	10.8
2007	1,068,925	19.2	4,776,752	21.8

2008	1,167,891	9.3	3,960,392	−17.1
2009	1,342,317	14.9	3,197,500	−19.3
2010	1,875,157	39.7	4,076,400	27.5
2011	2,220,196	18.4	4,185,400	2.7
2012	2,836,892	27.8	4,069,900	−2.8
2013	4,326,869	52.5	3,969,000	−2.5
2014	6,126,865	41.6	4,181,800	5.4
2015	5,984,170	−2.3	4,444,400	6.3
2016	8,067,722	34.8		

※ 2006년 7월부터 한국인 출국행선지 파악 불가로 중국국가여유국에서 집계한 한국인 입국 수치.
자료 출처: 한국관광공사, 중국국가여유국

부록 3　2016년도 在한국 중국 관련 문헌 목록

■ 정부간행물

구자선. 『중국 국방 · 군 개혁 현황 및 전망 조직 구조를 중심으로』. 국립외교원.

김현주 등. 『중국 관광환경 및 시장분석』. 한국문화관광연구원.

대한무역투자진흥공사. 『부진 속 중국 유망품목을 잡아라!: 대중 수출구조 변화와 중국 유망 수출품』.

대한무역투자진흥공사. 『중국 프랜차이즈 시장 현황 및 진출 방안』.

대한무역투자진흥공사. 『중국 엔젤산업 현황 및 유망분야』.

박훈. 『중국 섬유산업의 구조변화와 한국 섬유산업의 대응전략』. 산업연구원.

신종호 등. 『대북제재 평가와 향후 정책 방향』. 통일연구원.

신종호 등. 『전환기 남북관계 영향 요인 및 향후 정책 방향』. 통일연구원.

유기자. 『「반면교사(反面教師)」 중국 '홍색공급망'의 영향 및 사례』. KOTRA.

임수호 등. 『2000년대 이후 중국의 대북투자 추정』. 대외경제정책연구원.

임호열 등. 『중국 주도의 신금융질서 태동과 한국의 대응방향』. 대외경제정책연구원.

한국콘텐츠진흥원. 『(2016) 중국 문화산업 비즈니스 가이드』. 한국콘텐츠진흥원.

■ 저서

-정치/사회-

간췬센. 『중국의 기후변화대응과 외교협상』. 한국학술정보.

강정인 등. 『탈서구중심주의는 가능한가』. 아카넷.

고쿠분 료세이. 『현대 중국의 정치와 관료제』. 한울아카데미.

공봉진. 『시진핑 시대, 중국 정치를 읽다』. 이담.

국방대안보문제연구소. 『미 · 일 · 중 · 러의 군사전략』. 한울아카데미.

기타무라 미노루. 『사회주의 중국은 행복한가: 혁명사로 본 사회주의 중국의 허상』. 한울아카데미.

김광억. 『중국, 새로운 패러다임』. 한울아카데미.
김광호. 『황당한 정치 사건들: 중국에서 본 한국 정치, 대한민국에서 발생한』. 파랑새미디어.
김기석. 『동아시아공동체로의 머나먼 여정』. 인간사랑.
김상배. 『신흥권력과 신흥안보』. 사회평론아카데미.
남궁영. 『강대국 정치와 한반도』. 오름.
롼밍. 『덩샤오핑 제국 30년』. 한울(한울아카데미).
루쉐이. 『당대 중국 사회 건설』. 푸른사상.
리차드 번스타인. 『1945 중국, 미국의 치명적 선택: G2 시대는 어떻게 시작되었는가』. 책과함께.
모방푸. 『지도로 읽는다! 중국 도감』. 이다미디어.
민성기 등. 『중국연구의 동향과 쟁점』. 학고방.
소준섭. 『중국 법의 이해』. 서해문집.
아마코 사토시. 『중화인민공화국사』. 일조각.
이나가키 교시. 『하이 중국 정치와 권력의 심장부』. 한울아카데미.
이승주. 『일대일로 중국과 아시아』. 명인문화사.
전정현. 『반부정당경쟁법』. 세창출판사(세창미디어).
조너선 펜비. 『버블 차이나: 중국의 세기는 올 것인가?』. 아마존의나비.
조너선 홀스래그. 『중국 vs 아시아, 그 전쟁의 서막』. 시그마북스.
조복수. 『중국 텔레비전』. 커뮤니케이션북스.
조영남. 『덩샤오핑 시대의 중국-1: 개혁과 개방』. 민음사.
조영남. 『덩샤오핑 시대의 중국-2: 파벌과 투쟁』. 민음사.
조영남. 『덩샤오핑 시대의 중국-3: 톈안먼 사건』. 민음사.
중국공산당중앙당사연구실. 『중국공산당 역사 제1권(상), (하)』. 서교출판사.
청지룽 · 시진핑. 『시진핑, 부패와의 전쟁』. 종이와나무.
톨스턴 트레이. 『전대미문의 사악한 박해』. 박대출판.

–경제/경영–

강헌만. 『최신 중국 경제와 문화의 이해』. 에듀컨텐츠휴피아.

강효백. 『중국금융법』. 한국학술정보.
강효백. 『중국의 슈퍼리치 그들의 생각과 전략』. 한길사.
고권석. 『2016 중국회계해설』. 삼일인포마인.
고권석. 『중국 기업소득세법 해설(2016)』. 삼일인포마인.
궈량. 『위민훙, 달팽이 인생: 신동방교육그룹(교육)』. 린.
김근호. 『중국 비즈니스 신서유기』. 북랩.
김대순. 『나는 위챗이다』. 북마크.
김만기. 『왜 나는 중국을 공부하는가』. 다산북스.
김상욱. 『중국의 지폐 발전사』. 에듀컨텐츠휴피아.
김용준 등. 『新 차이나 드림』. 매일경제신문사.
김현철. 『세계 최고기업은 어떤 전략으로 움직이는가』. 머니플러스.
나까가네 와츠지. 『중국경제 발전론』. 무역경영사.
남옥매. 『중국 주식회사 신주발행의 법적 규제』. 고려대학교출판문화원.
노성균. 『중국 법인 설립 가이드』. e비즈북스.
니혼게이자이 신문. 『중국 버블 붕괴가 시작됐다: 증시, 금융, 소비시장의 변화로 보는 중국 경제 동향 분석 보고서!』. 경향BP.
대외경제정책연구원. 『중국과 베트남의 금융개혁이 북한에 주는 시사점』. 휴먼컬처아리랑.
대한무역투자진흥공사. 『중국 진출기업 경영사례: 37社 37色의 성공스토리』. 시대고시기획.
류재윤. 『지금이라도 중국을 공부하라 2: 중국인의 마음을 얻는 법』. 센추리원.
리슈에칭. 『천년의 지혜』. 미래북.
린쥔 등. 『마화텅과 텐센트 제국』. 린.
마궈촨. 『중국을 보다』. 세종서적.
마윈 등. 『마윈이 말하다』. 처음북스
마화텅 등. 『인터넷 플러스 혁명』. 비즈니스북스.
민정. 『내놓고 알려주는 중국 타오바오에서 30억 벌기』. 성안당.
박동수. 『중국경제』. 두남.
박충국. 『중국 온라인 쇼핑몰 컨설팅북』. e비즈북스.

산업연구원. 『주요 산업의 중국 내 동북아국가들의 경쟁구조 분석 1, 2, 3』. 휴먼컬처아리랑.
산업연구원. 『중국 섬유산업의 구조변화와 한국 섬유산업의 대응전략』. 휴먼컬처아리랑.
산업연구원 편집부. 『중국 진출 기업 경기 조사』. 산업연구원.
성공경제연구소. 『2020 차이나 리포트: 중국을 통해 미래를 보다』. 21세기북스.
성균중국연구소. 『일대일로 다이제스트』. 다산출판사.
송혜현. 『친절한 타오바오 창업 & 운영 가이드: 13억 중국인에 다가가는 가장 빠른 지름길』. e비즈북스.
신미저. 『차이나 마케팅: 한류를 타고 소셜로 날고』. e비즈북스.
신윤. 『우당탕탕 중국 이야기: 중국 사업 100% 성공 노하우』. 장수하늘소.
쑨거. 『중국의 체온: 중국 민중은 어떻게 살아가는가』. 창비.
아마코 사토시 등. 『중국 문제』. 한울(한울아카데미).
안종경. 『14억 소비시장, 중국에서 창업하라 』. 황금시간.
오혜정. 『중국 문화산업과 지역경제』. 차이나하우스.
왕윤종. 『달러 패권』. 프리이코노미북스.
왕이웨이. 『중국, 그래도 중국』. 서울문화사.
우징롄 등. 『혁신 차이나』. 틔움.
원톄쥔. 『여덟 번의 위기』. 돌베개.
윌리엄 오버홀트 등. 『위안화의 역습』. 21세기북스.
유일. 『가라! 중국으로: 중국 콘텐츠 시장 삼키기』. 와이북스(Whybooks).
유철재. 『중국 비즈니스 & 마케팅』. 대왕사.
이강국. 『일대일로』. 북스타(Bookstar).
이대형. 『중국을 움직이는 거인들과의 대화: 알리바바 · 텐센트 · 샤오미 · 바이두 그들이 알려주지 않은 성공의 법칙』. 카멜북스.
이동호. 『내 손안에 잡히는 중국 마케팅』. 생각나눔.
이병우. 『먼저 중국의 고수와 손을 잡아라!』. 신아출판사.
이양. 『중국전자금융거래법』. 세종출판사.
이양호. 『중국, 불평등의 정치경제학』. 한국경제신문i.

이용철. 『그래도 중국이 답이다』. 책들의정원.
이홍민. 『인사인문학』. 리드리드출판(한국능률협회).
장밍전. 『리수푸, 자동차를 향한 올인: 지리그룹(자동차)』. 린.
장웨이잉. 『이념의 힘: 중국 경제의 미래를 이끌 성장 엔진』. 니케북스.
장위. 『런정페이, 경쟁의 지혜』. 린.
장장원. 『실패가 끝은 아니다: 콩나물로 중국을 평정한 썬프레 CEO 장장원의 인생역전』. 꿈의지도.
장창원. 『중국의 삼농경제』. 사람사는세상.
전병서. 『중국 100년의 꿈 한국 10년의 부』. 참돌.
정순필. 『지금 중국 주식 천만원이면 10년 후 강남 아파트를 산다 2 』. 스마트비지니스.
조민정. 『머지않아 중국과 일하게 될 당신에게』. 이콘.
중앙일보 중국팀. 『중국의 반격: 더 이상 중국 보너스는 없다』. 틔움.
천위루 등. 『중국 역사 속에서 살펴보는 화폐이야기』. 아이넷북스.
천진. 『하버드 미래경제학: 미국과 중국의 경제전쟁과 세계 경제 패권의 향방』. 에쎄.
천진화. 『어느 한 중국인의 도전과 노력』. 경지출판사.
최용민. 『천의 얼굴, 중국시장 체크포인트』. 코페하우스.
케네스 포메란츠. 『대분기 중국과 유럽, 그리고 근대 세계 경제의 형성』. 에코리브르.
KBS명견만리. 『명견만리: 미래의 기회편』. 인플루엔셜.
콰이따오홍치 등. 『마윈, 역발상의 지혜』. 린.
특허청. 『꼭 알아야 할 해외 영업비밀 분쟁 대응가이드 중국편』. 진한엠앤비.
특허청 등. 『중국에서 우리기업의 지재권 피해 실태조사 2012』. 휴먼컬처아리랑.
하재철. 『하부장의 중국 인사비책』. 더클
한국문화관광연구원. 『중국 자유무역구 현황과 콘텐츠산업의 진출 지원방안』. 휴먼컬처아리랑.
홍춘욱 등. 『중국주식 선강퉁』. 스마트북스.
황핑 등. 『베이징 컨센서스』. 소명출판.

황해진. 『나는 한류 장사꾼이다』. 경향미디어.
후수리. 『글로벌 트렌드와 중국의 기회 』. 우리교과서.

-인문/역사/문화-

강판권. 『중국 황토고원의 산림훼손과 황사』. 계명대학교출판부.
고혜림. 『포스트식민시대의 디아스포라 문학: 중국문학의 새로운 지형도와 북미화인화문문학』. 학고방.
김관옥. 『전쟁인가 현상유지인가』. 리북.
김철운. 『중국의 패권주의와 그 뿌리: 중화주의와 화이분별론』. 서광사.
김필년. 『공자의 그물: 중국 문명의 정신적 패러다임과 서구적 근대성』. 산과글.
김필수 등. 『중국 학술 기행』. 우리글.
남춘호 등. 『아시아의 압축근대, 성장 그리고 사회변화』. 논형.
리디아 류. 『충돌하는 제국: 서구 문명은 어떻게 중국이란 코끼리를 넘어뜨렸나』. 글항아리.
리처드 번스타인. 『1945 중국, 미국의 치명적 선택』. 책과함께.
마크 에드워드 루이스. 『하버드 중국사: 남북조 분열기의 중국』. 너머북스.
문성재. 『한사군은 중국에 있었다: 처음부터 새로 읽는 한국고대사』. 우리역사연구재단.
미치가미 히사시. 『한국인만 모르는 일본과 중국』. 중앙books(중앙북스).
박건주. 『중국고대의 유생과 정치』. 학고방.
방립천. 『중국문화와 중국종교』. 경지출판사.
변인석 등. 『중국 역사의 향을 품다』. 무공문화.
스위즈. 『중국, 엄청나게 가깝지만 놀라울 만큼 낯선: 의외로 낯선 중국 문화와 사유의 인문학 』. 애플북스.
안동대학교 대학원 민속학과 BK21플러스 사업팀. 『중국 삼도구촌 조선족의 생활과 민속』. 민속원.
윤혜영 등. 『중국 근현대여성사: 명청시대부터 현재까지, 다양한 중국여성의 삶을 녹이다』. 서해문집.
이시이 아키라. 『중국 국경, 격전의 흔적을 걷다』. 한울아카데미.

인화이. 『불멸의 증거 2: 길림성서류관이 소장한 중국침략일본군 우정검열월보 특집 1』. 학고방.

장성민. 『중국의 밀어내기 미국의 버티기』. 퓨리탄.

장수민 등. 『중국인쇄사 1, 2, 3, 4』. 세창출판사.

장평. 『자치통감을 읽다』. 378.

전인갑. 『현대중국의 제국몽(帝國夢): 중화의 재보편화 100년의 실험』. 학고방.

정근식 등. 『냉전의 섬 금문도의 재탄생』. 진인진.

정미량. 『발로 찾아 쓴 조선족 근현대 교육사』. 살림터.

조경란. 『국가, 유학, 지식인』. 책세상.

중국현대철학연구회. 『처음 읽는 중국 현대철학: 캉유웨이에서 리쩌허우까지, 현대 중국을 이해하는 첫걸음』. 동녘.

쩌우닝. 『중국의 형상 1: 키타이의 전설』. 인간사랑.

쩌우닝. 『중국의 형상 2: 대중화제국』. 인간사랑.

천성림. 『근대 중국, 그 사랑과 욕망의 사회사』. 소명출판.

폴로프. 『옥스퍼드 중국사 수업: 세계사의 맥락에서 중국을 공부하는 법』. 유유.

한국문화관광연구원. 『주요 국가 문화산업 정책 연구』. 휴먼컬처아리랑.

해럴드 로버트 아이작. 『중국 혁명의 비극』. 숨쉬는책공장.

홍성삼. 『외국 산업보안법 (중국, 미국, 일본)』. 좋은땅.

■ 논문

『국제정치논총』, 『한국정치학회보』, 『국가전략』, 『한국과 국제정치』, 『현대중국연구』 수록 논문에 한함.

곽복선. "한·중 경제관계와 '일대일로(一帶一路)' 대응방향". 『현대중국연구』. 18권 3호 (2016)

구기보 박창수 · 두흐흐. "농식품 교역 현황 및 특화전략 도출". 『현대중국연구』. 18권 3호 (2016).

구기보 · 이치훈. "중국 위안화의 SDR 편입 요건과 파급효과에 관한 연구". 『현대중국연구』. 17권 2호 (2016).

권일숙. “Z-score를 이용한 중국 상업은행의 부실위험도 분석: 금융위기를 전후로”. 『현대중국연구』. 18권 1호 (2016).

김대성. “동아시아 지역에서 미국과 중국의 군사적 분쟁 가능성에 대한 연구: 군사전략 분석을 중심으로”. 『한국과 국제정치』. 32권 4호 (2016).

김보미. “북한의 핵전력 지휘통제체계와 핵안정성”. 『국가전략』. 22권 3호 (2016).

김상기. “탈냉전기 미국과 중국의 국제정치적 영향력 변화에 관한 실증분석”. 『한국과 국제정치』. 32권 4호 (2016).

김상배 · 김유정. “지수(index)의 세계정치: 메타지식의 생산과 지배권력의 재생산”. 『국제정치논총』. 56집 1호 (2016).

김성민. “매개구조론의 중국적 활용에 관한 연구: 이론적 및 실천적 가치와 함의를 중심으로”. 『현대중국연구』. 18권 2호 (2016).

김애경. “탈냉전기 중국의 대이란 정책: 전략적 이익과 책임대국 역할 사이의 딜레마”. 『현대중국연구』. 18권 2호 (2016).

김영구. “중국 소수민족 이중언어교육정책의 지향에 대한 연구: 서부대개발 이후 신장위구르자치구의 상황 변화에 대한 분석을 중심으로”. 『현대중국연구』. 17권 2호 (2016).

김유리. “북 · 중 경제 관계와 대북제재: 관리를 위한 제재의 딜레마”. 『국가전략』. 22권 3호 (2016).

김일수 · 마나르모하이센. “중국의 대중동 외교정책: 목적과 도전”. 『현대중국연구』. 17권 2호 (2016).

김주원 · 백서윤 · 문철주. “중국 위조품소비자의 제품태도가 구매의도에 미치는 효과”. 『현대중국연구』. 18권 2호 (2016).

김재관. “남중국해 판결의 국제정치적 함의와 전망: 남중국해 판결 관련 핵심 쟁점을 중심으로”. 『국제정치논총』. 56집 3호 (2016).

김태현. “북한의 핵전략: 적극적 실존억제”. 『국가전략』. 22권 3호 (2016).

김학성. “한반도 문제의 해결방법에 관한 제도주의적 접근”. 『한국과 국제정치』. 32권 2호 (2016).

나사기 · 백승욱. “사회치리(社會治理)로 방향전환을 모색하는 광둥성의 사회관리 정책”. 『현대중국연구』. 17권 2호 (2016).

남수중 · 조유리. "한중 FTA의 경제적 효과 분석: 충남지역 제조업의 수출입에 미치는 영향을 중심으로". 『현대중국연구』. 18권 1호 (2016).

박건영. "한국의 안보와 사드(THAAD)". 『한국과 국제정치』. 32권 3호 (2016).

박영준. "미국의 대반란전(Counterinsurgency) 전략 전개와 한국 국방전략에의 함의". 『국가전략』. 22권 2호 (2016).

박정민. "북핵문제에 대한 러시아의 전략과 대응: 북한의 제1~4차 핵실험을 중심으로". 『한국과 국제정치』. 32권 2호 (2016).

박종희. "국제정치 네트워크 분석에 대한 비판과 대안: 브로커 권력과 동맹네크워크의 진화". 『국제정치논총』. 56집 2호 (2016).

박창건. "국제 규범의 제도화로써 적극적 평화주의: 집단적 자위권을 향한 일본의 도전과 한계 ". 『국제정치논총』. 56집 3호 (2016).

박홍서. "중미관계와 '일대일로'의 정치경제: 달러패권에 대한 취약성 극복을 중심으로". 『현대중국연구』. 18권 2호 (2016).

박휘락. "한미동맹과 미일동맹의 비교: '자율성-안보 교환 모델'의 적용". 『국가전략』. 22권 2호 (2016).

백병선 · 이경행. "해양 안보환경 변화에 따른 한국의 해상교통로 보호방향". 『국가전략』. 22권 4호 (2016).

변진석. "미국의 대북한 금융제재: 법제와 실행". 『국제정치논총』. 56집 4호 (2016).

서봉교 · 이현태 · 박준기. "중국 M&A 펀드의 특징과 중국 산업 구조조정에 대한 영향". 『현대중국연구』. 18권 1호 (2016).

서정경. "강대국을 지향하는 중국의 주변외교: 중국의 '실크로드 경제벨트'와 중앙아시아 전략". 『국제정치논총』. 56집 3호 (2016).

손열. "TPP의 국제정치경제: 무역질서 건축 경쟁과 한국". 『국제정치논총』. 56집 1호 (2016),

신성호. "억제의 불균형: 핵 3원 체제의 핵전략을 통해 본 미중 군사 경쟁". 『국가전략』. 22권 4호 (2016).

안경모. "북한의 대외전략 분석(2008-2016): '편승'에서 '균형'으로의 변화를 중심으로". 『국가전략』. 22권 4호 (2016).

안치영. “문화대혁명 연구의 새로운 자료”. 『현대중국연구』. 18권 2호 (2016).

오대원 · 은종서. “중국의 ‘일대일로’ 정책, 동아시아 경제협력을 위한 새로운 한 걸음”. 『현대중국연구』. 18권 3호 (2016).

왕윤종. “신창타이 시대 홍색자본주의의 진화에 대한 고찰”. 『현대중국연구』. 18권 3호 (2016).

원동. “중국의 지정학과 주변외교: ‘일대일로’를 중심으로”. 『현대중국연구』. 17권 2호 (2016).

윤대엽. “중국의 비공유 경제발전과 국가중심 산업정책 거버넌스: 중소기업 정책의 사례”. 『국제정치논총』. 56집 2호 (2016).

유자영. “한 · 중 FTA를 통한 투자유치 활성화 방안에 관한 연구”. 『현대중국연구』. 18권 2호 (2016).

은용수. “‘비주류’ IR이론과 한국의 국제정치문제: 탈식민주의를 향한 재조명, 탈식민주의를 통한 재구성”. 『국제정치논총』. 56집 3호 (2016).

이문기. “박근혜 정부 시기 한중관계 평가와 바람직한 균형외교 전략의 모색”. 『현대중국연구』. 18권 2호 (2016).

이상윤 · 김용준 · 김주원. “중국 금융기관의 리더십과 기업문화가 제휴 파트너 간 지식공유 성과에 미치는 영향”. 『현대중국연구』. 18권 1호 (2016).

이수형. “미국의 미사일방어정책: 역사적 고찰과 전략적 함의”. 『한국과 국제정치』. 32권 3호 (2016).

이용욱. “한국의 중견국 금융외교: G20을 통해 본 가능성, 한계, 그리고 역할의 모색 ”. 『국가전략』. 22권 2호 (2016).

이유정. “중국 성정부 보조금과 끈끈이 효과”. 『현대중국연구』. 17권 2호 (2016).

이정표. “중국 반부패기구의 독립성 확보를 위한 기율검사위원회의 감찰권 개혁에 관한 연구: 지방 현급(縣級) 기율검사위원회의 개혁절차를 중심으로”. 『현대중국연구』. 18권 1호 (2016).

이종하 · 황진영. “중국의 금융변동과 경기변동: 31개 성별 자료의 실증분석”. 『현대중국연구』. 18권 3호 (2016).

이지나. “한,중 기업간 전략적 협력 방안에 관한 탐색적 연구: 아비스타와 디샹 사례를 중심으로”. 『현대중국연구』. 18권 1호 (2016).

이진명. “동북아시아의 세력균형, 1945-2001: 평화의 경로 또는 분쟁의 원천?”. 『국제정치논총』. 56집 4호 (2016).

이희옥 · 김지현. “중국과 홍콩 관계의 성격 변화: 후견주의, 조합주의, 직접지배로의 발전”. 『현대중국연구』. 18권 1호 (2016).

정성임 · 강성철 · 노태훈 · 박뿌리 · 한정헌. “핵협상 조건과 북핵협상의 재검토”. 『국가전략』. 22권 1호 (2016).

정주영. “노동교양제도의 폐지와 중국 공민권의 발전”. 『현대중국연구』. 17권 2호 (2016).

조관행 · 정헌주. “동북아와 한반도 안보환경에서 무인기 확산의 정책적 함의”. 『국가전략』. 22권 4호 (2016).

조은정. “원자력 협력은 핵 확산을 부추기는가?: 미국양자원자력협정의 국제 핵 통제적 성격”. 『국제정치논총』. 56집 2호 (2016).

조한승. “평화 매개자로서 국제관광의 개념과 대안: 이해관계자 맥락과 국제기구의 참여”. 『국제정치논총』. 56집 1호 (2016).

최영미. “한반도 사드 배치를 둘러싼 논쟁과 평가기준: 전문가 조사 분석을 중심으로”. 『한국과 국제정치』. 32권 3호 (2016).

최준영. “통일의 이익에 대한 차별적 인식과 통일의 필요성”. 『국가전략』. 22권 3호 (2016).

최필수 · 노성호. “위안화 무역결제 현황과 결정 요인 분석”. 『현대중국연구』. 17권 2호 (2016).

허설영 · 김광욱 · 강상목. “중국지역의 비용제약 하의 에너지 효율 비교”. 『현대중국연구』. 18권 2호 (2016).

허재영. “대북 경제제재의 실효성 분석: 식량지원 중단을 중심으로”. 『한국과 국제정치』. 32권 3호 (2016).

홍석률. “카터 행정부기 미국의 대한반도 정책과 3자회담”. 『한국과 국제정치』. 32권 2호 (2016).

부록 4 2016년도 在중국 한반도와 동북아 협력 관련 문헌 목록

■ 총론

曹保明 편,『東北亞絲綢之路』(長春: 吉林大學出版社), 2016.

朝克 편,『"一帶一路"戰略及東北亞研究』(北京: 社會科學文獻出版社), 2016.

江洪 · 王卷樂 · 金佳鑫著,『東北亞南北綜合樣帶的構建與梯度分析』(北京: 科學出版社), 2016.

劉清才 편,『中國東北亞戰略與政策研究』(北京: 經濟科學出版社), 2016.

■ 한반도 정세

常浩 · 王毅, "朝鮮擁核戰略選擇的重新評估及第五次核試驗的影響—基於棄核決策的路徑分析",『戰略決策研究』2016年 第6期, pp. 81-101.

樊吉社, "朝核問題重估: 僵局的根源與影響",『外交評論 (外交學院學報)』, 2016年 第4期, pp.35-58.

李軍, "朝鮮半島緊張局勢的成因與解決之道",『現代國際關系』, 2016年 第11期, pp. 1-5.

劉江永, "朝鮮半島局勢與東北亞可持續安全",『東北亞論壇』, 2016年 第3期, pp. 3-14.

熱賓 · 楊俊東, "朝鮮半島核問題: 尋找解決之路",『東北亞學刊』, 2016年 第5期, pp. 7-10.

時永明, "朝鮮半島無核化不容改變",『中國報道』, 2016年 第5期, pp.30-31.

石源華, "朝鮮半島局勢的新特點和中國政策調整建議",『世界知識』2016年 第24期, pp.18-20.

王曉波 · 唐婉, "中美對朝政策中的共識和分歧及前景展望",『延邊大學學報(社會科學版)』, 2016年 第3期, pp.30-38.

王曉玲, "韓國民眾對朝鮮半島問題認識的變化—對韓國媒體問卷調查結果的分析",『東北亞學刊』, 2016年 第4期, pp.11-17.

■ 동북아 안보와 정치

陳維, "中日韓城市外交—動力、模式與前景", 『國際展望』, 2016年 第1期, pp. 76－97.

戴維來, "韓國中等強國外交戰略及其對中國的影響", 『當代亞太』, 2016年 第2期, pp. 130－154.

丁菱, "東北亞地區安全治理的困境與出路", 『管理觀察』, 2016年 第5期, pp. 27－29.

顧煒, "當前我國在東北亞地區面臨的挑戰與應對方略", 『國際關系研究』, 2016年 第3期, pp.149－151.

郭銳 · 孫天宇, "東北亞均衡者: 韓國的區域戰略選擇", 『人民論壇 · 學術前沿』, 2016年 第10期, pp.12－21.

金珍鎬, "朝鮮第四次核試驗對東亞格局的影響和各國外交戰略", 『亞太安全與海洋研究』, 2016年 第2期, pp.15－26.

李曉輝, "東北亞法律文化格局的流變", 『東疆學刊』, 2016年 第2期, pp.61－66.

梁雲祥 · 郭雨南, "試論東北亞地區的區域整合", 『東北亞學刊』, 2016年 第6期, pp.8－13.

林利民 · 鄭雨, "朝鮮第四次核試與東北亞新變局", 『現代國際關系』, 2016年 第5期, pp.1－8.

林利民 · 續靜, "當前東北亞安全困局及其"病灶"探析", 『國際安全研究』, 2016年 第5期, pp.23－38.

馬維英, "曆史因素對東北亞區域合作的影響", 『東北亞學刊』, 2016年 第4期, pp. 48－54.

祁懷高 · 李開盛 · 潘亞玲 · 吳其勝, "未來十年東北亞地緣政治結構的變化及其影響", 『世界經濟與政治』, 2016年 第8期, pp.130－156.

楊伯江, "從大曆史維度思考東北亞地區和解合作", 『社會科學文摘』, 2016年 第10期, pp.48－50.

楊雷, "中俄關系與東北亞區域安全建設", 『當代世界』, 2016年 第10期, pp.18－21.

詹德斌, "韓國對日安全合作: 動向、動因與挑戰", 『日本研究』, 2016年 第1期, pp.18－31.

張克成, "東北亞地緣戰略態勢與中國的戰略選擇", 『理論探討』, 2016年 第3期, pp. 34－37.

緖方靖夫・烏蘭圖雅, “國際結構變動中的東北亞和平與合作課題”, 『東北亞學刊』, 2016年 第2期, pp. 35-40.

■ 사드와 한중, 한미 관계

董向榮, “部署“薩德”對東北亞的長遠影響”, 『世界知識』, 2016年 第21期, pp.18-19.

董向榮, “韓國決定部署薩德的戰略考量與戰術安排—兼談部署薩德對東北亞地區關系的影響”, 『當代世界』, 2016年 第8期, pp. 29-33.

李家成, ““薩德”危機路向何方?”, 『唯實』, 2016年 第12期, pp. 84-86.

李沁妤, ““薩德”導彈系統部署韓國的地緣政治學解讀”, 『當代韓國』, 2016年 第4期, pp. 48-60.

李相萬, ““薩德入韓”與東北亞的“安全困境”: 基於新現實主義的分析”, 『東北亞論壇』, 2016年 第6期, pp. 3-15.

祁昊天, “薩德入韓與美國亞太反導布局的戰術與戰略考量”, 『現代國際關系』, 2016年 第7期, pp. 13-21.

曾紹毓, ““薩德”事件後中韓關系不會過度惡化”, 『國際政治科學』, 2016年 第4期, pp. 159-161.

鄒治波, “美國謀求在韓部署“薩德”系統的戰略意涵”, 『當代世界』, 2016年 第4期, pp. 26-28.

■ 한중 FTA, 한중일 FTA, 동북아경제협력

蔡彤娟, “新功能主義視野下的中日韓FTA: 戰略重塑、機制設計與推進策略”, 『世界經濟與政治論壇』, 2016年 第2期, pp.124-140.

郭振・房丹丹, “建設“龍江絲路帶”推進東北亞區域合作與東北地區對外開放”, 『對外經貿』, 2016年 第5期, pp.13-15.

侯丹丹, “中韓FTA對東亞的經濟影響—基於GTAP模型的模擬分析”, 『國際經貿探索』, 2016年 第8期, pp.15-25.

侯丹丹・深川博史, “中韓FTA對日本經濟的影響—基於GTAP模型的模擬分析?”, 『日本學刊』, 2016年 第4期, pp.110-125.

侯立, “淺析東北亞經貿合作發展趨勢”, 『中國商論』, 2016年 第15期, pp. 118-119.

呼澤世, “中日韓自貿區面臨的挑戰及措施”, 『現代商業』, 2016年 第24期, pp.20-21.

黃麗秋 · 王媛玉, “中韓FTA發展現狀與前景展望”, 『經濟師』, 2016年 第11期, pp.83-86.

康永信, “亞太經濟一體化發展動態與中國FTA戰略”, 『未來與發展』, 2016年 第12期, pp.5-10.

廖戰海 · 曹亮 · 張亮, “中韓FTA對兩國貿易結構的影響研究”, 『宏觀經濟研究』, 2016年 第8期, pp.129-139.

馬磊 · 馬迎鳳 · 唐約壘, “中國與日韓產業競爭及互補關系的實證研究”, 『經濟問題探索』, 2016年 第5期, pp.98-104.

施錦芳 · 劉娟, “‘一帶一路’倡議下的東北亞經濟合作分析”, 『日本研究』, 2016年 第4期, pp.53-56.

石源華, “建設‘東北亞經濟走廊’勢在必行”, 『世界知識』, 2016年 第11期, p.72.

王皓 · 許佳, “中日韓FTA建設與東北亞區域合作—基於中日韓三國自貿區戰略的分析”, 『亞太經濟』, 2016年 第4期, pp.3-8.

王健, “新區域主義視角下中韓組建自貿區的動因分析”, 『複旦學報(社會科學版)』, 2016年 第1期, pp.143-148.

於玲玲 · 白福生, “利益訴求整合是推進中日韓FTA進程的關鍵”, 『東北亞學刊』, 2016年 第4期, pp.18-23.

張智, “中韓FTA : 進程、意義與前瞻”, 『東北亞學刊』, 2016年 第1期, pp.44-49.

■ 한중관계, 북중관계, 남북관계, 한미관계, 북미관계

黃忠 · 唐小松, “中國對韓公共外交評析”, 『現代國際關系』, 2016年 第3期, pp.40-48.

梁立昌, “樸瑾惠政府對朝政策的保守性與韓朝關系危機”, 『世界經濟與政治論壇』, 2016年 第5期, pp.81-96.

梁立昌, “統一問題與中韓戰略合作夥伴關系的發展方向”, 『東疆學刊』, 2016年 第1期, pp.30-37.

任洪生, “國家戰略、經濟周期與中朝關系的政治經濟學”, 『外交評論(外交學院學報)』, 2016年 第6期, pp. 22-44.

石源華, “東亞政治安全格局面臨“冷戰化”的危險”, 『世界知識』, 2016年 第15期, p.72.

沈鵬 · 花馨, “美日、美韓同盟強化的現狀與比較”, 『當代世界』, 2016年 第11期, pp. 22-25.

王俊生, “聯合國安理會第2270號決議與中韓關系新課題”, 『東北亞學刊』, 2016年 第5期, pp.35-41.

王俊生, “新時期發展中韓安全合作的意義、障礙與方向”, 『東北亞學刊』, 2016年 第1期, pp.26-31.

王俊生, “中朝“特殊關系”的邏輯: 複雜戰略平衡的產”, 『東北亞論壇』, 2016年 第1期, pp.51-65.

王木克, “中朝關系無需靠“鑿洞”外交”, 『世界知識』, 2016年 第12期, p.72.

王曉波, “朝鮮半島統一的“症結”、“變”與“不變””, 『東疆學刊』, 2016年 第3期, pp. 111-112.

詹德斌, “韓國對日安全合作: 動向、動因與挑戰”, 『日本研究』, 2016年 第1期, pp.18-31.

詹德斌, “樸槿惠政府對華認知的轉變與對華政策調整”, 『社會科學』, 2016年 第7期, pp.22-30.

■ 한중 인문교류

賀慧玲 · 樸光海, “推動中韓人文、藝術與文化產業的勃興—記2016年中韓人文交流政策論壇”, 『國外社會科學』, 2016年 第4期, pp.146-150.

李晗, “旅遊是2016年中韓文化交流的重頭戲—訪韓國駐華大使館文化院院長金辰坤”, 『經濟』, 2016年 第2期, pp.90-91.

樸光海, “中韓人文交流: 維系兩國關系的穩定器—記2016年中韓人文交流政策論壇”, 『當代韓國』, 2016年 第3期, pp.109-111.

徐曉笛, “對中韓電影文化差異性的分析與研究”, 『西部廣播電視』, 2016年 第16期, pp.119-121.

周成 · 劉金同, “中韓儒學專家聚首孔子故裏—雙方攜手建設“中韓儒學協作體”, 『走向世界』, 2016年 第1期, pp.78-79.

한중관계의 새로운 모색

초판 1쇄 인쇄 | 2017년 5월 25일
초판 1쇄 발행 | 2017년 5월 30일

지은이 | 이희옥 · 먼홍화 편저
발행인 | 강희일 · 박은자
발행처 | 다산출판사
디자인 | 민하디지털아트 (02)3274-1333

주소 | 서울시 마포구 대흥로 6길 8 다산빌딩 402호
전화 | (02)717-3661
팩스 | (02)716-9945
이메일 | dasanpub@hanmail.net
홈페이지 | www.dasanbooks.co.kr
등록일 | 1979년 6월 5일
등록번호 | 제3-86호(일)

ISBN 978-89-7110-544-3 93340
정가 19,000원